中国人民大学“985”工程国学院青年教师培养计划资助项目

张载易学研究

辛亚民 著

中国社会科学出版社

图书在版编目(CIP)数据

张载易学研究/辛亚民著.—北京:中国社会科学出版社,2015.12
ISBN 978-7-5161-7241-4

Ⅰ.①张… Ⅱ.①辛… Ⅲ.①《周易》—研究 Ⅳ.①B221.5

中国版本图书馆 CIP 数据核字(2015)第 291046 号

出 版 人 赵剑英
责任编辑 吴丽平
责任校对 董晓月
责任印制 李寡寡

出　　版 中国社会科学出版社
社　　址 北京鼓楼西大街甲 158 号
邮　　编 100720
网　　址 http://www.csspw.cn
发 行 部 010-84083685
门 市 部 010-84029450
经　　销 新华书店及其他书店

印刷装订 三河市君旺印务有限公司
版　　次 2015 年 12 月第 1 版
印　　次 2015 年 12 月第 1 次印刷

开　　本 710×1000 1/16
印　　张 17.5
插　　页 2
字　　数 306 千字
定　　价 59.00 元

序

易学是对《周易》所作的解释，并通过其解释，形成了一套理论体系。易学有自己的历史，它对我国古代哲学、宗教、科学、文学、艺术以及政治、伦理生活都起到了深刻的影响，是我国学术史上的一座丰碑。

一般的哲学史著作，对易学中的哲学问题，虽有所论述，但由于受其自身体裁的局限，总的说来是脱离易学发展的历史、脱离易学自身的问题来讲哲学思想，没有揭示哲学同易学的内在联系，没有揭示易学哲学的特点及其理论思维发展的进程和规律。

将经学史研究同哲学史研究结合起来，可以说是我国思想史、哲学史研究的一项重要任务，对于理解中国文化思想的传统，深入了解中国哲学的内容及其发展过程，锻炼理论思维能力，进一步发展科学的世界观和方法论，具有重要的意义。

张载是宋代理学的奠基者，也是著名的易学家，其学说几乎包含了对所有中国古代哲学问题的独到见解，在中国哲学史上具有重大影响。然而，学界关于张载的研究大多集中在对其哲学著作《正蒙》的探究上，较少注意到他的易学著作《横渠易说》，而其哲学思想的重要概念、范畴和命题都是来源于易学；张载的思想体系建立在易学基础之上，其哲学思想实质上是一种易学哲学，脱离了易学来探究张载哲学则很难讲清其思想的理论特征和渊源。

辛亚民博士选择以“张载易学研究”为题，从易学视角出发，以易学发展的历史和逻辑、易学的观点和方法，对张载思想进行全面、深入的梳理和探讨，是一项很有意义的工作。

细读辛亚民博士《张载易学研究》一书，有以下几点感受。

一 视角新颖，不乏创见

张载思想气象宏大，影响深远，其气论哲学在中国哲学史上独树一帜。学界关于张载气论哲学进行了深入而持久的讨论，新见迭出，但大多采取哲学分析的方法探究张载气论的概念、范畴和命题；随着对张载研究的不断深入，学界也注意到张载哲学思想与易学的密切关系，但一直没有一部从易学的专门视角来研究张载思想的专著。辛亚民博士不落窠臼，选取易学为突破口，体现了独到的学术眼光，研究视角、方法切中肯綮，对于张载研究不失为一种很有价值的填补。

作者在书中一开始即通过一系列的辨析从易学视角为张载之学定位，接着便安排专章论述“张载的《周易》观”，并通过阐述其中的核心思想——“易乃是性与天道”，为张载哲学确立了易学的基调；在此基础上以易学的方法条分缕析地探究了张载的解易体例、解易特征，然后顺理成章地深入到了张载哲学的核心内容——气论与神化，并将二者的易学渊源和理论特征加以透彻地发掘。这一研究视角和结构设计完整而又深入地呈现了张载的易学体系，揭示了张载气论哲学与易学的内在关联，相比以往多以概念分析为主的研究，给人以耳目一新之感。

作者对前人的研究成果加以总结和检讨，从易学哲学的角度提出了许多重要的新鲜见解。如对张载著名命题“太虚即气”的讨论，作者在总结前人诸多争议的基础上，将这一聚讼不已的命题置于“价值”视域中，细致地探讨了“太虚如何承载价值”的问题，提出“太虚”不单纯是一个自然哲学的概念，同时也是人文价值的承载者，使得对“太虚”这一概念有了新的认识，具有重要的理论意义。

“太虚”是张载哲学中的核心概念之一，认识到了“太虚”的价值涵义，也就对张载哲学中“理气关系”有了新的衡定。在张载的思想体系中，“太虚”可以说是“太和”的前导，张岱年先生就曾指出——“太和”的重要性不亚于“太虚”。张载正是借助了《周易·乾·彖》中“太和”的概念并加以阐发，才将“太虚”所要承载的自然与人文圆融不二的观念淋漓尽致地开显出来。在这一前提下，作者对学界传统的以“气本论”来认定张载哲学，并且与程颐的“理本论”构成对立的这一说法加以重新审视，强调了二者思想前提的一致性——天道与性命、自然与人文圆融无碍——这对于认识宋明理学中的一些基本问题很有启发性。

另外，作者对张载解易体例和特征的总结，关于张载对卜筮的态度的讨论以及对张载的易学历史观的探究等内容，也不乏个人的新的见解，对张载研究做出了有益的工作。

二　有理有据，鞭辟入里

哲学史是对理论思维的总结，关注的是思想，但思想的提炼要建立在扎实的文献基础之上，哲学史的研究离不开对史料的分析。对史料细致入微的剖析，将逻辑的分析与文献的疏解紧密结合，对张载易学思想有理有据地加以论述，也是该书的特点之一。

张载之学系“苦心极力”思考得来，其著作精深艰涩，很多重要的概念、命题在不同的语境中有不同的所指，这就更需要研究者加以精细地思考和辨别，梳理和把握这些概念和命题在使用中的区别和联系，理解其在张载整个思想体系中的角色和作用。

如易学中极具理论价值的“神”这一概念，首先由《系辞传》提出，后受到历代易学家的高度重视，而张载尤其注重对“神”的阐发——“张子言神最详”（张岱年先生语）。作者在分析论述张载的“神”的思想观念时，采用逻辑梳理与文献考察相结合的方式，细致而又完整地探究了这一较为复杂的概念。从基本内涵来讲，张载之“神”有两个不同的所指，一为天道意义上的“神”，一为人道意义上的“神”，二者又相互关联。对前一种意义的剖析，作者分别从“气的神妙性能”“变化的根源动力”和“感应的根本原因”三个方面，结合相应的文献加以细致梳理；对于后一种“神”的意义，作者分别从张载的“圣人观”“境界论”方面加以探究。整个分疏和讨论逻辑严密，条理清晰。更值得关注的是，作者将张载不同意义之“神”的思想观念的理论来源一一加以详细说明，最后指出，“张载之‘神’，其实是对《周易》‘神无方而易无体’、‘阴阳不测之谓神’以及《孟子》‘圣不可知为神’等，这个‘神’的含义的融合和改造”。这种探究的方式，既有文献的详细疏解，也有学理、逻辑上的剖析和架构，避免了理论上流于空疏，又将丰繁复杂的史料清晰梳理，可谓有理有据，鞭辟入里。同样，作者在分析论述张载“化”论时也采用这一方式，将张载易学中较有难度的“神化”学说条理分明、清晰完整地呈现在读者面前。

三　行文谨严，学风醇正

易学哲学作为一种特殊的哲学形态，受其所处的社会历史条件制约。每一个时代的易学及其哲学，都是那个时代的历史产物，反映了该时代的精神面貌。研究易学哲学史，要将其放在所处的历史条件下去考察，注意其逻辑的和历史的演变过程，不能以后人的注解代替前人的思想，更不能以今人的观点比附古人的思想。

张载易学是依据《易传》的解经原则，对《周易》经传所作的再诠释。经、传、学各自形成于不同的历史阶段，基于不同的历史条件和时代要求，既有联系，又有区别，各具特色，不能混为一谈。研究张载易学，就是要注意其所处的时代的特征，不能将后人的解释强加于前人身上，也不能将后人的解释一概视为经、传的本义。

我们看到，作者在探究张载易学体系的过程中，将其置于整个易学史发展的大脉络中，几乎处处注意到张载思想与易学史上前后易学家思想的关联，以及与同时代易学家如程颐、邵雍等人的异同，考察其继承了易学史上的哪些思想观念，又发展了哪些观念。如作者论述张载对于卜筮的态度，结合《论语》及帛书《周易》的相关内容，指出张载富于理性主义立场的卜筮观是对孔子“不占之教”以及“观其德义”思想的继承，同时又在此基础上有所发展，体现了张载所处的时代的特色。文中所言：

> 张载的认识理论并不是脱离道德价值系统之外的，他的认识理论还是服务于他所致力弘扬的儒家价值理想，因此在他的思想体系中，认知理性和道德理性还是浑然一体的，并且其中的认知理性成分比道德理性的地位要低，从属于道德理性。但张载所说的圣人的道德修养和精神境界中，相比孔子提出的“既要‘守道’，又得沟通天人；既要修德，还得‘明教’”的君子人格，其认知理性的成分和内容所体现的“认知色彩”要强烈和浓厚得多，这也是张载对孔子思想的发展。

这段表述分析细致，行文谨严，作者严谨、认真的学术态度和良好的学术素养于此可见一斑。

通览全书，论点鲜明，结构谨严，思路清晰，分析深入，研究方法运用得当，文献资料征引恰切，既注重理论阐释，又兼顾史料考证，语言准确，行文流畅，是一部优秀的学术著作。

当然，在我看来，书中也还存在某些值得商榷的地方，如作者所论张载易学中的哲学问题，其结构安排和主要问题是以宇宙论和本体论为中心，旁及其他有关问题，这样的探究有助于突出儒家系统哲学的宇宙观和形上学的传统，但张载对儒家哲学中人性论和境界论也是贡献巨大，影响深远，如果从易学视角对这两方面的内容也加以深入探究，是否会使“张载易学”体系显得更加完整？当然，瑕不掩瑜，总的来看，该书仍不失为一部有较高学术水准的力作。有鉴于此，我愿意向读者朋友予以推荐。

辛亚民博士在北京师范大学攻读中国哲学专业博士学位期间，踏实认真，深入钻研，勤于思考，心无旁骛，经过刻苦努力，最终顺利完成学业。博士论文也荣获2011年北京市优秀博士学位论文奖，现在即将付梓出版，作为他的导师，我深感欣慰。同时，也衷心希望辛亚民博士戒骄戒躁，继续积极努力，在学术的道路上勤耕不辍，精益求精，取得更加辉煌的成就。

郑万耕

2015年12月30日

目　录

导　论

一　选题缘起

中国古代哲学史的一个重要特点，就是通过对经典文献不断地注释、解说，实现其自身的持续发展和演变。原典为后世思想的发展提供了原初的理论基础和价值基础，而原典本身也在后世的不断诠释中获得新的生命力。中国传统哲学与经学可以说水乳交融，不可分割。

“六经”中被冠以“群经之首”、“大道之源”的《周易》，是中国传统哲学和文化的源头活水，也是唯一一部儒道两家共同尊奉的经典，在中国传统哲学中有着无与伦比的地位和影响。中国哲学中诸多重要的范畴，如太极、乾坤、阴阳、道器、理事、理气、形而上和形而下等皆出于其中。千百年来，经过历代先贤学者的发挥创造，形成了中国哲学中特有的一种哲学形态——易学哲学。

《周易》一书经伏羲、文王、周公、孔子而成书，“人更四圣，世历三古”，是儒家“道统”的核心经典之一，历代儒者都极其重视对《周易》的研究，借易学以立论，而易学亦凭借儒学而得以发展和弘扬，儒学与易学构成了一种相互依存的关系。朱伯崑先生在《易学哲学史·华夏版》序言中指出：

> 中国传统哲学，特别是儒家系统的哲学，同儒家经学发展的历史有密切的关系。……可是，近代以来，讲经学史的，不谈其中的哲学问题；讲哲学史的，又不谈其中的易学问题。就后一倾向说，由于脱离经学史，谈历代哲学思想，总有隔靴搔痒之感，不能揭示出其形式和发展的理论渊源。……如谈张载哲学著作《正蒙》，不去研究他的

易学观，而是孤立地分析其哲学概念、范畴和命题，见枝叶而不见本根，则难以说清楚其理论的特征及其来源。

秦汉以后，中国哲学的理论形态大体经历了两汉经学、魏晋玄学、隋唐佛学和宋明理学等几种理论形态。这几种形态，其形成的过程，也是不同文化资源整合、创新的过程。

由唐至宋，佛教盛行。佛学形上学与心性论之精微，为儒学所不及。儒学要在学术领域牢固地维护自己的统治地位，就必须建立起属于自己的能够与佛教相抗衡的本体论和心性论。宋代具有学术使命感的儒者自觉地担当了这一历史任务。而儒家经典中较多涉及天道、自然及其与人事关系的，当属《周易》了，而且《易传》中的太极、阴阳、道、器、象、数等概念，最适宜作为建立本体论的依据，这就注定了易学在宋代的兴盛以及易学与理学的不解之缘。宋代，既是中国哲学史，也是易学史的一座高峰。易学是宋代经学最为繁荣的一种，被清人收入《四库全书》的两宋人的易学著作多达50余种，远远超过了当时其他的经学著作。事实上，由于历史变迁而散佚没能够流传下来的著作还有很多。这一时期的儒者，大多有易学著作问世。而作为理学先驱的北宋“五子”，基本上同时又都是易学家，《周易》的思想理论和思维方式，为理学提供了理论支撑，成为理学先驱们建构自己思想体系的基础。同时，易学也获得了巨大的生命力，得到了前所未有的发展。

张载是宋代理学的奠基者，也是四大学派之一——关学的开创者。张载的学说在中国哲学史上影响重大，尤其作为先驱和奠基人在宋明理学中地位更是非同一般，其思想博大精深，几乎包含了对所有哲学问题的独到见解，在很多方面不仅是总结者，同时也是开创者。他的成就得到了理学家们的肯定，如二程将他与孟子相比，朱熹也将其与周敦颐、二程、邵雍并称，其《近思录》也多选录张载言论。后代统治者也对其很重视，张载的著作后来成为明清两代开科取士的必读书目，可见张载在学术发展史上的贡献与地位。

张载一生著述颇丰，据朱熹《近思录》及赵希弁《郡斋读书志附志》《后志》、陈振孙《直斋书录解题》、魏了翁《为周二程张四先生请谥奏》等所著录的记载及后人所编纂者来分析，张载有《文集》《易说》《礼乐说》《论语说》《孟子说》《春秋说》《信闻集》《崇文集》《语录》《祭礼》《西铭》《东铭》《经学理窟》《正蒙》等。现存张载著作有《西铭》《东铭》《正蒙》《横渠易说》（后简称《易说》）《经学理窟》《张子语录》和《文集》，现已编入《张载集》，中华书局1978年出版。另有明人吕柟所纂《张子抄释》。

张载的理学思想体系，是在其易学研究的基础上建立起来的。《宋史·张载传》说他的学问是“以《易》为宗”，王夫之也评价说张载之学“无非易也”，可见《周易》在张载思想体系中的地位。《易传》的范畴和命题构成了张载思想体系的逻辑起点和理论基础，其学说的主题和范畴的主要环节都渊源于易学。张载早年著有解说《周易》经传的《易说》，通过对《周易》解说，书中对其本体论、认识论、道德论的基本思想已有所论述。《正蒙》一书则是张载后期所著，是张载一生思想言论的精华，书中并不专说《易》，但也是以阐发《周易》原理为主。其中的《太和》《参两》《天道》《神化》《大易》《乾称》诸篇都是阐释《周易》的专章，其他各篇也都渗透了易理。《易说》是张载思想的起点，《正蒙》正是在这一基础上的补充和发挥。

就张载思想的主要内容而言，处处都表现出易学的特色。首先，其“太虚即气”的气本论，是承袭汉易的卦气说、唐孔颖达以及宋初李觏以阴阳二气解易的观点，是对易学史上气论的一次批判性总结的结果，在易学史上具有划时代的意义。其次，张载“善言神化”，“神”是“气所固有”，是阴阳二气变化的内在动力。这一重要观念源于《易传》“阴阳不测之谓神”、“神也者，妙万物而为言者也”的思想，是对《周易》“神”概念的发展和创新。在其认识和修养统一的工夫论中，张载强调“穷神知化”，更是对易学的命题作出了创造性的解释，最终将本体论与人性论、人性论与道德论、修养论与认识问题整合为一个体系，从而为宋明理学的形成作了重要铺垫。因此，可以把张载之学归于易学的领域。

二 研究现状

学界关于张载的研究，可以概括为以下几个方面。

（一）注重张载之学与《周易》的联系

新中国成立前，冯友兰先生和张岱年先生都指出了张载哲学与《周易》有着密切的联系。以后研究张载的学者都注重张载与《周易》的关系，如侯外庐等著《宋明理学史》对张载理学思想的论述中，从本体论到认识论，都将其作为“易学哲学”加以论述；张立文《宋明理学研究》提出“《正蒙》亦是发挥《易》的”著作；丁为祥《虚气相即——张载哲学体系及其定位》提出“虚气相即”源于对《易》的创造性解释。尤其需要指出的是朱伯崑《易学哲学史》“张载《易说》”一节。朱伯崑指出，“张载易学可以说是对汉唐以来元气和阴阳二气解释易理的一次批判地总结”，在易学哲学史上，“有划时代的意义”。文中论述张载易学，以《易说》为主，参考《正蒙》，对张载易学进行了全面、详尽的论述，为张载易学研究树立了典范。

（二）气“一元论”与人性“二元论”的对立

这一观点源于冯友兰和张岱年二先生，他们共同认为张载在人性论上持有二元论思想。姜国柱《张载的哲学思想》便从“二元论”出发，揭示张载思想体系中的诸多矛盾。程宜山《张载哲学的系统分析》指出张载的自然观具有“一元二重化”的性质。黄秀矶《张载》认为张载哲学不是站在二元论立场，但也不同于西方式的一元论。丁为祥《虚气相即——张载哲学体系及其定位》以“宇宙论与本体论并建”的理论思路，消解张载哲学一元论与二元论的论争。

（三）张载气论是研究的重点，尤其是“太虚”与“气”的关系更是热点

张岱年先生指出张载哲学的根本观念，如太和、太虚、性、理、易等“皆统于气”，其“本根论是一种唯物论”。牟宗三则提出“太虚神体”，以“太虚即气”为体用不二之圆融义。唐君毅则以张载之气为“流行的存在，存在的流行”，“更不问其为物质或精神”。以后学者多从这三个角度进行争论。张载气论，尤其是“太虚即气”命题是学界关于张载研究争议的焦点。张载研究的期刊论文以气论居多，气论中又以“太虚即气”的论辩文章居多，其观点往往针锋相对。如丁为祥《张载虚气观解读》，汤勤福《太虚非气：张载“太虚”与“气”关系新说》等。

（四）研究的主题、角度以及方式方法趋于多元化

随着对张载研究的不断推进，研究的主题、角度被大大拓展，龚杰《张载的"四书学"》以"四书学"为张载之学的主题，胡元玲《张载的易学与道学》强调从经学角度研究张载思想，黄秀矶《张载》采用中西比较的方式，林乐昌还以"诗经学"、"礼学"以及"关学学风"为主题，研究张载；研究的方式方法也趋于丰富，有从文献出发，注重辑佚张载佚文，如林乐昌辑佚张载佚书《孟子说》，李裕民《张载诗文的新发现》以及对此纠偏的王利民文《张载诗真伪考辨》，大大拓展了张载研究的范围。

三 研究目的和意义

自中国哲学学科化以来，对张载的研究一直是学术界的热点，也取得了丰硕的成果。对张载思想的基本定位以及其中的一些重要哲学范畴的界定一直存在着争议，这为继续研究提供了良好的基础和较为广阔的研究空间。

（一）从研究的视角方面讲，对张载的研究主要是从哲学的视角入手，而不是从易学的视角入手。虽然几乎所有的研究者都注意到了张载思想与《周易》的密切关系，有些研究者也十分注意强调这一联系，但目前为止，还没有一部就张载易学思想研究的专门著作，而从哲学的角度来探讨张载思想的论著占绝大多数。笔者试图从易学视角出发，以易学发展的历史和逻辑、易学的观点和方法，来对张载思想进行全面、深入的梳理和探讨。

（二）从对张载研究的理论模式来看，大多数研究者都遵从西方哲学宇宙论、本体论、认识论、伦理学等这一固定模式。这一模式对于清晰地划分张载哲学思想的组成、内部结构，有助于我们较为明晰地审视和理解其思想。这种划分对于西方哲学可能较为适用，但对于一直以来作为整体存在、发展的中国传统学术似乎略显生硬。就张载的具体问题而言，"天人合一"是其思想的核心观念之一，也是中国哲学史上张载第一次提出的命题，是对以往天人关系的一次总结。张载论天道神化，其根本目的还在于为其人道思想作铺垫，建立一个形上根据，所以张载在言说方式上，

也采用了“一滚论之”的形式。而这一“天人一体”的观念又导源于《易传》“三才统一”、宇宙与生命统一的思想。正如与张载同时的另一位易学大家邵雍《观易吟》诗所言：

> 一物其来有一身，一身还有一乾坤。
> 能知万物备于我，肯把三才别立根。
> 天向一中分体用，人于心上起经纶。
> 天人焉有两般义，道不虚行只在人。

因此，笔者认为，如果忽略了张载借助易学而“一滚论之”的这一重要思想特征，以僵硬的理论模式逐一去解析张载的思想，就会存在将其思想的精神生命连根拔起的危险，最终得到的仅仅是冰冷的理论模块而失去了张载哲学中本质性的“活泼泼的”生命之源。因此，笔者试图顺着易学这一张载思想的生命主线，将其思想体系逐一勾勒，力图既能够明晰地梳理、展现其思想原貌，又能使其保持原有风貌和精神内涵。

（三）对张载思想的把握主要是通过对其著作的研究来实现。《正蒙》是张载思想的成熟之作，是张载著作的精华所在，绝大多数研究者都是以《正蒙》为主来探析张载的哲学思想，这是无可厚非的。但随着近年来对张载思想研究的逐步深入，开始有研究者注意到了《横渠易说》（以下简称《易说》）在张载思想体系中的重要地位以及与《正蒙》之间逻辑与内容方面的联系，《易说》是张载哲学体系的逻辑起点已成为学术界的共识，《正蒙》是对《易说》的发挥与补充，《正蒙》中不直接论《易》的部分也是渗透着易理在内。还有些研究者从文献学的角度出发，发现《正蒙》的文字有四分之一多与《易说》是重合的。因此，在更进一步的研究中，能够在首重《正蒙》的基础上顾及并重视《易说》在张载思想体系中的地位和作用，应该是一条可取的研究途径。

（四）就《正蒙》的研究而言，由于大多数研究者着眼于对其“哲学”思想的探讨，所以主要集中研究其中的具有“哲学意味”的《太和》《参两》《天道》《神化》《诚明》《大心》《中正》《至当》等篇，认为前几篇论述宇宙天道、自然万物，后几篇讨论认识、修养等，而对《作者》《三十》《有德》《有司》《乐器》《王禘》诸篇认为是张载发明《论语》《孟子》《尚书》“三礼”以及《诗经》的言论，属于张载的“经学”思想而没有得到足够的重视。如果我们站在易学的角度来看的话，这些篇章中，张载运用了不少《周易》的语言或原理来发明诸经，或者说以《易》与诸经相互发明。因此，研究张载的易学思想，这些篇章也因此而得以被包容，而不会游离于张载思想体系之外了。

（五）此外，关于《正蒙》一书，大多研究者从其篇章编排次序中探讨张载思想的内在逻辑，发掘其意蕴。即使是“会归义例”“以类相从”，各篇安排确有从天道到人道之意，但既是效《论语》《孟子》，以各篇首句定篇名，而且一篇之内各条之间也缺乏逻辑性的连接，又非张载亲手所定，所以研读《正蒙》也应该像《论语》《孟子》一样，视其为由独立的各条组成的著作。《正蒙》一书大量取自《易说》也是这一问题的旁证。

（六）从张载研究所得出的结论来看，也是一直存在争议，从早期对张载思想属唯物、唯心到一元论还是二元论的定性之争，再到对具体范畴的论争，如“太虚”与“气”的关系、“神”的内涵、“诚明之知”是否等同于“德性之知”等，一直是张载研究的热点问题。目前而言，“唯物”“唯心”两军对垒的理论模式已经淡出了学术话语系统，问题主要集中在了对张载哲学的一些核心范畴的讨论。不少研究者运用不同的研究方法、范式、视角对这些范畴进行重新审视，力图获得新的收获，如台湾黄秀矶运用中西哲学对比的视角和方法，对张载所言的“气”进行深入探析，试图突破唯物与唯心的两军对垒；大陆丁为祥采用“宇宙论与本体论并建”的理论方式来消解以往对张载的争议。这些努力见仁见智，学界并无定论，但共同点都是从哲学的视野来审视问题。笔者设想，如果从易学的立场出发，对这些问题逐一进行梳理，是否会有新的收获？

四 研究重点、难点和创新点

（一）研究重点

1. 张载流传下来的著作有《正蒙》（《东铭》及《西铭》并入《乾称》篇中）、《横渠易说》《经学理窟》《张子语录》《文集佚存》《拾遗》《附录》等，收在中华书局出版的《张载集》中。近年来，又有林乐昌先生辑得张载解说《孟子》语计130余条，合为一编，作为佚书《孟子说》的辑佚本。这些都是研究张载思想的主要材料，是应该着重研读的文献。此外，还有《二程集》《朱子语类》《近思录》以及张载门下弟子如吕大临等人的著作，也是了解张载思想的必要材料。所以该书涉及的文献定位在这些"原典"，在此基础上借鉴近代以来多位研究者的成果。

2. 既然是从易学的角度来研究张载的思想，作为直接解说《周易》的《横渠易说》自然是要重点研读的文献。虽然《易说》是张载整个思想体系的逻辑起点这一点已经得到学界的公认，《正蒙》是对《易说》的补充和发挥也得到肯定，但大多数研究者仍然将重点放在《正蒙》，而忽视了《正蒙》与《易说》以及与《周易》的逻辑联系。因此，在张载著作的范围内，笔者拟重点探讨《易说》在解说《周易》的同时与《正蒙》的逻辑联系。在《周易》—《易说》—《正蒙》的逻辑链条中展开研究。

3. 易学的视野。易学作为经学中的一种，有其特有的内容和相应的解释体例。从易学史的发展逻辑来审视张载的思想，定位其在易学史流变中所起的作用和所处的地位以及作出的贡献，对以往易学思想的批判、继承和创新，也是笔者研究的重点之一。

4. 张载易学与理学的关系。学界的基本观点是儒学借易学立论，易学亦凭借儒学得以发展。这道出了易学与儒学之间的根本关系，但也是一种笼统的说法，具体到张载思想，还需要条分缕析地探究。学界也曾出现过张载之学是归于"四书学"还是易学的争论，因此，笔者拟将张载易学与理学的关系作为研究重点之一，通过对其较为细致的探讨，梳理出易学与理学究竟是一种什么样的依存关系，又是如何依存的，易学在宋明理学中究竟扮演了一个什么样的角色。

5. 重点从易学的角度探讨张载哲学中的核心命题、核心范畴。如有争议不断的"太虚"与"气"的关系，在易学视野下应该如何看待二者的关系，审查这一命题在易学史上的产生、发展、演变，或许会有新的发现。同样，将其核心范畴如"神"还原到易学视域当中，还有将其著名命题"诚明之知""德性之知"联系《周易》中的"穷神知化""精义入神"来考察，也会有新的收获。

（二）研究难点

1. 现存张载著作太少，这为研究带来很大难度。除《正蒙》《横渠易说》是完整的著作，其余如《经学理窟》相当于经学笔记，《语录》及一些文集佚存则相当零散。《正蒙》又以难读著称，而且不是张载亲自定稿，是由其弟子整理篇次，若想从其篇目安排顺序上探求张载思想的深意，是不够可靠的。种种原因使得研究要有所突破有很大困难。

2. 历来对张载研究的著作虽然不算少，但多为从哲学角度研究，从易学着眼的成果为数不多，而且是分布在各个易学史著作或者主题史或断代史中，这方面的借鉴材料相对来说还是比较少的。因此，前人研究所提供的基础不是十分雄厚。

3. 选择从易学的角度着手本身就是一个不小的挑战，《周易》本身由于年代久远，文字古奥，体例独特，历代注家不绝如缕，使得“易道广大，无所不包”，各家说法又极其驳杂，故有“易道至繁”之说。现在以易学的视角对张载思想进行探究，对于易学本身内容就存在理论方法上进行选择、思想内容上进行取舍判定的问题，这也是张载易学研究中存在的先天困难。

4. 张载著作内容本身的艰涩和难解。《正蒙》被誉为中国哲学史上最为难懂的几部著作之一。中国哲学中的诸多概念和范畴并不像西方哲学那样有明确的界定，同一个名词可能同时具有多种完全不同的含义，而同一种含义又有可能可以由不同的词语表达，这一特点在张载著作中表现得尤为充分，尤其是一些意义相近的概念，更是难以把握其实质含义。比如作为张载哲学核心概念的“太和”“太虚”“太极”等，其具体含义及其相互关系令诸多研究者费解，这也是引起争议的原因之一。

5.《易说》与《正蒙》自身形式上的特点也导致了研读的困难。《易说》采用随经作注的方式著成，本身并不是一部行文符合逻辑、独立成文的著作。《正蒙》各篇是张载弟子苏昞编订，所谓“会归义例，略效《论语》《孟子》，篇次章句，以类相从，为十七篇”。即使是“会归义例”“以类相从”，各篇安排确有从天道到人道之意，但既是效《论语》《孟子》，以各篇首句定篇名，而且一篇之内各条之间也缺乏逻辑性的连接，又非张载亲手所定，所以要从中发掘张载思想的深意，亦非易事。

（三）力求能有所创新的方面

1. 研究角度。对张载的研究多集中讨论其理学思想，从易学角度着眼进行研究，朱伯崑的《易学哲学史》在这方面开创了典范，作出了前所未有的贡献。笔者试图以朱伯崑的研究作为范例，在前人研究的基础上，将张载易学作进一步的探索。

2. 理论模式。前人对张载的研究，多以宇宙论、本体论、心性论、工夫论、认识论的模式，将张载思想分割为几部分，然后分别加以论述。这一理论模式显然是深受西方哲学固定模式的影响，自然有其较为成功的方面。笔者试图扬弃这一模式，借鉴其明晰、清楚的有利因素，避免其僵硬、刻板的不利因素，以易学这一核心主线将张载思想贯穿起来，以期较为有效地体现其精神生命和实质内涵。

3. 研究方法。对张载的研究，前人或采用历史的方法，或采用逻辑的方法，或者二者相结合，同时大都采用诠释学的方法，以现代的思想理论来对张载思想进行解析。台湾胡元玲的《张载的易学与道学》采用文献学的方法研究张载思想，对笔者有很大的启发，但该书文献学方面成就斐然而思想论述略显薄弱，由此笔者想在运用以上其他研究方法的同时，采用文献与诠释相结合的方法来探究张载易学，以期有所收获。

五　研究方法

（一）诠释学

立足于张载著作，结合前人研究成果，对其著作进行解说、释义、考证，以求理解、探寻张载寓于其中的思想深意，通过这种语言和意义的转换，再现张载的思想世界。

（二）历史与逻辑相统一

以张载的易学思想为基本核心，探究它在易学史、理学史上的发生、根据、发展和经历，对其实质进行具体分析，对其每一发展阶段或环节都能从其典型上进行考察，而后综合起来，把握逻辑联系和发展规律。

（三）文献与理论相结合

笔者面对的文献有特殊之处，《易说》与《正蒙》不但逻辑上、内容上有紧密联系，甚至文献上也有极其密切的关系，从文献上统计《正蒙》一书有四分之一与《易说》是相同的，而且这两部著作自身形式也很有特色，这就需要在文献上多下工夫，同时跟理论相结合，以便更好地探究作者的思想。

第一章

张载学术历程及学术定位

对张载学术历程的审视和对张载之学的定位是研究张载易学思想的前提。张载曲折的学术历程对于其学术的发展、转变、成熟都有着极其重要的影响，其中在一些具体问题上一直存在争议，故在此加以辨正。关于张载之学的定位问题，学界也有“易学”与“四书学”之争，本章笔者就此问题表达了从易学角度为张载之学定位的观点。

第一节 张载学术历程若干问题辨正

张载（1020—1077），字子厚，世居大梁（今河南开封）。幼时因父卒于涪州任上，家贫无以还乡，遂与弟张戬侨居凤翔县横渠镇，后于此长期讲学，世人尊之为横渠先生。

一 早悦孙吴

张载少孤自立，无所不学，少喜谈兵，有边塞之志，“慨然以功名自许”①，吕大临作《横渠先生行状》云：“与邠人焦寅游，寅喜谈兵，先生说其言”②，游酢也说张载“谓提骑卒数万，可横行匈奴，视叛羌为易与耳”③，甚至“欲结客取洮西之地”④。可见，张载年轻时并非志在孔

① 见吕大临《横渠先生行状》，载《张载集》，中华书局 1978 年版，第 381 页。后只注页码。

② 同上。

③ 见《河南程氏遗书·附录》，游酢《书行状后》，载《二程集》上册，中华书局 2004 年版，第 334 页。后只注页码。

④ 见《宋史·张载传》，载《张载集》，第 385 页。关于“取洮西之地”，后人多认为是夺取当时被西夏占领的“洮西”，今据刘建丽等人考证，时洮西之地为吐蕃部族所控制，是宋与西夏双方争夺的战略要冲，后人解释有误。详见刘建丽、白蒲婴《张载“取洮西之地”辨析》，《宁夏社会科学》2009 年第 1 期。

孟，想成为一名立德立言的儒者，而是一位“男儿何不带吴钩”式的豪侠少年。

《横渠先生行状》言张载“气质刚毅”，其性情气质也深深影响了其学术风格。

“横渠四句”，大气磅礴，勇于造道。《西铭》文风豪放，气势恢宏，程颢赞之曰：“须得他子厚有如此笔力，他人无缘作得。”①

关学学派重经世致用，张载与二程论学，曾言：“学贵于有用。”② 张载在朝廷不顾礼官反对，力主施行婚冠丧祭之礼；主张“复井田”，晚年自置田地，欲验之一乡。张岱年先生所言：“关学注意研究天文、兵法、医学以及礼制，注意探讨自然科学和实际问题。”③ 近年有学者提出：“张载的‘崇实’‘致用’思想贯穿于他的所有著述之中，并且成为元、明、清实学思潮的学术思想渊源，奠定了实学思潮的思想基础。”④

张载门人多能谈边事，且多武将，参与战事。据胡元玲考证，张载弟子中，吕大忠性情刚毅质直，勇于有为；吕大钧质厚刚正，喜讲兵制；游师雄慷慨豪迈，建于事功；种师道抵抗金人，知兵有谋；李复领兵抗金，为国捐躯等，不一而足。⑤ 王阳明曾就张载感叹曰：“关中自古多豪杰。”⑥

这些都与张载的少年志向、气质性情是分不开的。

二　受裁高平

书载张载年轻时曾以书谒范仲淹。

《横渠先生行状》云：

> 当康定用兵时，年十八，慨然以功名自许，上书谒范文正公。公一见知其远器，欲成就之，乃责之曰：“儒者自有名教，何事于兵！”因劝读《中庸》。先生读其书，虽爱之，犹未以为足也，于是又访诸释老之书，累年尽究其说，知无所得，反而求之六经。

---

① 见《张子语录·后录上》，载《张载集》，第 336 页。

② 见《河南程氏粹言》卷第一，《论学篇》，载《二程集》，第 1196 页。

③ 张岱年：《关于张载的思想和著作》，载《张载集》，中华书局 1978 年版，第 12 页。

④ 吴兴洲、赵吉惠：《张载关学奠定了明清实学的思想基础》，《唐都学刊》2004 年第 2 期。

⑤ 胡元玲：《张载易学与道学》，台北：学生书局 2004 年版，第 9—13 页。

⑥ 王守仁撰，吴光等编校：《王阳明全集》，上海古籍出版社 2011 年版，第 1435 页。

《宋史》云：

> 年二十一，以书谒范仲淹，一见知其远器，乃警之曰："儒者自有名教可乐，何事于兵！"因劝读《中庸》。载读其书，犹以为未足，又访诸释老，累年究极其说，知无所得，反而求之六经。

（一）上书时间辨正

但上书范仲淹的时间《行状》与《宋史》有所出入，《行状》载"年十八"，而《宋史·张载传》言"年二十一"。胡元玲据武澄《张子年谱》考证，认为"应以二十一岁为当"。[①] 胡文引武澄《张子年谱》云：

> 《行状》云："当康定用兵时，先生年十八，慨然以功名自许，上书谒范文正公。"又云："先生卒于熙宁十年，享年五十有八。"考熙宁十年距康定元年，共三十七年，则当康定时先生乃二十一岁，而《行状》云"年十八"，则不当在康定时，在康定时则不当云"年十八"，自相矛盾，其失不辩而明。至《纲目》又以谒范文正公，时年二十，亦误。惟《宋史·道学传》以为年二十一时当康定元年，证之《纲目》，是年夏，范文正公始为陕西招讨副使，兼知延州，极为有据。若年十八则为景祐四年，年二十则为宝元二年，彼时范文正公尚贬知饶州、越州，先生何由而以兵策谒之乎？

陈政扬同意此说。[②]

杨立华也指出"范仲淹升任陕西都转运使是在康定元年四月"，认为"张载谒见的时间不会早于此时"，所以也推断"《宋史》'年二十一'的记载应该是准确的"。[③]

综上，张载上书范仲淹的时间当以《宋史》所载"年二十一"为准。

---

① 胡元玲：《张载易学与道学》，台北：学生书局2004年版，第2页。

② 见陈政扬《张载思想的哲学诠释》，台北：文史哲出版社2007年版，第2页。

③ 杨立华：《气本与神化：张载哲学述论》，北京大学出版社2008年版，第17页。

（二）“高平门人”说辨正

《宋元学案》将张载列为“高平门人”，《高平学案》《横渠学案》都是如此。这一说法一直存在争议。

《宋元学案·高平学案》载：

> 汪玉山与朱子书云：“范文正公一见横渠奇之，援以《中庸》，若谓从学则不可。”

全祖望《鲒埼亭集外编》卷三十八云：“张子之于范文正公，是当时固成疑案矣。”

陈俊民就王梓材补修《宋元学案·高平学案》时将张载列为“高平门人”提出质疑，指出张载并非“高平门人”。陈文指出，王梓材之所以这样做，源于全祖望在《宋元学案·序录》中所言：“高平一生粹然无疵，而导横渠以入圣人之室，尤为有功。”根据王梓材所加按语：

> 横渠之于高平，虽非从学，然论其学之所自，不能不追溯高平也。

陈文认为“张载之学出于高平之说，原来是全祖望、王梓材等‘追溯’出来的”。因此，陈文提出：（范仲淹）知人善任，鼓励提携，这对张载进入理学活动，创立关学，成为著名理学家，诚然关系重大，但他们之间并无师承关系。……“追溯”的结论，当然难以成立。[①]

可见，在张载的学术历程中，谒见范仲淹的确具有重大的意义，但正如陈俊民先生所言，二者并无师承关系，将张载归为范仲淹的门人弟子不太合适。

关于张载与范仲淹的接触因为史料缺乏，所以产生了诸多疑案。张载非范仲淹门人可以确定，但其间还有一些问题尚待澄清，陈政扬在其著作《张载思想的哲学诠释》中指出：

> 张载虽经范仲淹的劝告，不再将人生的志向放在以兵事建立功名

① 陈俊民：《张载哲学思想及关学学派》，人民出版社1986年版，第6—8页。

上。但是，他仍对军事边防存着很大的兴趣。关于这一点，可由《张载·文集佚存》中，所收录的文章可知。《庆州大顺城记》一篇，是张载对范仲淹军事武功的记载与称颂，而此时为庆历三年（西元1043），距范仲淹赠《中庸》给张载已有三年。可见张载并未因为范仲淹的一席话，就打消对兵事的热情。朱建民先生即指出，范仲淹之授《中庸》虽是张载折节读书的转折关键，但是这种影响未必像《宋元学案》所说的，大到使张载“遂翻然志于道”的程度。①

陈文的价值在于指出了范仲淹对张载的影响并非一蹴而就，并对张载受教于范仲淹而志向产生变化的过程进行了澄清，指明了张载学术历程的开端并非是一个突然的转变，这一情况在张载的学术风格中也能得以反映；也对范仲淹在张载思想转变过程中所起的作用有了进一步的明确。值得一提的是陈文注意到了张载早年的一篇文章《庆州大顺城记》，对于考察张载早年经历具有一定价值。杨立华也指出：

今《张载集·文集佚存》中载有《庆州大顺城记》一文，详细记载了范仲淹筑大顺城的事迹。从行文的格式和语气上看，这篇文章很像是幕客的文字。范仲淹筑城是在庆历二年三月，而赐名“大顺”则是当年五月的事情。此时张载已经是二十三岁。由此可知，张载在初次谒见之后，仍与范仲淹有一定的交往。或者甚至曾有短时间游于范仲淹幕府的经历。②

杨文从《庆州大顺城记》的行文风格和写作时间推断张载与范仲淹的交往关系，指出《行状》错误，这也是近年来关于张载研究的新提法，如果这一情况属实，对于研究张载生平及其学术思想发展历程不失为一则有价值的材料。

由上可知，张载并非范仲淹门人，二人并非是《宋元学案》所说的师承关系；范仲淹对张载思想的转变的确起到了重大作用，但也并非如《行状》和《宋史》所载的那样的突然和直接，而是经历了一定的过程，

① 陈政扬：《张载思想的哲学诠释》，台北：文史哲出版社2007年版，第2、3页。

② 杨立华：《气本与神化：张载哲学述论》，北京大学出版社2008年版，第17、18页。

在此期间也是与范仲淹的不断接触、交往中走上了他的学术道路的。

三 勇撤皋比

《行状》和《宋史》都记载了张载和二程的学术交游。三人共语道学之要，之后张载焕然自信曰："吾道自足，何事旁求!"《行状》记载此时此事是在"嘉祐初"，地点在京师。而张载是在嘉祐二年，三十七岁时登进士第，与二程论道京师，当在这一时期。从他的自信可以看出，此时张载的学术根底已基本确立。

值得一提的是，《宋史》载张载"尝坐虎皮讲《易》京师，听从者甚众。一夕，二程至，与论《易》，次日语人曰：'比见二程深明易道，吾所弗及，汝辈可师之。'撤坐辍讲。"此事《行状》未载，《二程集》有之①，后世学者认为多不可信，胡元玲认为"有可能是为长者讳，也有可能只是二程弟子为崇其门派而夸大其事"。②

观朱子所作"张横渠画像赞辞"亦有"勇撤皋比，一变至道"之语。

关于张载与二程的思想交流，相关历史记载和学术讨论很多，这里略作澄清。

（一）关于"关洛之争"

这一问题主要是由吕大临《横渠先生行状》所引起。

吕大临本师从张载，张载去世后从学于程。其所作《横渠先生行状》按朱子《伊洛渊源录》载有二本，一本说张载见到二程后"尽弃其学而学焉"，对此程颐加以驳斥，说："表叔平生议论，谓与颐兄弟有同处则可；若谓学于颐兄弟，则无是事。倾年属与叔删去，不谓尚存斯言，几于无忌惮。"后吕大临将这句话改为"尽弃异学，淳如也。"③

张岱年先生指出：

> 程颐的态度是比较公允和客观的……但二程弟子中仍有人不顾程颐的训示依然认为张载曾学于程颢，如游酢所写《书明道先生行状后》说："先生生而有妙质，闻道甚早，年逾冠，明诚夫子张子厚友

---

① 见《河南程氏外书》卷第十二，载《二程集》，第436、437页。

② 胡元玲：《张载易学与道学》，台北：学生书局2004年版，第8页。

③ 见《河南程氏外书》卷第十一，载《二程集》，第414、415页。

而师之。”这些话主要是企图贬低张氏而抬高二程的地位。[①]

陈俊民在这之外又补充了二程高足杨时“横渠之学，其源出于程氏”的说法，并指出，“张程思想之间的互相影响，相互吸收是肯定的”，“但一定说张源于程，显然这是在程朱思想日渐变成统治思想的趋势下，程门弟子高其学、神其道的门户之说”。[②] 陈政扬在其《张载思想的哲学诠释》一书中引证御史中丞吕公著举荐张载时的话：“张载学有本原，四方之学者宗之，可以召对访问。”也认为“张载之学并非出于二程”，认同陈的说法。[③]

关于这一问题，杨立华又有一些新的澄清。文中引朱子《伊洛渊源录》云：

> 按《行状》今有二本，一云“尽弃其学而学焉”，一云“尽弃异学淳如也”。其他不同处亦多，要皆后本为胜。疑与叔后尝删改如此，今特据以为定。然《龟山集》中有《跋横渠与伊川简》云：“横渠之学，其源出于程氏，而关中诸生尊其书，欲自为一家。故予录此简以示学者，使知横渠虽细务必资于二程，则其他固可知已。”按横渠有一简与伊川，问其叔父葬事，末有“提耳悲激”之言，疑龟山所跋即此简也。然与伊川此言，盖退让不居之意。而横渠之学，实亦自成一家，但其源盖自二先生发之耳。[④]

杨文认为“朱子这段议论相当平允，可以视为此一公案的定论”。并指出，以吕大临之性情质直，兼对张载之学笃信不疑，能为此事，“很可能是张载生前曾有过类似的表述”。[⑤]

综合这些观点，可以得出，张载之学是在与二程的相互交流和相互影响中形成和发展起来的独立的思想体系，关学和洛学是平等的并列关系，后世之所以会出现“张载之学出自二程”的说法，一来源于关洛门户之

---

① 张岱年：《关于张载的思想和著作》，载《张载集》，第13页。

② 陈俊民：《张载哲学思想及关学学派》，人民出版社1986年版，第4—6页。

③ 陈政扬：《张载思想的哲学诠释》，台北：文史哲出版社2007年版，第3、4页。

④ 见《张载集》，第385页，附在吕大临《横渠先生行状》文后。

⑤ 杨立华：《气本与神化：张载哲学述论》，北京大学出版社2008年版，第23页。

争，二来可能是张载生前的自谦之语。

（二）与二程易学思想的交流

回头再看《宋史》张载“坐虎皮，讲《周易》”之事，对于了解张载易学思想的形成和建立还是有一定的积极意义。

张载和程颐，包括邵雍都是当时有名的易学家，三人经常关于易学及相关哲学问题进行当面讨论或书信往来。前文已述，张载是嘉祐二年，三十七岁时登进士第，与二程于京师相见当在此时左右。这一时期张载的易学思想应该得以初步建立，《横渠易说》的基本思想应该是在这一时期确立的。而与二程的交流和切磋在张载易学思想的形成中起到了积极的作用。朱伯崑先生对此指出：

> 张载易学体系的形成，同程氏易学也有一定的联系。二程和张载都把其易学看成是批判佛老两家的武器，同属于宋易中的义理学派。其易学有共同点，也有不同之处。据说，张载早年在开封坐虎皮椅说易，听者甚众。一夕，二程至，同张载讨论易学问题。次日，张载说易，撤去虎皮说：“吾平日为诸公说者皆乱道，有二程近到，深明易道，吾所弗及，汝辈可师之。”（《外书》十二）此事乃程氏弟子所记，可能有些夸张，但张载推崇程氏易学，曾受二程的影响，是可以肯定的。

朱先生的看法是比较公允的，并且进一步指出，张载易学既是在对程氏易学的吸收，又是在同程氏易学的斗争中形成的。①

事实上，张岱年先生也曾指出，“张载在开封讲《易》时，可能已经开始写《易说》了。在《易说》中，他的唯物论的基本观点已经具备。”②

杨立华将张载与二程的学术交游大体分为三个阶段。第一阶段是从嘉祐元年（1056）至嘉祐四年（1059）前后，这一阶段即是张载与二程初会京师，后与程颢又有书信往来。第二阶段是从嘉祐五年（1060）至熙宁三年（1070），期间与在京为官的程颢又有交流，杨认为这一时期张载还未能真正建立自己的体系，思想上与二程较为接近。第三阶段从熙宁三

---

① 朱伯崑：《易学哲学史》第二卷，昆仑出版社 2005 年版，第 284、285 页。

② 张岱年：《关于张载的思想和著作》，载《张载集》，中华书局 1978 年版，第 15 页。

年（1070）至张载去世，期间张载完成《正蒙》，真正形成自己的思想体系，故在此期间与二程多有不合。①

这一划分具有一定的道理。杨文在论及张载与二程的学术交游过程的第三阶段时，涉及双方书信往来，杨据程颐回信和二者学术分歧，以及《洛阳议论》中无相关讨论的记载，推断“二程在横渠生前是否曾看到过《正蒙》的全貌，是很值得怀疑的”。②

首先，二程是否在张载生前看到过《正蒙》一书全貌，的确难以确定。张载著《正蒙》情形，《二程集》中略有涉及，《程氏外书》卷第十二云：

> 张横渠著《正蒙》时，处处置笔砚，得意即书。伯淳云：“子厚却如此不熟。”③

可见，张载著《正蒙》一书时，程颢还是有所了解，但不能确定程颢就《正蒙》一书与张载进行过讨论。

《程氏外书》卷第十二还记载道：

> 《张子正蒙》云：“冰之融释，海不得而与焉。”伊川改“与”为“有”。④

这里既然程颐对《正蒙》进行批改，当时看到全书无疑，但不能确定此时张载是否还在世。

其次，就《正蒙》的成书来说，《正蒙》一书最初由张载授予弟子苏昞，并非现在面貌，而是后来由苏昞“会归义例，略效《论语》《孟子》，篇次章句，以类相从，为十七篇”。⑤ 从文献角度考察，《正蒙》全书近四分之一的文字与《易说》相同。⑥ 就思想内容而言，是在《易说》基础

① 杨立华：《气本与神化：张载哲学述论》，北京大学出版社2008年版，第25页。
② 同上。
③ 见《二程集》，第427页。
④ 同上书，第443页。
⑤ 见《正蒙·苏昞序》，载《张载集》，第3页。
⑥ 胡元玲：《张载易学与道学》，台北：学生书局2004年版，第64、65页。

上的创造和发挥[1]，而《易说》又是张载早年的著作，气本论在《易说》中早已确立。张载与二程最大的分歧在于张载主气，而二程主理，《二程集》载：

> 形而上者谓之道，形而下者谓之器。若如或者以清虚一大为天道，则乃以器言而非道也。[2]
>
> 立清虚一大为万物之源，恐未安，须兼清浊虚实乃可言神。道体物不遗，不应有方所。[3]

与程颐书信中的分歧之处恰好也正是关于“虚无即气”的问题。所以，二程与张载学术思想的根本分歧从双方交往的第一阶段就已经存在了。

因此，探讨二程是否在张载生前看到过《正蒙》一书全貌，对后来双方的学术分歧也没有多大意义。

可以确定的是，张载与二程的学术交游，如有记载的“京师论《易》”等思想碰撞，对于张载易学体系的形成和建立是有重要影响的。朱伯崑指出：

> ……张载推崇程氏易学，曾受二程的影响，是可以肯定的。就今传张载的《易说》看，其中对卦爻辞的解释，有些是同《程氏易传》中的观点一致的。如其对《周易》体例的理解，取卦变说，肯定《序卦》，并使用“天理”一辞，解释天下之理，这些当是受了程颐的影响。[4]

四 并游尧夫

张载的学术交游除二程外，还有当时著名易学家邵雍。与邵雍的交往，相关记载较少。《张载集》中收录有《诗上尧夫先生兼寄伯淳正叔》，

---

① 张岱年：《关于张载的思想和著作》，载《张载集》，第15、16页。

② 见《河南程氏遗书》卷第十一，载《二程集》，第118页。

③ 见《河南程氏遗书》卷第二上，载《二程集》，第21页。

④ 朱伯崑：《易学哲学史》第二卷，昆仑出版社2005年版，第284、285页。

诗曰：

> 先生高卧洛城中，洛邑簪缨幸所同。
> 顾我七年清渭上，并游无侣又春风。
> 病肺支离恰十春，病深樽俎久埃尘。
> 人怜旧病新年减，不道新添别病深。

该诗文后附有邵雍的和诗：

> 秦甸山河半域中，精英孕育古今同。
> 古来贤杰知多少，何代无人振素风。

二人诗歌互答未谈及学术问题，但从中可以看出二人之间互相都颇为推崇。

此外，邵雍之子邵伯温《河南邵氏闻见前录》卷十五记载，熙宁十年（1077）春，张载应召再次入京，过洛阳见邵雍，时邵雍病笃：

> （张载）知医，亦喜谈命，诊康节脉，曰："先生之疾无虑。"又曰："颇信命否？"康节曰："天命某自知之，世俗所谓命，某不知也。"子厚曰："先生知天命矣，尚何言？"

这里记载了张载与邵雍论"命"的事情，虽是平常对话，也能从中透露出二人思想交流的一些方面。"命"是道学经常讨论的一个重要概念，也是张载易学中的一个重要问题。邵雍在交谈中区分了"天命"与"世俗之命"，获得了张载的赞赏，道学气象，尽显其中。

邵雍易学，以数为宗，这是与张载易学以及程氏易学的根本区别。《二程集》载程颐书云："某与尧夫同里巷居三十年余，世间事无所不论，惟未尝一字及数耳。"① ——体现出程氏对邵雍易学的保留态度。

史料虽未有记载张载与邵雍就易学问题的讨论，但张载易学中并不是完全拒斥象数，只是在"象、数关系"这一具体问题上与邵雍不同，朱

---

① 见《河南程氏外书》卷第十二，载《二程集》，第444页。

伯崑指出："邵雍提出'数生象'，张载对此并无直接的评论。但就其对大衍之数的解释看，认为数是依赖于形和象的。"[①] 二人关于数象关系问题刚好相反，但在某些观点上表现出了一致的地方，张载在论述"大衍之数"时，认为其一不用之"一"是指"天一"，而邵雍亦有此观点。[②]

总的来说，就易学中的一些根本问题而言，张载与邵雍的观点是完全不同的，体现了宋代易学气学派和数学派的对立。

张、邵二人的交游和学术交流，由于史料记载稀少和笔者学力所限，只能到此为止。

五　殁于骊山

关于张载的卒时、卒地和卒因问题，史料记载本来是比较清楚的。《宋史·张载传》云：

> 乃诏知太常礼院，与有司议礼不合，复以疾归。中道疾甚，沐浴更衣而寝，旦而卒。

范育在为《正蒙》所作的《序》中所言：

> 熙宁丁巳岁，天子召以为礼官，至京师，予始受其书而质问焉。其年秋，夫子复西归，殁于骊山之下。

吕大临《横渠先生行状》云：

> 西宁二年冬被召入对，除崇文院校书。明年移疾。十年春，复召还馆，同知太常礼院。是年冬谒告西归。十有二月乙亥，行次临潼，卒于馆舍，享年五十有八。

以上三则材料就是关于张载去世问题的记载，《宋史》记载了张载卒

① 朱伯崑：《易学哲学史》第二卷，昆仑出版社2005年版，第318页。

② 同上书，第319页。

因为病逝，《正蒙·范育序》和《行状》记载了张载的卒时、卒地，其中对于张载去世的地点记载是一致的——骊山之下的临潼，但时间有些出入，范说较为笼统——“其年秋”，《行状》则详细地说明了是“十有二月乙亥”。

（一）关于卒时

武澄《张子年谱》载：“冬十二月乙亥卒于临潼馆舍。”后加按语：“《纲目》作‘冬十一月，同知太常礼院，张载卒。’《凤洲鉴》作‘冬十月至太常礼院，张载卒。’”武澄虽然在《年谱》中取吕大临《行状》所载卒时，但还是持保留态度。

关于这一问题，今人刘荣庆在《张载卒时、卒因辨》一文中认为“吕说似较详明精当，可以资信。”理由是吕大临较之范育，与张载关系更为密切，且吕“治学态度甚为严谨”。[①]

刘文这一说法近年遭到质疑，付佳、高天智《张载死因新考——兼与刘荣庆先生商榷》一文，指出：“吕氏之文从理论上虽较接近张载，然而事实上却有违史实者多处，不足以作为张载生平的可靠依据。”[②] 但是文章仅仅在此提出质疑，并未对张载去世时间进行新的考证。

笔者以为，付、高二人提出吕氏《行状》虽与史实有不合之处，但其不合之处也是限于张载上书范仲淹时间等事件，并未有新的证据确定张载去世的具体时间，所以，在证据不足的情况下，还是以吕说为妥，武澄《年谱》从《行状》卒时，又加按语存疑，是比较稳妥的做法。

（二）关于卒因

张载去世的原因史籍记载本来是很明确的，前文已述，是在西归途中病逝。但是刘荣庆在其《张载卒时、卒因辨》一文中又有新的观点：

> 张载被召封为礼官，在封建礼仪上倡导复古，却得不到赵宋皇帝和同僚的支持，处境十分孤立，就连最隆重的郊庙之礼“不致严”，“亟欲正之，而众莫之助”，生了满肚子的窝囊气，其实现平生主张与施展才能的寄托，连连碰壁，他心理上遭到的打击和受到的压力是

---

① 刘荣庆：《张载卒时、卒因辨》，《人文杂志》1984 年第 1 期。

② 付佳、高天智：《张载死因新考——兼与刘荣庆先生商榷》，《船山学刊》2005 年第 3 期。

> 很大的。“疾”是心里吃力引起的，又是还乡的借口；政治上、精神上的雪上加霜当是他卒于骊山之下的横渠书院（今临潼县华清小学）的重要原因之一。[①]

刘说同样遭到付、高二人的质疑，付文以张载诗“……病肺支离恰十春，病深樽俎久埃尘。人怜旧病新年减，不道新添别病深”为据，指出张载的病由来已久，而且越来越重，因此张载是因病而退，并非以此为借口；此外，由张载著作和实际行动中体现出的他乐天安命的精神，认为政治上的不得志可能会对张载有一定的影响，但不是张载之死的主要原因。[②]

笔者以为，张载卒因史料已经很清楚，再去详加讨论对于了解张载生平也许有益，但对于研究其学术思想意义不大。但既然有了这一争论，不妨置喙几句。

首先，张载之病确实由来已久，付文所引之诗就很能说明问题，就在张载二次被召时，张载也考虑到了他的多病之身，但仍然抱着济世理想，说：“不敢以疾辞，庶几有遇焉。”[③] 这一来说明张载确实身体状况不佳，二来说明张载对这次进京还是抱有很大期许。

其次，入京后政治上不得志对张载还是有影响的。《行状》言：

> 礼官安习故常，以古今异俗为说，先生独以为可行，且谓“称不可谓非儒生博士所宜”，众莫能夺，然议卒不绝。郊庙之礼，礼官预焉。先生见礼不致严，亟欲正之，而众莫之助，先生益不悦。会有疾，谒告以归，知道之难行，欲与门人成其初志，不幸告终，不卒其愿。

由此看来，政治环境中的极度孤立和主张不能得以施行的焦虑和失望与张载赴京时的满怀期望形成强烈的反差，这对他的带病之身肯定是有很大的不良影响。

---

① 刘荣庆：《张载卒时、卒因辨》，《人文杂志》1984 年第 1 期。

② 付佳、高天智：《张载死因新考——兼与刘荣庆先生商榷》，《船山学刊》2005 年第 3 期。

③ 见吕大临《横渠先生行状》，载《张载集》，第 381 页。

因此，笔者认为，张载去世的原因就是病逝，政治失意对其心理状态和身体状况也许会有影响，但这不能归结为张载去世的原因。

第二节　张载思想的学术定位

《宋史》说张载“其学以《易》为宗”，王夫之在《张子正蒙注·序》中也说“张子之学，无非易也”，这是古人对于张载之学的定位，奠定了张载之学的易学基调，这当然源于对其思想的分析和判定，为后世认识张载之学提供了重要的依据。

一　学界关于张载之学的一般看法

学界关于张载的学术定位问题在早期意见是比较统一的。冯友兰先生早年著作《中国哲学史》就指出：“横渠之学，亦系从《易》推衍而来。”[①] ——直接点明了张载哲学与《周易》的密切关系。

张岱年先生在其早年《中国哲学大纲》一书的《宇宙论·大化性质》中指出，“宋代哲学家，其思想多根据《易传》，所以也都讲神”[②]，“张子言神最详”[③]。后又为《中国古代著名哲学家评传》作《张载评传》一文，指出张载“所继承的主要是《周易》的学说”。[④]

侯外庐先生等人主编《宋明理学史》一书指出，张载的“本体论、认识论和道德论的基本轮廓在《易说》中得到阐发”，“《周易》是张载思想的起点”。

在“张载的本体论”中，文章多次指出张载本体思想与《周易》的密切关系。认为其“气”的范畴是从《周易》经义中体会出来的，太虚与气的交互作用通过“神”来实现，中间还要经过“感”的环节；“一物两体”是从《周易》所谓“易有太极，是生两仪”的学说中引申、发展而来的朴素辩证法。

---

① 冯友兰：《中国哲学史》下册，载《三松堂全集》第三卷，河南人民出版社 2001 年版，第 287 页。

② 张岱年：《中国哲学大纲》，载《张岱年全集》第二卷，河北人民出版社 1996 年版，第 163 页。

③ 同上书，第 164 页。

④ 张岱年：《张载评传》，载《张岱年全集》第五卷，河北人民出版社 1996 年版，第 573 页。

在“张载的道德论与认识论”部分，作者指出张载将世界划分为天、地、人三大块也是由《易传》而来，而“穷神知化”的认识论是直接源自《系辞》的术语。

总的来说，该书对张载理学思想的论述中，注重其与《周易》的联系，从本体论到认识论，可以说都将其作为“易学哲学”加以论述，这在诸多宋明理学史著作和中国哲学通史中并不多见。[①]

张立文先生在其《宋明理学研究》一书中指出“在宋人眼里，《正蒙》亦是发挥《易》的”，“《宋史·张载传》说‘以《易》为宗’，颇合实际”。[②] 这与余敦康先生观点是一致的，余先生也认为，“张载的易学著作除了早年写成的《横渠易说》以外，还包括晚年写成的《正蒙》”。[③]

由此看来，张载之学归为易学是多数学者持有的观点。

二 “四书学”与“易学”之争

龚杰在其《张载的“四书学”》《张载评传》等论著中提出不同意见，认为张载的思想体系是依据《论语》《孟子》《大学》《中庸》这四部儒学经典建立起来的，其中心内容是揭示“四书”的主题“性与天道”，因此张载之学应是“四书学”而非“易学”。

龚杰还进一步指出学界把张载之学归为易学的理论来源——王夫之的《张子正蒙注·序论》。龚文认为王夫之之所以将张载之学归为易学，一是他对《周易》的推崇，二是批评朱学的需要，三是由于他对张载之学有着自己的取舍标准。此外，就《横渠易说》而言，一部分多为训诂和义疏，另一部分也是以“四书”主题来概括和发挥《易》义。最后指出：

> 总之，张载之学不是易学，而是以发挥《四书》义理为主的“四书学”，这正是张载思想的时代特色和他被称为理学家的重要原因。[④]

---

① 详见侯外庐、邱汉生、张岂之主编《宋明理学史》上册，人民出版社 1987 年版，第 94—118 页。

② 张立文：《宋明理学研究》，人民出版社 2002 年版，209 页。

③ 余敦康：《内圣外王的贯通》，学林出版社 1997 年版，264 页。

④ 龚杰：《张载评传》，南京大学出版社 1996 年版，第 30 页。

这一见解在学界引来诸多争议。

王利民《论张载之学是易学——与龚杰先生商榷》一文针对龚杰先生关于张载之学是“四书学”的观点，指出张载实学本质上是易学，其思想体系是以《易传》的范畴和命题为逻辑起点和理论基础，其学说的主题和范畴的主要环节大都源于易学。[①]

台湾学者胡元玲女士也认为龚杰先生关于“张载之学不是易学”的观点似是而非。[②]

三　易学与易学哲学

要对张载之学进行定位，确定其究竟是不是“易学”，首先要对“易学”加以明确。

首先得肯定，易学在古代属于经学领域，历代学者主要通过对《周易》的注释和发挥建构起来的自己的学术观点和思想体系。

朱伯崑先生指出：

> 从历史上看，易学作为一门学问，其对《周易》的研究，包括文字和义理两方面。《周易》的文字，十分古奥、简练，要了解其中的义理，首先要弄清卦爻辞字义。所以许多易学家把毕生的精力，放在对《周易》文字的解释和考证上。现在传下来的有关《周易》的注疏，一部分内容属于这种解字的系统。历代易学家也研究《周易》中的义理，特别是哲学家们依据其对义理的解释建立和阐发自己的哲学体系。他们对《周易》义理的解释和对其理论思维的探讨，涉及宇宙、人生的根本问题，包括哲学基本问题和事物发展的一般规律。这部分内容，可以称之为易学哲学。历代关于《周易》的解说和注疏，都有这方面的论述。[③]

朱伯崑在这里分析了易学所研究的两方面的内容，并定义了“易学

---

① 王利民：《论张载之学是易学——与龚杰先生商榷》，《周易研究》2000 年第 1 期。

② 胡元玲：《张载的易学与道学》，台北：学生书局 2004 年版，第 66 页。

③ 朱伯崑：《易学哲学史》第一卷，昆仑出版社 2005 年版，第 37 页。

哲学”这一重要概念，这为我们判定张载之学是否为易学提供了一项重要的参考标准。与此相关，朱先生还就易学哲学史史料选择问题提出自己的取舍标准，其中说道：

> 历史上有些思想家和哲学家，没有专门从事于《周易》经传的注疏，但依据《周易》，建立起自己的哲学体系……这方面的文献，是过去研究经学史的人所不取的，但却是研究易学哲学史的重要资料。①

分析以上朱先生提出的取舍标准可以得出，易学的范围较广，是包含易学哲学在内的，易学哲学只是易学研究内容的一部分；就史料选择而言，直接注疏《周易》经传的著作自然属于易学范围（当然不一定就属于易学哲学），除此之外，还应该包括“没有专门从事于《周易》经传的注疏，但依据《周易》，建立起自己的哲学体系”的思想家的著作。

近年来也有学者结合西方诠释学理论对易学研究加以审视，林忠军在《历代易学名著整理与研究丛书·总序》中说：

> 易学以传注、说解、笺疏、释疑、考证等为主要形式理解和解释《周易》文本，探寻《周易》作者意识到的和未意识到的思想或义理，这种注释不仅着眼于《周易》字词句的意义，即通过训诂对《周易》进行语言和意义的转换，简单地复制、转述《周易》本义和再现作者的生活世界，而且在此基础上依据解释者的知识和体验对《周易》文本进行再创造，使其意义得到拓展和升华，达到更好理解作者思想的目的。

下面我们以此为参考来考量张载著作。

四　张载著作分析

张载一生著述颇丰，据朱熹《近思录》及赵希弁《郡斋读书志附志》

① 朱伯崑：《易学哲学史·北大版序言》，见《易学哲学史》第一卷，昆仑出版社 2005 年版，第 47 页。

和《后志》、陈振孙《直斋书录解题》、魏了翁《为周二程张四先生请谥奏》等所著录的记载及后人所编纂者来分析，张载有《文集》《易说》《礼乐说》《论语说》《孟子说》《春秋说》《信闻集》《崇文集》《语录》《祭礼》《西铭》《东铭》《经学理窟》《正蒙》等。另有明人吕柟所纂《张子抄释》。现存张载著作有《西铭》《东铭》《正蒙》《横渠易说》《经学理窟》《张子语录》和《文集》，现已编入《张载集》，中华书局1978年出版。近年来，又有林乐昌先生辑得张载解说《孟子》语计130余条，合为一编，作为佚书《孟子说》的辑佚本。[①] 还有李裕民先生经过悉心搜集所得《张载集》未收录的诗61首、文14篇，亦颇有价值。[②] 这些都是研究张载思想的主要材料。此外，还有《二程集》《朱子语类》《近思录》以及张载门下弟子如吕大临等人的著作，也是了解张载思想的必要材料。

就亡佚书目题名来看，并未有直接注释《周易》的著作，但其内容中是否涉及易学内容以及涉及比重，也是不可得知，只能以存疑论之。我们重点来分析其现存著作。

（一）《横渠易说》

这是流传下来的张载唯一一部直接对《周易》经传进行注释的著作，将其归为易学著作是毫无疑问的。其中既有对经文的解释，又有对《易传》，主要是对《系辞》的发挥和阐释，如朱伯崑先生所言，“这表示张载所关心的是易学中的哲学问题”[③]。《易说》是张载早年著作，是他思想体系的逻辑起点。

需要指出的是，现存《易说》的明清本是三卷本，但在《郡斋读书志》《宋史·艺文志》和《文献通考》中均著录为十卷。据日本学者菰口治考证，今存《易说》三卷本可能是残本。[④] 据胡元玲考证，菰口治的观点在细节上虽有待商榷，但其《易说》为残本的结论基本上是可信的。[⑤]

① 林乐昌：《张载佚书〈孟子说〉辑考》，《中国哲学史》2003年第4期。

② 李裕民：《张载诗文的新发现》，《晋阳学刊》1994年第3期。

③ 朱伯崑：《易学哲学史》第二卷，昆仑出版社2005年版，第285页。

④ 菰口治：《正蒙的构成与易说研究——其文献学的考察》，日本《集刊东洋学》1964年第12期。

⑤ 胡元玲：《张载的易学与道学》，台北：学生书局2004年版，第36、37页。

龚杰先生认为《易说》的内容，其解释《周易》经文的部分没有超出《周易正义》（后简称《正义》）的水平，其解释《系辞》的部分是用"四书"的主题来概括和发挥《易》义。[①] 这一结论是值得商榷的。在朱伯崑看来：

> 从易学发展的历史看，孔疏是对玄学派易学的一种批判地改造，张载易学又是对孔疏的一种批判改造。如果说，王弼注，经过程颐的批判，转化为理学派的易学，孔疏又通过张载的批判，转化为气学派的易学。……张载易学可以说是对汉唐以来以元气和阴阳二气解释易理的一次批判地总结。其在易学哲学史上，同程颐易学一样，有划时代的意义。[②]

由此看来，《易说》是在孔疏基础上的总结和超越，在易学哲学史上是具有划时代意义的著作，是应该重点研读和深入挖掘的张载著作，其价值是不容低估的。

（二）《正蒙》

《易传》的范畴和命题构成了张载思想体系的逻辑起点和理论基础，其学说的主题和范畴的主要环节都渊源于易学。张载的早年著作《易说》，通过对《周易》解说，对其本体论、认识论、道德论的基本思想已有所论述。《正蒙》一书则是张载后期所著，是张载一生思想言论的精华，书中并不专说《易》，但也是以阐发《周易》原理为主。其中的《太和》《参两》《天道》《神化》《大易》《乾称》诸篇都是阐释《周易》的专章，其他各篇也都渗透了易理。

就《正蒙》的研究而言，由于大多数研究者着眼于对其"哲学"思想的探讨，所以主要集中研究其中的具有"哲学意味"的《太和》《参两》《天道》《神化》《诚明》《大心》《中正》《至当》等篇，认为前几篇论述宇宙天道、自然万物，后几篇讨论认识、修养等，而对《作者》《三十》《有德》《有司》《乐器》《王禘》诸篇认为是张载发明《论语》《孟子》《尚书》"三礼"以及《诗经》的言论，属于张载的"经学"思

① 龚杰：《张载评传》，南京大学出版社1996年版，第30页。

② 朱伯崑：《易学哲学史》第二卷，昆仑出版社2005年版，第284页。

想而没有得到足够的重视。如果我们站在易学的角度来看，这些篇章中，张载运用了不少《周易》的语言或原理来发明诸经，或者说以《易》与诸经相互发明。因此，研究张载的易学思想，这些篇章也因此而得以被包容，而不会游离于张载思想体系之外了。

《易说》是张载思想的起点，《正蒙》正是在这一基础上的补充和发挥。这一点我们可以参考胡元玲先生就文献角度所作的统计，更能直观地体现出《正蒙》与《易说》还有《周易》之间的密切关系。

表1-1　**《正蒙》各篇中与《易说》相同部分及其所占比例**①

《正蒙》篇名	与《易说》相同之条数	本篇总条数	所占比率	备注
	与《易说》相同之字数	本篇总字数	所占比率	
《太和篇第一》	8	22	36.4%	
	437	1385	31.6%	
《参两篇第二》	3	22	13.6%	
	82	1231	6.7%	
《天道篇第三》	7	21	33.3%	
	209	562	37.2%	
《神化篇第四》	16	30	53.3%	所占比率次高
	698	1085	64.3%	
《动物篇第五》	3	13	23.1%	
	90	512	17.6%	
《诚明篇第六》	3	36	8.3%	
	108	1387	7.8%	
《大心篇第七》	0	16	0%	
	0	684	0%	
《中正篇第八》	2	57	3.5%	
	65	2217	2.9%	
《至当篇第九》	17	55	30.9%	
	542	1504	36%	

① 该表见胡元玲《张载的易学与道学》，台北：学生书局2004年版，第53、54页。

续表

《正蒙》篇名	与《易说》相同之条数	本篇总条数	所占比率	备注
	与《易说》相同之字数	本篇总字数	所占比率	
《作者篇第十》	3	21	14.3%	
	80	753	10.6%	
《三十篇第十一》	6	34	17.6%	
	309	1513	20.4%	
《有德篇第十二》	3	38	7.9%	
	87	1079	8.1%	
《有司篇第十三》	0	9	0%	
	0	351	0%	
《大易篇第十四》	59	62	95.2%	所占比率最高
	2135	2256	94.6%	
《乐器篇第十五》	0	37	0%	
	0	1543	0%	
《王禘篇第十六》	0	23	0%	
	0	1261	0%	
《乾称篇第十七》	6	18	33.3%	
	599	1807	33.1%	

由表 1－1 可以得知，《正蒙》与《易说》相同的部分，若按字数算，超过 30% 的有 6 篇，其中以《大易篇第十四》最高，为 90% 以上，《神化篇第四》次之，占 60% 以上。

总计《正蒙》各篇及其与《易说》相同的部分，胡文亦有简表如下：

表 1－2　　**《正蒙》与《易说》相同部分总计**①

《正蒙》与《易说》相同之总条数	《正蒙》总条数	所占比率
《正蒙》与《易说》相同之总字数	《正蒙》总字数	所占比率
136	514	26.5%
5441	21130	25.8%

① 该表见胡元玲《张载的易学与道学》，台北：学生书局 2004 年版，第 54 页。

由表1－2可见，《正蒙》内容有四分之一以上与《易说》是重合的。

此外，胡元玲还就《正蒙》与《周易》相关之条数与字数进行了统计，兹引于下：

表1－3　　《正蒙》与《周易》相关条数及字数①

《正蒙》与《易经》相关之总条数	《正蒙》总条数	所占比率
《正蒙》与《易经》相关之总字数	《正蒙》总字数	所占比率
64	514	12.5%
3555	21130	16.8%

由此，胡元玲认为：

> 《正蒙》与《易经》尤其《系辞传》的关系极为密切，张载道学可谓建立在易学之上。如王夫之说："张载之学，无非《易》也。"是故探讨《正蒙》应从《横渠易说》入手，研究张载道学应从张载易学入手。②

由此并进一步指出龚杰关于"张载之学不是易学"的观点似是而非。③

胡元玲所作的这几组统计数据及其得出的结论对于我们重新审视对《正蒙》的研究具有很大启发意义。学界对《正蒙》的研究，大多注重对其"哲学"思想的探究，而忽视了从易学或者说易学哲学的视野去关照这一著作。

在此之前朱伯崑先生就已经指出：

> 中国传统哲学，特别是儒家系统的哲学，同儒家经学发展的历史有密切的关系。……可是，近代以来，讲经学史的，不谈其中的哲学问题；讲哲学史的，又不谈其中的易学问题。后种倾向，由于脱离经学史，谈历代哲学思想，总有隔靴搔痒之感，不能揭示出其形成和发

① 该表见胡元玲《张载的易学与道学》，台北：学生书局2004年版，第63页。
② 同上书，第66页。
③ 同上。

> 展的理论渊源。……如谈张载哲学著作《正蒙》和王夫之的《周易外传》，不去研究他们的易学观，而是孤立地分析其哲学概念、范畴和命题，见枝叶而不见本根，则难以说清楚其理论的特征及其来源。[①]

因此，朱先生在论述张载时说："从《易说》到《正蒙》，说明张载的哲学是以其易学为基础而发展起来的。"[②] 在论述张载易学时，在文献选择上，也是以《易说》为主，并参考《正蒙》。

（三）其他著作

张载现存著作还有《经学理窟》《张子语录》和《文集佚存》。《经学理窟》主要是以经学笔记为主，内容驳杂；《语录》及一些文集佚存则相当零散。这些著作中也不乏张载直接论《易》之处或借易理阐述义理的文句，但基本上沿袭了《易说》和《正蒙》的思想，虽不能将其全部归为易学著作，但也是研究张载易学需要参考的必要材料。

此外，李裕民先生经过悉心搜集所得《张载集》未收录的诗 61 首、文 14 篇[③]，近经王利民先生考辨，虽有些非张载所作，但亦有张氏佚文，可供参考。[④]

近年来，又有林乐昌先生辑得张载解说《孟子》语计 130 余条，合为一编，作为佚书《孟子说》的辑佚本。[⑤] 这一辑本是张载通过解说《孟子》来发挥自己的哲学思想的著作，其中有 40 余条与《正蒙》重复，其解说过程中不少运用了《周易》的语言或原理，对于研究张载易学也具有一定的参考价值。

五　研究视角与学术定位

以上我们就学界对张载之学的学术定位以及张载著作本身进行了分析，其中也涉及了研究视角与学术定位之间的关系问题，要想对张载之学

---

① 见朱伯崑《易学哲学史·华夏版序言》，《易学哲学史》第一卷，昆仑出版社 2005 年版，第 53、54 页。

② 朱伯崑：《易学哲学史》第二卷，昆仑出版社 2005 年版，第 286 页。

③ 李裕民：《张载诗文的新发现》，《晋阳学刊》1994 年第 3 期。

④ 王利民：《张载诗真伪考辨》，《中国典籍与文化》2006 年第 3 期。

⑤ 林乐昌：《张载佚书〈孟子说〉辑考》，《中国哲学史》2003 年第 4 期。

的学术定位有更进一步的明确，笔者认为还需从一般意义上就研究视角与学术定位的关系进行梳理，以期使这一问题得以明晰化。

（一）学术定位本身存在先天困难

要对某一个学者的学术思想进行定位本身就是一件十分困难的事情。学术定位，即根据该学人的著作、言论，对其学术思想的内容、特征、属性、旨趣等，确定其在学术分类中所属的门类。这一行为本身就存在一些先天困难。

1. 学术分类的复杂性

现代学术研究，都是在西方学科分类体系的框架下进行，这一西方学院化的学术规范，对于科学研究的长足发展起到了巨大的推动作用，但其自身所要求的精确性、严密性也存在一定的负面效应，尤其是对哲学社会科学、人文科学而言，其限制性所带来的刻板、封闭也不容忽视。而现代交叉学科的兴起和蓬勃发展的势头也是对这一学科分类体系的一种反弹。

就所谓的中国哲学而言，这一情况体现得更为突出。

中国传统学术虽然也经历了如《庄子·天下篇》所讲的先秦学术思想的分化，但是由“道术”裂散而来的各类“方术”更多地体现在价值取向、思想旨趣、政治主张以及社会理想等方面的差异和冲突，而作为学术研究主体的学人对于各种“方术”的研究、体悟和践行却是开放的、兼容的，正印证了《易传》“天下一致而百虑，殊途而同归”的说法，这一点尤其在宋明以来，儒释道合流以后的学人身上体现得尤为突出。而真正对作为一个整体存在、文史哲一体的中国传统学术造成割裂的，则是近代以来西方学科分类体系的引进和应用。

依照这一学科范式研究中国传统思想取得了一系列重大成就，但也伴随着诸多负面效应。近年来出现的关于“中国哲学的合法性问题”的讨论即是对这一问题的反思。①

对“中国哲学”这一大的学科的定位就已经显得山重水复，疑难重重，如果具体到一个“点”上——张载之学，随着外延的缩小，其内涵便被扩大，那么对其学术思想进行定位将面临更多问题，如经学、理学、

① 详见李景林《西方话语霸权下中国哲学学科合法性之反思》和《知识性的哲学史与存在性的哲学史》，载《教化的哲学——儒学思想的一种新诠释》，黑龙江人民出版社 2006 年版，第 8—32 页。

易学、易学哲学等诸多既包含又交叉的学术分类标准，使得这一工作更显纷繁复杂。

2. 学者思想的复杂性

对于个体的学者而言，其思想极少有纯粹得可以用一条或两条所谓的学术区分标准将其明晰的归类、定位。就纵向的历时性而言，随着不同阶段的人生经历，学者的学术旨趣、学术重心在不同时期会有转移甚至完全的改变，即使有一以贯之的主线，也会有一个发展、成熟、完善的过程，所以，要想用一两个固定、刻板的归类标准对这样一个动态的、甚至跳跃的历程进行定位，必须得非常审慎和细致。就横向的共时性而言，在某一时期，一个学者的学术思想亦非完全是单纯的、一元的，就在一个时间平面上，也许是多元共存的这样一个局面，而事实上，这种情况极其普遍。对于这一情况如果运用某些学术划分标准去衡量，至多也只能是一个“从某个角度而言”的问题，而铁板钉钉式的下判断只能是一种粗糙的武断。

还有一个特殊问题值得一提，我们分析、判断一位学者的学术、思想依据的当然是他的著作、言论，还有他的学术交游也是一条重要线索，但对于古代学者而言，往往存在著作散佚、托伪等文献问题，在这一前提条件得不到妥善解决的情况下，对其进行学术定位就要慎而又慎，至少在判断标准的选择上要谨慎，判断方式也应要多方考虑，切忌贸然下结论。

（二）不同的研究视角决定不同的学术定位

一位作者的著作言论所反映的思想内容是客观的、确定的，当研究者要对其加以审视、判断时，就要依据一定的标准，标准的不同选择，就会得出不同的结论来。这里所谓的标准，就是指研究视角。

作者的思想内容本身并不是纯粹的，可以用一条或两条所谓标准能将其定位，既要注意到纵向上的发展变化，更要考虑横向平面上的“多元共存”。在时间段确定的条件下，对其思想内容从不同角度加以审视就会得出不同的结论，正所谓“横看成岭侧成峰”。需要指出的是，这种得出的结论只是从不同角度对同一事物进行观照的结果，随着角度的变换，重心也会发生相应的转移，他们之间并非是互不相容的，而是互相交织、容纳，共同构成一个整体。也正是这种多重视角的观照，全方位的审视，对于客观的、确定的思想内容才有了更加完整、明晰、透彻的认识。

因此，当我们从某个研究角度得出某个结论时，面对不同的观点首先应该是理性的审视，先理解，再判断，“同情地了解”，而不要急于以此攻彼。

六　从易学视角为张载之学定位

具体到张载来看，纵向而言，张载一生的学术历程经历了两次大的转折，二十一岁“受裁高平”之前是一位“喜谈兵事”、“有边塞之志”的豪侠少年，这一时期也就是朱子所说的“早悦孙吴”时期。后读《中庸》，入佛老，再返之六经，到晚年思想成熟，形成自己的思想体系，如二程所言，“其学更先从杂博中过来”。张载一生思想探索道路较为曲折，不同时期关注的重点有所不同，而且又有前后交织、影响的情况，研究张载思想，对这一纵向性把握需要重视。近年来学界对于张载研究也注意到了这一问题，白欲晓先生认为：

> 对于张载哲学理论形态的认识之所以存在着诸多分歧，一个重要的因素是，张载哲学经历了前后两个发展阶段，这一事实基本上为众多的研究者所忽视，以至于将他的某一阶段性理论认识或命题抽离出来，来概括其整体思想和哲学形态……①

白文注意从历时性的维度纵向把握张载思想的发展、演变、成熟，既是对学界研究张载不足的一个补充，也树立了从不同视角观照张载之学的一个典范。

如果从横向平面地剖析张载之学，可供选择的视角就显得更加丰富，这与张载之学本身所具有的驳杂、丰富的特点是分不开的。

限于本书论述重心，这里主要就易学角度对张载之学进行定位谈谈笔者的看法，并就其他视角简单加以参照。

就“外在”形式而言，《横渠易说》是张载解易之作，列其为“易学著作”，毫无疑问，兹不多言。就其内容而言，《易说》包括两部分内容，

① 白欲晓：《从〈横渠易说〉到〈正蒙〉——张载哲学本体理论的建构与发展》，《陕西师范大学学报》（哲学社会科学版）2004 年第 4 期。

一是对《周易》原文所作的训释和义疏，二是阐释和发挥《周易》的哲学。两部分内容中都不乏“四书”《礼记》《诗经》《尚书》以及《老子》《庄子》的字句或直接化用其中的思想、原理。[①] 这些经典经过张载与《周易》思想内容的创造性结合，对于表达张载自身独特的思想起到了重要作用。整体而言，这些经典的引用和《周易》形成了一种互证、互诠的关系。从易学的角度而言，张载通过这一创造性的“移植”、“嫁接”，赋予了《周易》以新的内容，把《周易》经传自身的语言、形式和原理与“四书”等其他经典的思想内容有机的融合起来，表达了自己的价值理想，构建了自己的思想学说。

这一点同样适用于《正蒙》。

《太和》《参两》《天道》《神化》《诚明》《大心》《中正》《至当》等篇，论述宇宙天道、自然万物，以及认识、修养等。其“太虚即气”的气本论，是承袭汉易的卦气说、唐孔颖达以及宋初李觏以阴阳二气解易的观点，是对易学史上气论的一次批判性总结的结果；而阴阳二气变化的内在动力——“神”，是“气所固有”，这一重要观念源于《易传》，是对《周易》“神”概念的发展和创新；在其认识和修养统一的工夫论中，张载强调“穷神知化”，更是对易学的命题作出了创造性的解释。

《作者》《三十》《有德》《有司》《乐器》《王褅》诸篇是张载发明《论语》《孟子》《尚书》“三礼”以及《诗经》的言论。如果我们站在易学的角度来看，这些篇章中，张载运用了不少《周易》的语言或原理来发明诸经，或者说以《易》与诸经相互发明。

这一特点也体现在现存的作为张载经学笔记的《经学理窟》，以及《语录》之中。

因此，研究张载的易学思想，这些篇章也因此而得以包容。

当然，如果研究者从不同的研究视角出发对张载之学加以审视，当然也是无可厚非的。比如将研究视角定在《易说》和《正蒙》中涉及大量的“四书”的相关内容上，作所谓的张载“四书”学研究，于情于理都是讲得通，甚至应该支持和响应，正是因为多角度、全方位的研究和不同见解的争鸣，才能使研究对象更加明晰、透彻。事实上，学界对张载的研究也正是如此，如近年来对张载的“礼学”思想的研究，也是以张载重

---

① 参见本书第四章第三节“以经解经”。

"礼"，著作中也多涉及"礼"这一点出发进行研究[1]；也有注重张载著作中涉及《诗经》的内容，而研究张载《诗》学的论文等[2]，恰恰体现了不同研究视角下对张载研究的多维性、丰富性和全面性。

① 王葆玹：《试论张载的易学体系及其与礼学的关系》，载《"张载关学与实学"国际研讨会论文集》，1999年。

② 陈战峰：《张载〈诗经〉学与关学》，载《中国宝鸡张载关学与东亚文明学术研讨会论文集》，2007年。

第二章

张载的《周易》观

《周易》观是易学家对于《周易》的根本观点和根本看法。张载的《周易》观是其易学思想的基本前提，他对《周易》一书的根本性看法及其对《周易》思想内容的一些根本性观点，奠定了张载易学的总的方向和基本基调。朱伯崑强调，研究张载哲学必须研究他的易学观，如果抛开张载的易学观，“孤立地分析其哲学概念、范畴和命题，见枝叶而不见本根，则难以说清楚其理论的特征及其来源”①。本章从以下三个方面对张载《周易》观进行了论述，一是张载对于《周易》作者问题这一易学史上重大疑案的基本立场；二是张载提出的“易乃是性与天道”——以“易”为贯通天人之途的重要命题；三是论述张载借《易传》内容所阐发的与传统儒家历史观有巨大差别的易学历史观。

第一节　“圣人作《易》”——对欧阳修疑经观点的否定

一　《系辞》为圣人所作

关于《周易》的作者问题，在宋代之前基本上认同《汉书·艺文志》“人更三圣，世历三古”的说法，即伏羲画卦，文王作卦爻辞，孔子作《十翼》。孔颖达《周易正义·卷首》专门就“重卦之人”“卦爻辞谁作”“夫子《十翼》”在历史上的不同说法进行了梳理，认同爻辞为周公所作，“只言三圣，不数周公者，以父统子业故也”。《周易》出自圣人之手，《易传》十篇为孔子所作，这在当时是不成问题的。

北宋时期，从学术渊源上看，宋学受中唐一些学者疑经的深刻影响，

---

①　参见朱伯崑《易学哲学史·华夏版序言》，载《易学哲学史》第一卷，昆仑出版社2005年版，第54页。

“疑经”甚至“改经”成为宋代易学一大特点。以欧阳修为代表，他在《易童子问》中说：

> 童子问曰：《系辞》非圣人所作乎？曰：何独《系辞》焉，《文言》、《说卦》而下，皆非圣人之作。

欧阳修的说法在当时产生了很大影响，但张载对此问题有自己的见解。《横渠易说·系辞》一开始便说道：

> 《系辞》所举易义，是圣人议论到此，因举易义以成之，亦是人道之大且要者也。

这里首先肯定了《系辞》是圣人所作，对欧阳修的怀疑持一种否定，在此基础上张载进一步提出，《系辞》是圣人提出的关于人道根本性的重要言论——“人道之大且要”，可见，在张载看来，《系辞》非但是圣人所作，而且关乎人道最根本的问题，地位极其重要。

在一些具体内容上，张载也以十分肯定的语气表达了《系辞》为孔子所作的观点，《系辞》言“易与天地准，故能弥纶天地之道……范围天地之化而不过”，张载则说：

> 言“弥纶”、“范围”，此语必夫子所造。（《易说·系辞》）

此外，就《系辞》的重要性而言，张载认为，《系辞》对于理解整部《周易》也是具有不可或缺的指导性作用：

> 不先尽《系辞》，则其观于《易》也，或远或近，或太艰难。不知《系辞》而求《易》，正犹不知礼而考《春秋》也。

《系辞》是理解整个《周易》所要揭示的深刻哲理的必要途径，如果不重视《系辞》，对《周易》的把握就会出现偏差，或出现困难。在张载看来，《系辞》是理解《周易》的一把钥匙，是把握易理的指南，足见其重要性。事实上，张载所著《易说》，就现在流传下来的内容而言，对

《系辞》所作的解说远远多于其他部分，晚年著作《正蒙》与《易说》相同的内容也基本上是《易说》中解说《系辞》的部分，可见，在张载心目中，《系辞》是不容轻视的。

欧阳修对《系辞》的怀疑理由之一是《系辞》文句有重复，且有些章节之间逻辑凌乱，如既说“圣人设卦观象，系辞焉而明吉凶”，又说“辨吉凶者存乎辞”，又说“圣人有以见天下之动，而观其会通，以行其典礼，系辞焉以断其吉凶，是故谓之爻”，又说“设卦以尽情伪，系辞焉以尽其言”。其言虽多，要其旨归，不过就是系辞明吉凶，一言而可足。欧阳修批评说：

孔子之文章，《易》、《春秋》是已。其言愈简，其义愈深。吾不知圣人之作，繁衍丛脞之如此也。（《易童子问》）

这里的《易》指《彖》《象》两传，欧阳修认为这两传是由孔子所作，其余皆非。

针对《系辞》存在的这一问题和欧阳修的质疑，张载的观点是，《系辞》并非圣人专门写就的文章，而是“议论到此，因举易义以成之”，它的成书不是作为一篇逻辑结构严密、完整的文章去撰写的，而是具有随机性和偶然性。《系辞》中有多处以“子曰”的零散形式解说《易经》中部分卦爻辞，张载的结论应该与此有关，由此也可以部分解释《系辞》文中存在几处文句重复和逻辑凌乱的情况。

欧阳修在否定《系辞》等传为孔子所作的同时，提出他自己关于《系辞》作者的看法：

何独《系辞》焉？《文言》、《说卦》而下，皆非圣人之作，而众说淆乱，亦非一人之言也。昔之学《易》者，杂取以资其讲说，而说非一家，是以或同或异，或是或非，其择而不精，至使害经而惑世也。（《易童子问》）

欧阳修以《系辞》等传不是出自一人之手，“非一人之言”，“说非一家”。张载则提出：

《系辞》反复惟在明《易》之所以为《易》，撮聚众意以为解，欲晓后人也。(《易说·系辞》)

此处言“撮聚众意”，张载也注意到了《系辞》文脉不畅，文意有相抵牾之处，不似出自一人之手，所以他提出，《系辞》系圣人继承和批判前人解易的思想基础上形成。这说明，首先，张载承认在圣人作《系辞》之前已有流传于世的解易理论（事实上就是如此，如《左传》所载诸例）；其次，《系辞》也不是圣人完全独创，是在前人基础上的整理和创新；最后，如作如此解，对于圣人作“十翼”，就有了更加细致、准确的理解。

需要指出的是，张载虽然也发现《系辞》自身形式上存在的缺陷，但他出于对《系辞》的高度重视，对这一缺憾本身却有所美化，甚至认为有类似“微言大义”蕴含其中。如《系辞上》“易有圣人之道四焉”章，末尾一句——

天一，地二；天三，地四；天五，地六；天七，地八；天九，地十。

这句话出现在这里显得很是突兀，历来被认为是错简，张载也认为这句话应该在“大衍之数”章“天数五、地数五”处——“此语恐在‘天数五、地数五’处。”(《易说·系辞》)《汉书·律历志》引《易》曰：

天一，地二；天三，地四；天五，地六；天七，地八；天九，地十。天数五，地数五，五位相得而各有合。天数二十有五，地数三十，凡天地之数五十有五，此所以成变化而行鬼神也。

高亨认为，《汉书》的这一引文“可证班固所见本此二十字在此处”，并且加以移正，并指出：“此例足以证明今本《系辞》中确有错简”。[1]这说明张载的怀疑是正确的，但他接着说：

---

① 高亨：《周易大传今注》，齐鲁书社1998年版，第396页。

然圣人之于书，亦有不欲并〔以〕一说尽，虑易知后则不复研究，故有易有难，或在此说，或在彼说，然要终必见，但俾学者潜心。(《易说·系辞》)

在张载看来，这是圣人考虑到学《易》者如果太过轻松地掌握《易》理，就会有所懈怠，不再深入研究，所以有意为此，造成错简，这样做的目的就是要学者潜心研《易》，坚持不怠，才能更深入地掌握《周易》中所包含的深刻道理。张载的这一解释出于维护《系辞》地位的考虑，过高地美化"圣人作《易》"，错简也成了圣人有意所为，这一解释显得十分牵强，是不可取的。

二　"《序卦》无足疑"

张载还力主《序卦》亦是圣人所作，亦是一例。《易说·序卦》云：

《序卦》相受，圣人作《易》，须有次序。《序卦》无足疑。

《序卦》是对通行本《周易》六十四卦排列顺序所作的理论上的解释，认为六十四卦从"乾"到"未济"是一个因果序列，后卦因前卦而有，属"十翼"之一，一般认为是孔子所作，但这一说法也遭到了欧阳修的否定。张载并不认同欧说，认为《序卦》所说的卦序就是圣人作《易》时的顺序，不应该对《序卦》加以怀疑。张载接着说：

《序卦》不可谓"非圣人之蕴"，今欲安置一物，犹求审处，况圣人之于《易》！其间虽无极至精义，大概皆有意思。观圣人之书，须布遍细密如是，大匠岂以一斧可知哉！(《易说·序卦》)

对《序卦》持怀疑态度的学者认为其"非圣人之蕴"，张载在此对此观点直接提出批评，认为《易》书之重要性非同一般，圣人于《易》自然极其重视、谨慎，故其作《易》不会不考虑各卦次序，《序卦》所言，虽然不是极至精义，但也揭示了卦序中蕴含的圣人之意，不能因为它所含义理微小，就否认它与圣人的关系。整段话批评语气较为明显，反映出张载对《序卦》的重视。

无独有偶，同时重视《序卦》的并非张载一人，在程颐所作《程氏易传》中《序卦》也具有较高地位。程颐撰写《程氏易传》，逐卦注解，每卦开始便引《序卦》文，以示前后卦之联系。张、程二人都重《序卦》是有原因的，首先，二人皆为宋易中义理派的代表，《序卦》解经大多主取义说，而义理学派是从《易传》取义说发展而来，这是二人都重视《序卦》的先天原因；其次，二人作为道学家的代表，都重视研究文字背后之“义理”，而《序卦》恰好揭示的是六十四卦之所以如此排列的原因，这正好与二人的为学旨趣相契合。

第二节　易乃是性与天道

一　“易”与《易》

张载论“易”，十分注意区分“易”与《易》。他说：

> “易与天地准”，此言易之【为】书也。“易行乎其中”，造化之谓也。(《易说·系辞》)

《系辞》言“易于天地准，故能弥纶天地之道”，其中对“弥纶”二字张载的解释是：

> 弥者弥缝（补）缀〔缉〕之义；纶者往来经营之义。(《易说·系辞》)

张载的这一解释与前人不同，京房注云：“弥，遍；纶，知也。”王肃云：“纶，缠裹也。”荀爽云：“弥，终也；纶，迹也。”朱子《本义》：“弥，如弥缝之弥，有终竟联合之意。纶，有选择条理之意。”朱熹的解释显然承自张载，肯定了张载的说法。在张载看来，《系辞》所谓的“易于天地准”之“易”，指《周易》其书，“易之为书与天地准（《易说·系辞》)”，是说《周易》所讲的道理与天地齐等，普遍包罗天地之道。——这是就“易书”而言。

此外，“易”也是“造化”的称谓。《系辞》言：“天地设位，而易行乎其中”。张载认为，这是说天地之间一切运动变化就是“易”，这里的“易”的意义是指宇宙的生化变易，宇宙的生化变易是自然使然，故张载又称之为“天易”，以别于《易》，张载说：

> 《系辞》言“易”，大概是语《易》书制作之意；其言“易无体”之类，则是天易也。(《易说·系辞》)

张载的这一区分是有合理依据的，《系辞》中确有论及《周易》成书的内容，如：

> 《易》之兴也，其当殷之末世、周之盛德邪？当文王与纣之事邪？

这是《系辞》作者推测《易经》创作的时代和反映的事件，这里的“易”当然是指《易经》一书，整句话也就是张载所说的“《易》书制作之意”。此外，《系辞》论“易”有时指宇宙的生成变化，如张载所举“神无方而易无体”之说，这里的“易”则是指宇宙的生成变化。但是张载对“易”的这一区分还有所遗漏，朱伯崑先生指出：“《易传》中有两套语言：一是关于占筮的语言，一是哲学语言。有些辞句只是解释筮法，有些辞句是作者用来论述自己的哲学观点，有些辞句二者兼而有之。因此，探讨《易传》中的哲学问题，需要看到这两方面。”① 因此，“神无方而易无体”之“易”既指事物的变化，也指占筮过程中爻象的变易，“易无体”是说爻象的变易无固定的体制。张载区分“天易”与《易》书，但却忽略了“易”还有占筮方面的意义，这和张载以义理解《易》的立场有关。

二　“易即天道”

张载区分“易”与《易》，也讲二者的联系，在他看来，《周易》一书揭示了宇宙造化的道理，通过对《周易》的研读，就能够了解天道性命。“不观其书，亦是远也，盖其为道屡迁（《易说·系辞》)”——研《易》是掌握“易道”的必要途径。在他的思想体系中，更重视作为“造

① 朱伯崑：《易学哲学史》第一卷，昆仑出版社2005年版，第61页。

化”意义上的“易”，也就是他所说的“天易”。张载说：“易即天道，独入于爻位系之以辞者，此则归于人事。”（《易说·系辞》）

这就是说，易本是形上之天道，在《易》书中表现为卦爻象和卦爻辞，以讲述人事道理。“天人合一”是张载易学的基本立场①，张载认为《易》书是天道人事“一滚论之”，而“易”则是对“天人合一”的最好概括。对易道的领悟和把握就是对造化、性命的领悟和把握。张载说：

> 易乃是性与天道，其字日月为易，易之义包天道变化。（《易说·系辞》）

“日月为易”的说法本自《系辞》“日往则月来，月往则日来”，《易纬·乾凿度》提出“易有三义”即简易、变易和不易之说，后又发挥《系辞》“日月往来”说，增加了一义，说易还有“日月相衔”义，即以日月相往来为“易”。此是对“易”字字义所作的解释，认为古易字上为日，下为月。日月为易说本是卦气学的产物，张载继承这一说法并非认同卦气说，而是认为日月的往来更替代表了天道的运行变化及其规律，而“易为天道”，故以日月为易。

在张载看来，易不仅是造化、天道，也是性命、人事，他说：

> 易，造化也。圣人之意莫先乎要识造化，既识造化，然后（有）〔其〕理可穷。……不见易则何以知天道？不知〔天〕道则何以语性？（《易说·系辞》）
>
> 不见易则不识造化，不识造化则不知性命，既不识造化，则将何谓之性命也？（《易说·系辞》）

这是说“性与天道合一”于易，识造化、论性命皆要“见易”。张载认为佛家以物质世界为“幻妄”，就是“不见易”，故不识造化；“不识易”，故“不尽性”：

> 彼惟不识造化，以为幻妄也。（《易说·系辞》）

① 参见郑万耕《横渠易学的天人观》，《周易研究》1997年第1期。

> 释氏之言性不识易，识易然后尽性，盖易则有无动静可以兼而不偏举也。(《易说·系辞》)

张载所谓的“造化”其实就是气化之道，这是张载将气论与易学的巧妙结合。面对佛家“以心为法，以空为真”的思想，张载提出“大易不言有无”，“知虚空即气，则有无、隐显、神化、性命通一无二”，立“气”破“空”，立“有”破“无”，因此批评佛家“不识易”。

张载以气论解易，与程颐以“变易之理”解易也是完全不同。程颐说：

> 易是个甚？易又不只是这一部书，是易之道也。不要将易又是一个事，即事尽天理，便是易也。(《遗书》二上)

程颐也区分了《易》与“易道”，但他认为《周易》所讲的“易道”是指“变易之理”。程氏在其《易说·系辞》中就说：“易之义与天地之道相似……其义周尽万物之理”，认为《周易》之义理与天地之道是一致的，它普遍地包容万物之理，即将《周易》视为万理之总结。张载与此不同，他主张从气论的角度理解、认识易道。《正蒙·乾称》说：“语其推行故曰道，语其不测故曰神，语其生生故曰易，其实一物，指事而异名尔。”“一物”即是指气。是说气的运动变化，就其一阴一阳相互推移说，叫作道；就其阴阳变易，神妙莫测说，叫作神；就其变易而无穷尽说，叫作易。所以张载所说的“易，造化也”，指的是气的运动变化，反映出易学中气本论和理本论之间的对立。

另外，张载还就“心即易”的说法提出批评：

> 有谓心即是易，造化也，心又焉能尽易之道！(《易说·系辞》)

以心解易的说法见于程颢和邵雍。

《二程遗书》卷十一记载程颢的话：“范围天地之化而不过者，模范出一天地尔，非在外也。如此曲成万物，岂有遗哉！”这是借《系辞》言阐述了人的认识能力的广阔性。在程颐看来，人心能够认识天地万物，没有遗漏，与天地万物为一体。这是以人的认识功能诠释《易传》的思想。

程颢还说："言体天地之化，已剩一体字，只此便是天地之化，不可对此个，别有天地。"（《遗书》二上）此是说人心体认天地之化，即是天地之化，我们所说的天地之化即是人心之天地之化，言外之意是人心之外无所谓天地之化，有主观唯心主义的色彩。程颢以此批评张载区分天人为"二本"。

与张载同时，邵雍易学提出"心为太极"说，把人心视为奇偶二数的根源，他在《观物外篇》中说："先天之学，心法也。"又说："万化之事生于心。""心法"，即心所具有的形成先天图的法则，如一分为二，二分为四等。按此法则而形成的图式，虽无文字，但天地万物之理，如天圆地方，四时运行、万物之兴衰，人事之推移，皆在其中。

张载关于"心"的学说在《正蒙》中有《大心篇》，但他强调的是心的"体物"功能和"尽心""去成心"的修养功夫，并未将心视作与"易""造化"同等的概念。张载所批评的"心又焉能尽易之道"当是针对程颢和邵雍的观点。张载主张的"天易""造化"是指以气的运动变化为实质的天地万物的生成变化，而人心则是"体天下之物""知性""知天"的工具，可以体认"造化"，但不能代替"造化"。张载说过人也是气化的产物之一，那么人心自然是包括在内，它的功能在于认识，而不是天地万物生成变化的原因。

三　"易即天道而归于人事"

张载认为，"易"既是天道，又是人事——"易乃是性与天道。"他说：

> 天人不须强分，易言天道，则与人事一滚论之，若分别则【只】是薄乎云尔。自然人谋合，盖一体也，人谋之所经画，亦莫非天理（耳）。（《易说·系辞》）

在张载看来，性与天道合一，天道人事本是一致的，"人谋所经画，亦莫非天理"，而"易"则是对这一原则的反映，《周易》所言天道，本身包含人道在内，采用了"一滚论之"的言说方式。就《系辞》而言，张载说：

《系》之为言，或说易书，或说天，或说人，卒归一道，盖不异术，故其参错而理则同也。(《易说·系辞》)

这是说《系辞》中的内容，有时说《周易》其书，有时说天道，有时论人事，但这三者都是一致的，并非是不同的道理，故云“卒归一道，盖不异术”。在张载看来，《系辞》之所以有这样的叙述特点，前提条件是天道人事具有一致性。至于《周易》具体是怎样将天道与人事融合在一起的，张载认为是通过卦爻象和卦爻辞的联系：

盖卦本天道，三阴三阳一升一降而变成八卦，错综为六十四，分而有三百八十四爻也。因爻有吉凶动静，故系之以辞，存乎教诫，使人动则观其变而玩其占，其出入以度，内外使知惧，又明于忧患与故，无有师保，如临父母。(《易说·系辞》)

张载所说的“天道”，是指阴阳二气变易的法则或过程。乾坤两卦即是依据阴阳二气的升降变化，阴阳爻互易而形成其他六卦；八卦相错，形成六十四卦、三百八十四爻。爻有吉凶动静，系之以辞，告诫人依其吉凶之理而行动，使人懂得忧患和事故，如同教师和父母亲临教训一样。所以《周易》一书乃圣人依据天道为人类制定的行为规范，其目的是用来处理问题、认识问题。此即“易即天道，独入于爻位系之以辞者，此则归于人事”(《易说·系辞》)。张载此论是把《周易》视为规范人类行为的教科书，鲜明地表达了义理学派的《周易》观。①

张载认为，《周易》言人事，是天道在人道上的体现，阴阳对待这一“天道”体现在人事上即表现为“吉凶、贵贱、君子小人”等，所以他十分强调人事中的此类对待情况，要求根据这些对待采取行动，避凶趋吉。张载解释《系辞》“君子所居而安者，易之序也”道：

序，犹言分也。易之中有贵有贱，有吉有凶，皆其自然之分也。所居皆安之，君子安分也。(《易说·系辞》)

① 朱伯崑：《易学哲学史》第二卷，昆仑出版社 2005 年版，第 297 页。

这是说，人事中的吉凶、贵贱，是源于天道“自然之分”，有道德的君子对此要有明确的认识，所谓的“安分”即是安于天命，顺应天道以行事，不随意妄动。张载的这一解释明显是受《中庸》“君子素其位而行，不愿乎其外。素富贵，行乎富贵；素贫贱，行乎贫贱；素夷狄，行乎夷狄；素患难，行乎患难。……君子居易以俟命，小人行险以侥幸”这一思想的影响。以《周易》所言之“吉凶、贵贱”源于“自然之分”，强调对此要有自觉的认识，树立正确的态度，这就是所谓的“安分”，亦即“居易”，这样才能采取正确的行动。张载说：“《易》之为书，有君子小人之杂，道有阴阳，爻有吉凶之戒，使人先事决疑，避凶就吉。”（《易说·系辞》）这是说天道之阴阳对待，表现于人事则为君子小人之杂、吉凶之对立，而《周易》就是为了说明这一对立情况，去除人的疑惑，明确人的认识，从而趋吉避凶。这里隐含着张载关于天人观的一个重要内容——“吉凶”这一利害关系是专就人事而言，在天则为阴阳对待，是无所谓吉凶的，这是张载“人不可以混天”思想在吉凶观上的体现。所以张载也说：

> 《易》言“情伪相感而利害生”，则是专以人事言，故有情伪利害也。“屈信相感而利生”，此则是理也，惟以利言。（《易说·系辞》）

这里是说，《系辞》说“屈信相感”是就天道而言，指阴阳二气之屈伸往来，这是自然规律，由阴阳二气之屈伸往来天地万物得以生成发展，故之说“利”。而“情伪相感而利害生”涉及人事问题，因为只有人事才能论“情伪”，有“伪”就会有“害”生。张载说：“‘屈信相感而利生’，感以诚也；‘情伪相感而利害生’，杂以伪也。诚则顺理而立，伪则不顺理而害。”（《易说·系辞》）在张载看来，阴阳二气之屈伸往来是真实无妄的，是天道运行之规律，而人事则是杂有伪的成分，这和真实无妄之天理相对立，故有吉凶利害关系出现。

四　吉凶观

《系辞》云：“吉凶悔吝者，生乎动者也。”又说：“吉凶以情迁。”张载将这里的“动”和“情”联系起来，解释了吉凶产生的原因。张载说：

> 变其势也，动其情也，情有邪正故吉凶生。（《易说·系辞》）

这是张载对《系辞》“刚柔相推，变在其中矣；系辞焉而命之，动在其中矣”的解释，“变”是源于阴阳相推的自然情势，而人类行为则是出于人自身的思虑谋划、情思爱恶，而人的情思有邪正之分，所以就有了吉凶之别。张载还进一步指出了人事之吉凶的天道根源——“爻有攻取爱恶”：

> 然爻有攻取爱恶，本情素动，因生吉凶悔吝而不可变者，乃所谓“吉凶以情迁”者也。（《易说·系辞》）

吉凶利害虽是言人事，但从天人一体的角度而言，也是有其天道根源的，这一根源即是阴阳二气自身有对立、吸引的性质，用卦爻象表示就是爻象的攻取爱恶、变动不居，这是产生吉凶祸福的天道根源所在。张载的这一说法，同时道出了他关于吉凶类型的一种，即自然之吉凶。这种意义上的吉凶是由爻之攻取爱恶而来，并非人为使然，是人事之吉凶中的“先天内容”，所以可以把这一意义上的吉凶称谓“自然之吉凶”。

此外，张载还谈到另一种“吉凶”，这种吉凶可加以人为的干预，只要遵循一定的法则，“吉凶可胜”。张载说：

> 变能通之则尽利，能贞夫一，则吉凶可胜，而天地不能藏其迹，日月不能眩其明。辞各指其所之，圣人之情也；指之使趋时尽利，顺性命之理，臻三极之道也。人能从之，则不陷于凶悔矣，所谓“变动以利言”者也。（《易说·系辞》）

这就是说，人事之吉凶虽然有其天道根源，但是如果能根据天地之道，变通趋时，坚守正道，天道根源之吉凶也是可以改变的。而要改变吉凶，不陷于凶悔，最主要的是要遵循《周易》卦爻辞所讲的道理。在张载看来，《周易》卦爻辞是圣人所作，有深意在内，是圣人之情的体现，顺应卦爻辞所讲的道理即是顺应性命之理，和天人之道趋于一致，这样就能趋吉避凶，趋利避害。

张载的“吉凶可胜”说强调了人的主观能动性，是《易传》“裁成辅相”和《荀子》“制天命而用之”的思想[①]在张载易学中的反映。他指出“胜吉凶”的途径是通过研读《周易》卦爻辞，领悟圣人寓于其中的天道性命之理，提高自己的思想认识和道德修养，这和他把《周易》视为规范人类行为的教科书的思想是一致的，是对义理派《周易》观的表达。

张载还提出，有一类吉凶是不可改变的，是“义命”使然。张载说：

> 又有义命当吉当凶、当亨当否者，圣人不使避凶趋吉，一以贞胜而不顾，如“大人否亨”、“有陨自天”、“过涉灭顶凶无咎”、损益“龟不克违”及“其命乱也”之类。（《易说·系辞》）

张载认为，《周易》卦爻辞告人吉凶，就是要让人“知所向避”，知道如何做会是吉，如何做会导致凶，从而采取行动，趋吉避凶；但是其中也有一些语句，其含义似是在告诉人某一结果是无法人为规避的，张载称之为“义命当吉当凶、当亨当否”，相当于说“命中注定”，无法改变。张载在此举“大人否亨”、“有陨自天”、“过涉灭顶凶无咎”、损益“龟不克违”及“其命乱也”等为例，这些语词共同的特点是都含有一些具有“极至性”的、有“决定性”意味词语，如“大人”，在《周易》中地位极为崇高，是与天为一的理想人格，“大人”之否亨，普通人自然无力也无法更改；同理，“有陨自天”，语出《姤·九五》爻辞，在张载看来，其“陨”既然来自“天”，“获罪于天，无所祷也。”（《论语·八佾》）当然不是人为能够避免、逃脱的；同样，“灭顶”之灾、龟卜之兆以及命中之乱，都是注定不可改变的。需要指出的是，对于义命关系，儒家的基本态度是尽性知命，或者说尽人力知天命。其一，一方面克尽人力，不懈地修养和弘道行仁；另一方面，如有不得，安之若命。张载在“命”前冠以“义”字，是与传统的宿命思想相区别，张载言“义”相当于“理”，他说：“理义即是天道也，《易》言‘理与义’，一也。”（《易说·说卦》）“义命”之吉凶不可更改，是天道如此，与传统的命定

---

① 《易传》有“制而用之谓之法”及“裁成天地之道，辅相天地之宜”之说，《荀子》将其阐发为“制天命而用之”的思想，都是对人的主观能动性的强调。

论是不一样的。如“有陨自天”，语出《姤·九五》爻辞，在张载看来，其“陨”既然来自“天”，“获罪于天，无所祷也。”（《论语·八佾》）当然不是人为能够避免、逃脱的，但张载又说此是“尽其人谋而听天命者也”（《易说·姤》），强调“尽人谋”而非坐等天命，任由命运的安排。

张载对《周易》的吉凶学说的阐释与他的天人观是紧密联系在一起的。张载哲学的基本立场是天人合一，“合一”既是起点，也是目标。他认为人事之利害吉凶源于天道——“爻之动”，这是吉凶的第一类意义，自然之吉凶，恰好也是天人一体同源在吉凶观上的反映。张载又说：“‘情伪相感而利害生’，则是专以人事言，故有情伪利害也。‘屈信相感而利生’，此则是理也，惟以利言。”这是说天人之间是有区分的，“人不可以混天”，在此基础上主张通过“变通”做到“吉凶可胜”，发挥人所具有的主观能动性，改变吉凶，趋利避害，这又是由“天人有别”的观念得出了“吉凶可胜”的结论。至于第三类张载所说的“义命当吉当凶”者，并非是说命定论，而是有义理、天道在其中，是人在充分认识到天道义理，并顺应这一非人为可改变之法则，由天道义理所决定的“当吉当凶”，这里的“义命”就是“天命”，是“君子居易以俟命”之“命”，是人对天道的顺应——通过修养功夫达到天人合一的目标。

五　“易为君子谋”

上文张载以邪正解释吉凶，是完全出于道德立场，将吉凶祸福与个人的道德修养联系起来，自然导出了只有道德高尚的人才能避凶趋吉的结论。在张载看来，“圣人与人撰出一法律之书，使人知所向避，易之义也”（《易说·系辞》）——《周易》是指导人避凶趋吉之书，但避凶就吉的根本途径则是要人提高自身的道德修养，所以张载强调：

> 易为君子谋，不为小人谋，故撰德于卦，虽爻有小大，及系辞其爻，必喻之以君子之义。（《易说·系辞》）

朱伯崑说：

> 这里提出“易为君子谋”，是说《周易》是为君子占验未来之事，每一卦都是教导人们如何具有君子的品德。卦爻辞中的吉凶，乃

> 善恶之意，道德败坏的小人，从《周易》中得不到好处，此即“不为小人谋”。①

张载说“易书之道”，是圣人“所以教人”。“易为君子谋”也就是圣人通过《周易》教化百姓，使之成为道德高尚之君子。“易为君子谋”是张载首次明确提出的命题，鲜明地表达了他从道德立场理解、解释《周易》的思想，这是对《左传》“易不可以占险”的思想、孔子“观其德义”的易学观②，以及《易传》重德行思想的总结和发展。

《系辞》中有十余条以“子曰”的形式对部分爻辞所作的解说，这些解说大多从道德立场出发，从君子、小人的德行角度对爻辞意义加以阐释。如其释《豫·六二》爻义云：

> 子曰：“知几其神乎！君子上交不谄，下交不渎，其知几乎！”

这是以君子与人交往之德——不谄、不渎来解释爻辞，将爻义引向了人的道德立场。张载对此的解释是：

> “上交不谄，下交不渎”，人事不过于上下之交，此可尽人道也。
>
> 人道之用，尽于接人而已，谄渎召祸，理势必然，故君子俯仰之际，直而好义，知几莫大焉。（《易说·系辞》）

张载继承了《系辞》的说法并进一步指出，人与人之间的关系是“人道”的基本内容，“谄渎召祸”具有客观必然性，有德行的君子就应该践行这一义理。这也就是《周易》要告诉人们的内容之一——“易为君子谋”。

再如《系辞》释《噬嗑·初九》爻义：

> 子曰：小人不耻不仁，不畏不义，不见利不劝，不威不惩。小惩

---

① 朱伯崑：《易学哲学史》第二卷，昆仑出版社 2005 年版，第 298 页。

② 《左传·昭公十二年》载：“惠伯曰：‘吾尝学此矣，忠信之事则可，不然必败。……且夫《易》，不可以占险，将何事也？’”帛书《要》篇载：“子曰：‘《易》，我后其祝卜矣，我观其德义耳也’”，都体现了从道德立场理解、解释《周易》思想。

而大戒，此小人之福也。

《噬嗑·初九》云："屦校灭趾"，言受刑之事。《系辞》将其引向道德角度，认为是小人缺乏德行修养，致使受刑以惩戒。张载注云："暗于事变者也。"这是说，小人不仁不义源于对时势变化不明，君子要以此为戒，依据"事变"不断提高自己的德行，这也是《周易》给人的劝诫。

此外，《系辞》中有"三陈九德"一章，三次陈述了履、谦、复、恒、损、益、井、困、巽九卦的卦义，对每卦的陈述都不离"德"字：

是故履，德之基也。谦，德之柄也；复，德之本也；恒，德之固也；损，德之修也；益，德之裕也；困，德之辨也；井，德之地也；巽，德之制也。

这是从道德修养的角度解释九卦卦义，高亨先生释履为礼，谦为谦虚，复为复归善道，恒为坚持德操而不改，损为减损欲望与过行，益为增益善念与美行，困为处于困境能辨别是非，井为以德施人而坚持正义，巽为退让。[①] 朱伯崑认为这一解释非常准确。[②] 郑万耕指出，"三陈九德"一章：

吸取先哲的伦理道德观念及其言说方式，三陈九卦，便将孔子"观其（易卦）德义"、"求其德"的思想，具体化了。它要求人们不断提高道德境界，以此作为化凶为吉，防止和解除忧患的依据。这是对孔子以来儒家道德修养学说的进一步发展，对儒家人文主义的易学观的确立，也作出了不可磨灭的贡献。[③]

张载十分重视"三陈九德"，他说："《系辞》独说九卦之德者，盖九卦之德，切于人事。"（《易说·系辞》）他以九卦之德为切近人事，说明赞同《系辞》以伦理道德观念解易的方式，以九卦卦义为人类道德生活

① 高亨：《周易大传今注》，齐鲁书社 1998 年版，第 435—437 页。
② 朱伯崑：《易学哲学史》第一卷，昆仑出版社 2005 年版，第 78 页。
③ 郑万耕：《"三陈九卦"章考释》，《周易研究》2007 年第 3 期。

的依据，《系辞》三次陈说，也就是要人对此要有充分认识，提高人的道德境界。

张载注重以德解易，还表现在他以道德修养解说乾卦六爻。张载以孔、颜为例，说初九是颜子“龙德而隐”，九二是颜子“求龙德中正，乾乾进德，思处其极”，到九五则是“圣人之成德”，“仲尼犹天，九五‘飞龙在天’，其致一也”。这是说德行的养成要比地位的通显更为重要，这是前人所没有说过的。[①]

六　对卜筮的态度

《易经》起源于卜筮，《易传》虽然是哲学著作，但它毕竟是解释《易经》和筮法的，与占筮有着密切联系。对于《易传》中涉及占筮的内容，义理派偏重于从哲理角度加以解释，张载关于占筮的言论典型地体现了这一倾向，同时也反映了他自己对于占筮的态度。

（一）“占非卜筮之谓”

《系辞》言：“君子居则观其象而玩其辞，动则观其变而玩其占”。张载解释道：

> 占非卜筮之谓，但事在外可以占验也，观乎事变，斯可以占矣。盖居则观其象而玩其辞，此所以动则观其变而玩其占也。（《易说·系辞》）

此是说，《系辞》所说的“占”，不是用龟甲、蓍草去占卜的意思，只是说事情的发生、发展显露在外，可以联系卦爻辞所说，对其进行验证的意思。《系辞》所说，君子安居之时观察《周易》卦象，玩味卦爻辞，就是为了采取行动时观察事物的变化，与其相验证。

张载认为，《系辞》所言之“占”，为“占验”之占，而非“占卜”之占，这是对《易传》保留的原有涉及占卜迷信内容的大胆改造。占卜是人类蒙昧时代产物的遗留，是借助于一种神秘主义的、非理性的方式对未知的未来之事的预测和把握。通过龟甲或蓍草所谓的“启示”来预测未来，以现在的观点来看，本身显得十分荒谬，不具有任何科学性可言。

① 王铁：《宋代易学》，上海古籍出版社2005年版，第127页。

张载虽然不具备现在的科学思维，但他同样对占卜持否定态度。在他看来，《周易》所说的“占”，是《周易》书中所说的吉凶悔吝之事与现实中事物的相互印证，即通过《周易》中所说的某某事之吉凶来对现实中事情的结果加以验证，也可以根据现实中事情的发展、变化、结果去和《周易》中的话验证，从而得到教益，这就是所谓的“占验”。张载的这一解释将《周易》的占卜内容加以改造，抛弃了原有的通过占筮预测未知之事的思想内容，将其“转化”为《周易》之书的内容与现实之事的相互参证，既体现了义理派解易的特征，也表达了张载对于卜筮持有的理性主义态度。

张载的这一观点和他对《周易》一书的理解有关，在他看来，《周易》并非如后世朱熹所说“《易》本卜筮之书”，而是富含人道教训，“示人劝诫”的书。张载说：“易之三百八十四爻变动，以寓之人事告人，则当如何时，如何事，如何则吉，如何则凶，宜动宜静，丁宁以为告戒。”（《易说·系辞》）这是说，《周易》所说吉凶悔吝之事，是在告诫人如何采取自己的行动，如何做会得到吉，如何做会导致凶。按照这一理解，《周易》中所说的事，在现实中真实发生而得吉得凶，这就是“占验”；同样，现实中发生的事情，其结局有吉有凶，这也可以在《周易》中找到缘由和根据，这也是“占验”。如此一来，《周易》成了指导人采取行动的“指南”；同样，人也可以对现实之事从《周易》中找到缘由，获得经验教训，避凶就吉。

（二）“圣人于卜筮亦鲜”

张载虽然不以卜筮的意义解释《系辞》之“占”，但是卜筮作为一种历史现象和社会现象也在真实地发生过和发生着；张载重“礼”，而《周礼》、《礼记》中就有一些关于卜筮的内容，再如与张载交游甚密的易学家邵雍，就以预知来事著称①；而且《易传》本身确实有不少涉及卜筮的内容，并且与“圣人之道”相联系，如《系辞》道：

> 易有圣人之道四焉：以言者尚其辞，以动者尚其变，以制器者尚其象，以卜筮者尚其占。

① 参见黄宗羲《宋元学案·百源学案》第一册，中华书局1986年版，第365页。

此处“以卜筮者尚其占”，意思是“用《易经》以卜筮，则尚其占得之结果，以预知吉凶”①，并以之为“圣人之道”。在《易传》看来，卜筮行为是一种“圣人之道”，本身具有很崇高的地位。张载对此的看法是：

> 人于龟策无情之物，不知其将如何，惟是自然莫或使之然者，阴阳不测之类也。己方虚心以乡之，卦成于爻以占之，其辞如何，取以为占。圣人则又于阴阳不测处以为占，或于梦寐，或于人事卜之。然圣人于卜筮亦鲜，盖其为疑少故也。（《易说·系辞》）

此是说，龟甲和蓍草是没有思虑感情的卜筮工具，灼烧龟甲而成的龟兆和摆弄蓍草而形成的卦象，形成某种龟兆或某一卦象，事先是没有人能够知道和控制的，是自然使然，这就和阴阳之变化人为难以测度是同一种情况。人虚心求卜问卦，一卦形成后依据变爻，结合其卦爻辞来占问吉凶。圣人则又是在阴阳变化难以测度的方面进行占问，如根据梦的内容占问、根据人事进行预测等。但是圣人是很少进行卜筮活动的，因为圣人本身很少有疑惑。

首先，张载将“龟策”定性为“无情之物”，这是说龟策本身并没有预知未来的能力，去除了龟策的神圣性和神秘性。张载在解说《说卦》“幽赞于神明而生蓍”一语说：“事在未来之前，吉凶在方策之上，蓍在手中，卒归三处一时合，岂非幽赞于神明而得尔也？”（《易说·说卦》）“方策”指卦爻象和卦爻辞。张载认为，蓍草只是占验未来的一种工具，所谓“蓍在手中”，推测吉凶，是依据卦爻象和卦爻辞中的义理，蓍草自身不能告人以吉凶。②

其次，张载将龟策形成龟兆和卦象的偶然性归结为“阴阳不测之类”。“阴阳不测”就其哲学意义而言，是指阴阳二气的相互推移变化其方向和结果难以预测，这也是《易传》所揭示的变易法则之一，属于“天道”。按照这一解释，龟策虽然本身不能告人以吉凶，但它们的变化体现了变易之理，依据这一变易之理可以对事物的变化加以考察、推测。

① 高亨：《周易大传今注》，齐鲁书社1998年版，第399页。

② 朱伯崑：《易学哲学史》第二卷，昆仑出版社2005年版，第295页。

最后，依据上一条理论，圣人亦卜筮，但圣人之卜筮不同于常人之龟策问卜，对于圣人而言，只要是能体现变易之理的事物皆可根据其变化表现，对事物进行预测。张载所举的圣人占梦或通过人事占卜，这是因为梦境或人事之变化都属于“阴阳不测之类”，能体现变易之理，圣人依据这一变易之理可以对未来事物加以推测。这就抛弃了卜筮本身的神秘性，而是从理性出发，根据事物变化固有的规律来推测事物的发展方向。在张载看来，与其说圣人是根据龟策的变化来占问未来，还不如说是根据变易之理来“占问”未来。如此一来，作为易理的体认者、达到“穷神知化”的圣人，其本身的认识能力已经是达到了极高境界，自然很少有卜筮行为了。

综上所述，我们可以归纳出张载的理论逻辑，他抓住龟策形成卦兆的偶然性这一点，和“阴阳不测”的变易之理相联系，用事物变化的法则、规律代替了其神秘性，从而得出了对事物的预知是依据事物的变易之理这一理性主义的结论。张载的这一思想也和他的《周易》观是分不开的。他认为《周易》是讲述“阴阳变易”这一天道的书——“易即天道”，人们通过对《周易》的研读，就是要通过书中所讲的阴阳变易法则去认识和把握事物的变化发展。因此，《易传》所讲的“卜筮者尚其占”，其实质就是要人通过龟策、梦、人事等这些难以测度的事物，体认阴阳不测的变易之理，然后根据这一法则、规律，去认识、推测事物的变化发展。

（三）张载的卜筮观是对孔子解易思想的继承和发展

从“占非卜筮之谓”到“圣人于卜筮亦鲜”，其中鲜明地体现了张载对于原本是迷信产物的卜筮这一行为的理性主义立场，也展示出他对《周易》中固有的卜筮内容所作的煞费苦心的改造和引导。

摆脱卜筮的迷信观念，从人道的、理性的立场理解和解释《周易》可以追溯到春秋时期孔子的解易思想。张载对于卜筮的态度，基本上是对孔子解易思想的继承和发展。

《论语》中有两处涉及《周易》的地方，其一：

> 子曰：“南人有言曰：‘人而无恒，不可以作巫医。’善夫！”“不恒其德，或承之羞”，子曰：“不占而已矣。”（《论语·子路》）

“不恒其德，或承之羞”系《周易》恒卦九三爻辞。孔子以南人所言，人没有恒心，不可作巫医，解释恒卦九三爻辞，强调爻辞的道德修养意义。“不占而已矣”，则是说善学易的人，不必去占筮。按此说法，《周易》的用处，是提高人的道德境界，不是卜问吉凶祸福。

其二：

> 子曰：“加我数年，五十以学《易》，可以无大过矣。”（《论语·述而》）①

这是因为学易可以使人改过从善，强调《周易》的人道教训之义，后世也因此称《周易》为“寡过之书”。

以上说明孔子解易注重卦爻辞的教育意义，不迷信筮法，此即后世荀子所谓“善易者不占”。

近年来随着对帛书《易传》研究的推进，尤其是其中涉及孔子与《周易》的问题，孔子的易学观又有新的研究成果问世。帛书《要》记载：

> 子曰：“《易》，我后其祝卜矣，我观其德义耳也。幽赞而达乎数，明数而达乎德，又仁【守】者而义行之耳。赞而不达于数，则其为之巫；数而不达于德，则其为之史。史巫之筮，乡之而未也，好之而非也。后世之士疑丘者，或以《易》乎？吾求其德而已，吾与史巫同涂而殊归者也。君子德行焉求福，故祭祀而寡也；仁义焉求吉，故卜筮而希也。”

由于《论语》中孔子所言“不占而已”之语，后人多以“不占之教”来概括孔子的易学观。廖名春先生根据帛书《要》篇内容，认为“孔子晚年的易学观并不如此简单”，并进一步指出：

> （孔子）主张的治《易》方法是“幽赞而达乎数，明数而达乎德，

① 关于这则材料学界曾有过争议，即“鲁读”的问题，今从李学勤先生之说，“鲁读”不足为据。详见李学勤《“五十以学易”问题考辨》，载《中国文化与中国哲学》（1988），三联书店1990年版；以及李学勤《周易溯源》，巴蜀书社2006年版。

> 又仁【守】者而义行之耳”。他认为“幽赞而不达于数，则其为之巫”，只知卜筮之用而不知利用易数去推步天象历法，这就是巫，是最下等的好《易》者，“数而不达于德，则其为之史”，只知以易数去推步天象历法，而不知从天道中推出人道，这就是史，是次等的好《易》者。对于“史巫”之易，孔子认为“乡（向）之而未也，好之而非也”，向往和喜好都是错误的。而正确的方法是由明占筮之用而明易数，由明易数而明易理，并将易理与仁、义相结合。这实质是主张由象数而探义理，反对离义理而言象数或离象数而言义理。这种易学观，其重要性不仅仅在于易学，而在于提出了一种新的君子标准，即君子既要“守道”，又得沟通天人；既要修德，还得“明教”。[①]

根据廖先生的研究，孔子晚年并不是对卜筮一概不闻不问的，而是提出对卜筮也要加以研究。但是孔子批评了两种对卜筮的态度，一种是“巫”，即仅仅以易数为占卜之用，而不用它去推步天象历法；另一种是“史”，即仅仅用易数推步天象历法而不关注人事。在孔子认为这两种方式都是不对的，正确的态度应该是，通过研究占筮去了解其中包含的易数，通过研究其中的易数，明白其中包含的易理，将此易理与仁、义等道德价值相结合，提高自身的德行。道德修养提高了，行事自然得吉，卜筮自然就很少使用了——“仁义焉求吉，故卜筮而希也”。在孔子看来，占筮并非是完全没有可取之处，占筮中所用的“易数”，包含有“易理”在内，这一点是需要重视的。这也是孔子对于占筮与史巫的根本区别——“观其德义”。

张载的卜筮观与帛书《要》中记载的孔子对占筮的态度是相契合的。

首先，张载以龟策为“无情之物”，其本身没有感情思虑，是不能告知吉凶的；但《易传》将其归为“圣人之道”，张载认为这是因为龟策所成卦兆的偶然性体现了阴阳变易之理，通过对龟策形成卦兆的这一偶然性的认识就能了解、把握阴阳变易之理。这一思想和帛书《要》中孔子主张的“占筮—易数—易理”的观点是一致的。二者都是抛弃了卜筮本身带有的迷信成分和神秘主义色彩，注重其中所包含的义理。限于时代的原

---

① 廖名春：《从帛书〈要〉论孔子易学观的转变》，载《帛书〈周易〉论集》，上海古籍出版社2008年版，第125—126页。

因，孔子仅仅指出卜筮中的易数包含易理，这里的易理似乎专指“天道”，如天象历法之类，所以孔子要求将易理与仁、义相结合，沟通天人；而在张载的易学体系中，天人合一是作为先天条件的，因此，卜筮所体现的阴阳变易之理，既是天道，也是人事，张载将卜筮、梦境、人事变化都归为“阴阳不测之类”，张载也说：

易一物而合三才，天【地】人一，阴阳其气，刚柔其形，仁义其性。（《易说·说卦》）

所以在张载的思想中就不存在“明数而达乎德”之后的“仁【守】者而义行之”的这一环节了。将“易理”归结为阴阳变易之理，以阴阳变易合性与天道为一，这是张载对孔子卜筮观的发展。

其次，张载对卜筮的态度最后归结为“圣人于卜筮亦鲜”，帛书《要》记载孔子最后也说“仁义焉求吉，故卜筮而希”，这一“鲜”一“希”，体现了在时空上相距千载的两位智者之间的惺惺相惜。在孔子看来，能将从卜筮中探究到的易理与仁、义等道德价值相结合，沟通天人，提高自身的道德境界，行事自然会得吉，何用占筮！——这是孔子晚年易学观转变，经过对占筮的“否定之否定”后，向“不占”的复归。而在张载看来，圣人作为阴阳变易之理的体认者，与天为一，“阴阳不测之谓神”既是对气化运行这一天道的表述，也是圣人精神境界状态的描述，对“穷神知化”的圣人而言，要“决疑”的事自然是少之又少，占筮之事当然也就极为稀有了。孔子以占筮为希，是因为在他看来，君子以易理结合仁义行事，自然得吉，强调提高人的道德修养。我们不能说孔子这里仅仅是讲道德价值，而不讲理性认知，因为孔子所说的“义理”包含“天象历法”等认知理性的成分。但根据孔子的思想，这里的认知理性也是为道德理性服务，认知方面的意义极其微小。所以孔子说“卜筮希”，源于人的道德修养高。而张载由于时代的原因，则十分重视人的认知，他自己也在自然科学，如天文学上有卓越贡献，在认识论上也提出了著名的“见闻之知”与“德性所知”的区分。张载所谓的圣人就是具备“德性所知”，能遍体天下之物，具有极高认知能力的人：

世人之心，止于闻见之狭。圣人尽性，不以见闻梏其心，其视天

> 下无一物非我，孟子谓尽心则知性知天以此。（《正蒙·大心》）

圣人既然具备如此之高的认知能力，自然极少有疑惑，所以说圣人极少用卜筮决疑。张载的认识理论并不是脱离道德价值系统之外的，他的认识理论还是服务于他所致力弘扬的儒家价值理想，因此在他的思想体系中，认知理性和道德理性还是浑然一体的，并且其中的认知理性成分比道德理性的地位要低，从属于道德理性。但张载所说的圣人的道德修养和精神境界中，相比孔子提出的"既要'守道'，又得沟通天人；既要修德，还得'明教'"的君子人格，其认知理性的成分和内容所体现的"认知色彩"要强烈和浓厚得多，这也是张载对孔子思想的发展。

第三节 易学历史观

张载通过对《易传》的解说，也表达了他自己的历史观。张载的历史观可以概括为两句话——"书前有史"，"卦前有器"。

一 书前有史

张载说：

> 然古者治世多而后世不治，何也？人徒见文字所记，自唐虞以〔来论其治乱，殊不知唐虞以〕上几治几乱，须归之运数，有大（运）〔数〕，有小（运）〔数〕，故孟子曰："天〔下〕之生（民）久矣，一治一乱。"（《易说·系辞》）

张载认为，从历史上流传下来的记载来看，古代是太平治世多，乱世少；而到了后世，乱世就多于治世了。是不是历史越向前，乱世就越多呢？张载认为不能仅凭文字的记载就下这样的判断。他认为，人类历史有文字记载是从唐虞时代开始，而在文字产生之前还有很长一段历史由于没有得到记载，人们对它不了解罢了。而在这段未知的历史进程中又有多少治世、多少乱世，是不能作出判断的。所以，仅凭文字记载就得出后世乱世多、治世少的结论是不可靠的。

张载对当时文字记载的历史提出了大胆怀疑，这也是宋代学者疑经之风在张载易学中的体现。

张载的历史观可能是受到邵雍易学历史哲学的影响。邵雍在《皇极经世》中以图式制定了一个宇宙历史年表，以卦气说中的阴阳消长法则解释宇宙和人类社会发展变化的规律。在他看来，宇宙存在许多层次和周期，其周期有长有短。我们这个世界的周期只当一元之数，同宇宙的大周期相比，十分短促。这一思想对张载的历史观起到了启发作用，所以张载也以文字记载的人类历史为及其短小的一部分历史，但邵雍继承儒家尊王贱霸的历史观，却是张载所不取的。

张载的这一质疑具有很重要的意义。

首先，这是对儒家传统的“尊王贱霸”历史观的否定。儒家的历史观中有一种“退化”的思想，即后世不如前世，如《礼记·礼运》“大同”、“小康”之说，《孟子·告子下》“五霸者，三王之罪人也；今之诸侯，五霸之罪人也”等此类说法，总的倾向是极力美化三代历史，认为后世在礼乐制度、道德水准上，都是三代的后退。张载对此却提出不同的看法，认为这仅仅是有文字记载的一部分历史，而在文字记载之前不知道还有多长一段历史被遗漏，“人徒见文字所记”，仅凭这一“小段”历史就得出人类历史上治世少、乱世多的结论，这显然是不够可靠的。张载就《系辞》“黄帝、尧、舜垂衣裳而天下治”一语批评道：

> 上古无君臣尊卑劳逸之别，故制以礼，垂衣裳而天下治，必是前世未得如此，其文章礼乐简易朴略，至尧则焕乎其有文章。然传上世者，止是伏栖神农。此仲尼道古也，犹据闻见而言，以上则不可得而知。所传上世者未必有自，从来如此而已。安知其间故尝有礼文，一时磨灭尔，又安知上世无不如三代之文章者乎！（《易说·系辞》）

这是说，关于古代圣人制器制礼，仅仅是孔子根据闻见而道古，对于没有记载、人类无法了解的更早的历史，其真实情况是不能作出判断的，所以仅凭闻见和文字记载就认为三代之文章为人类历史上的极致，这样的结论是不够可靠的，“安知上世无不如三代之文章者乎！”

其次，张载提出历史不能“徒见文字所记”，即不以文字记载为“唯一”存在的历史观，这在当时是难能可贵的。这一思想有可能受邵雍“画前有易”说的影响。邵雍称自己的易学为“先天易”，认为《周易》

卦爻辞乃文王之易，属于后天之学，而他的兴趣在于先天之学，即伏羲所画的图式，认为有此图式，有卦无文。邵雍有诗云：“须信画前原有易”即是说此。而张载不以文字记载的历史为唯一历史，与邵雍“画前有易”说有异曲同工之妙，可以称作“书前有史”。从现在的观点来看，张载的这一思想是正确的。人类有文字记载的历史相对于人类存在的历史长河的确显得极其短暂，在有文字记载之前肯定还有很多未知的人类历史，如果仅凭文字记载的这“一小段历史”，是不能得出合理的结论的。张载还注意到“文字记载”这一形式本身具有的局限性，认为上世固有的“礼文”有可能会有“磨灭”，这也是极为可贵的真知灼见。文字记载的历史有它自身的优点和不可替代性，但不可能做到全方位地、没有遗漏地反映历史真实，这是文字史料不能克服的弱点之一；再就是文字史料不能完全保证其真实性。而张载能够注意到这一点，对《易传》文字大胆质疑，这一“疑经”态度和张载务实的学风是分不开的。

张载历史观的局限性也是比较明显的。首先，他把历史上的治乱归为“运数”，认为有“大运数”、“小运数”，是“运数”决定了历史是“治世”或是“乱世”，这是带有神秘主义色彩的唯心史观，是应该批判的。其次，他继承了孟子“一治一乱”的历史循环论，即但凡出现一个太平的“治世”，在它之前或之后，都必然有民不聊生，朝政败坏的“乱世”，这种治乱交替的循环论，也是张载历史观中的糟粕。

二　卦前有器

《易传》重“圣人”，其所论“圣人”可分为三个方面：其一，能本乎宇宙秩序，建立人间秩序的人；其二，圣人设卦、观象、系辞作《易》；其三，观象制器，以利天下。《易传》认为圣人是人类文明进步和社会历史发展的推动者，提出了别具一格的圣人史观。

《易传》塑造的“圣人”理想人格具有强烈的功利主义色彩，强调其为社会和人类所起到的立功、致用与造福的作用，主要表现为圣人观象制器：

> 作结绳而为网罟，以佃以渔，盖取诸《离》。包牺氏没，神农氏作，斫木为耜，揉木为耒，耒耨之利，以教天下，盖取诸《益》。日中为市，致天下之民，聚天下之货，交易而退，各得其所，盖取诸

> 《噬嗑》。神农氏没，黄帝、尧、舜氏作，通其变，使民不倦，神而化之，使民宜之。《易》穷则变，变则通，通则久。是以“自天祐之，吉无不利”。黄帝、尧、舜垂衣裳而天下治，盖取诸《乾》、《坤》。刳木为舟，剡木为楫，舟楫之利，以济不通，致远以利天下，盖取诸《涣》。服牛乘马，引重致远，以利天下，盖取诸《随》。重门击柝，以待暴客，盖取诸《豫》。断木为杵，掘地为臼，杵臼之利，万民以济，盖取诸《小过》。弦木为弧，剡木为矢，弧矢之利，以威天下，盖取诸《睽》。上古穴居而野处，后世圣人易之以宫室，上栋下宇，以待风雨，盖取诸《大壮》。古之葬者，厚衣之以薪，葬之中野，不封不树，丧期无数。后世圣人易之以棺椁，盖取诸《大过》。上古结绳而治，后世圣人易之以书契，百官以治，万民以察，盖取诸《夬》。

这段材料主要是歌颂圣人观象制器，以利天下，强调圣人在社会历史发展与文明进程中的超乎寻常的作用。这一作用是圣人通过对《周易》卦象的观察而得到启示，从而制作器物，以济民用。包牺氏结绳作网，使人们学会用网去捕鱼，是从离卦的卦象中得到启示的。神农氏砍木作犁，教百姓种地以得五谷之利，又招来天下百姓聚货财于市，互相交易，这是从益卦和噬嗑卦的卦象中得到启示。之后，黄帝、尧、舜用丝麻做上衣下裳，一上一下如天尊地卑，使天下大治，这是从乾坤两卦得到的教义。这些圣人又根据涣卦和随卦，发明舟车，以利天下；根据豫卦，创立击柝巡夜的制度；根据小过卦，发明杵臼以处理谷物；根据睽卦，发明弓箭；根据大壮卦，引导人们由“野处穴居”变为有“宫室”居住；根据大过卦，创制丧礼；根据夬卦，创立文字。总之，人类文明中之渔业、农业、商业、交通运输、建筑、文字，这些使人类摆脱蒙昧状态的事业，都是由圣人根据《周易》卦象创制，这是一种典型的由伟大人物创造历史的圣人史观。[①] 但是其中突出了《周易》卦象在圣人创造历史的过程中的重要作用，认为一切代表文明的器物、制度都是由卦象而来，圣人则是在卦象与实物之间起到了中介作用。

张载对《易传》“观象制器”提出批评，他说：

---

① 参见朱义禄《儒家理想人格与中国文化》，复旦大学出版社 2006 年版，第 228 页。

《易》说制作之意盖取诸某卦，止是取其义与象契，非必见卦而后始有为也，然则是言夫子之言尔。(《易说·系辞》)

张载的这段话非常简要，但是意义却十分重大。《易传》以圣人观象制器，以圣人之发明或创制，皆源于对《周易》某一卦卦象的观察，从中得到启示而文明之事物得以产生。按照这一说法，当是卦象在前，实物在后，实物来源于卦象，这一说法是为了美化圣人、神化《周易》，本身是违背历史事实的。在张载看来，《易传》所说某创制源于某卦的启示，意思仅仅是说人类社会中的一些文明现象，如器物、制度，恰好与《周易》某卦的卦象所显示出来的蕴意相契合而已，不是说一定是圣人见到某卦之后才根据这一卦卦象的含义去发明创造，言外之意即器物也有可能在卦象之前就已经被发明出来了。我们以《易传》所说的涣卦为例，涣卦卦象为䷺，上巽下坎，《说卦》："巽为木，坎为水。"涣之卦象是木在水上，有舟楫之象，所以《易传》说圣人受此启发而发明了舟楫——涣卦在先，舟楫在后。但在张载看来，只是说舟楫这一事物恰好和涣卦的卦象"木在水上"契合而已，不一定是圣人见到涣卦之后才发明的舟楫——"非必见卦而后始有为也"，两者之间没有必然的逻辑联系，也许在涣卦产生之前就已经有了舟楫的使用了。张载的这一思想与《易传》"观象制器"说形成对立，可以称为"卦前有器"。从现在的观点来看，张载的说法具有合理性，人类文明进程中一些具有重大意义的发明创造源于人类持续不断的生产实践，其中会从一些自然现象和事物中得到启示，但其根源还在于实践。《周易》卦象作为抽象思维的凝结，同样是人类生产实践的产物，是对实践经验的提炼和升华，如果把它作为文明事物的起源，是对抽象和具体、实践和经验的逻辑颠倒。

张载不迷信《易传》的说法，以务实的态度重新厘清卦象与器物之间的关系，这既是宋代"疑经"思潮在张载易学中的反映，也与张载自身"凡象皆气"的哲学思想有关。张载说：

凡可状，皆有也；凡有，皆象也；凡象，皆气也。(《正蒙·乾称》)

此是说，一切物象都是气的表现，世界统一于物质性的气。因此，《周易》卦象本质上是对气的描摹，卦象不是起源性的事物，这与他不以卦象为器物的起源具有一致性。张载没有明确表示卦象是对具体事物的描摹，但他说事物的发明创造不一定就在观象之后，二者有不同的产生过程，只是含义暗合而已，不能说卦象就是某器物的起源。张载的这一思想在后世被王夫之发展为“气外无理”的理论，王夫之也说“在天者即为理，不可执理以限天（《张子正蒙注》)”，当是张载思想的延续和发展。

张载对《易传》的这一思想也表现出了一定的认同。他在释“通其变，使民不倦”一句时说道：

> 鸿荒之世，食足而用未备，尧舜而下，通其变而教之也。神而化之，使民不知所以然，运之无形以通其变，不顿革之，欲民宜之也。大抵立法须是过人者乃能之，若常人安能立法！凡变法须是通，“通其变使民不倦”，岂有圣人变法而不通也？（《易说·系辞》)

这里首先承认，从鸿荒之世的食足用乏，到物尽其用，历史是不断向物质的丰富、文明社会的进步这方面发展的。张载也重视伟大人物“圣人”的历史作用，人类社会向文明的进步是尧舜等圣人“通其变而教之”的结果，而这一过程是高深莫测的“神化”境界，普通人不知其所以然——这是张载过于美化圣人使之具有一定的超越意义，以致和普通人对立起来。张载的语气很肯定，认为圣人都是大过人者，只有这样的圣人才能创制法令制度，“常人安能立法”。而且，张载看来，圣人变法一定会使之通行，不会有任何阻碍，原因就在于圣人使然。这些思想表明张载对《易传》圣人史观的认同，对《易传》圣人推进人类社会文明进步的观点有一定的肯定。值得一提的是，张载所处之时刚好是王安石“熙宁变法”如火如荼进行当中，书载王安石也曾邀张载协助其变法，遭张载婉拒①，从张载上述言论可透见他对王安石变法的部分态度。

---

① 吕大临《行状》载：“他日见执政，执政尝语曰：‘新政之更，惧不能任事，求助于子何如？’先生对曰：‘朝廷将大有为，天下之士愿与下风。若与人为善，则孰敢不尽！如教玉人追琢，则人亦故有不能。’”《宋史·张载传》记载相对简略，内容基本一致。

第三章

张载解易体例

以《象》《象》两传为代表，《易传》开创了一系列解易体例，如刚柔说、爻位说等，后世易学家解易都是在运用这些体例的基础上又有所创造，不断赋予其时代内容。张载对解易体例的运用基本上继承了历史上易学家的解释体例，采用了刚柔说、爻位说，取义兼取象，同时吸收了汉易中的卦变说等；但这又不是毫无新意的照搬，而是在前人的基础上注入了新的思想内容，表现出张载易学在解易体例方面具有的自身的特色。

第一节　刚柔说

一　《象》《象》的刚柔说

以“刚柔”解易，始于《象传》。《象》以阳为刚、阴为柔来解释六十四卦卦象和卦辞，这里的刚柔有时指阴阳爻，如解释《蒙·象》云：“‘初筮告’，以刚中也。”蒙卦卦象䷃，其中九二阳爻居下卦中位，所以《象》云“刚中”，这里的“刚”指阳爻。再如大有卦䷍，《象》云“柔得尊位大中”，是说六五阴爻居上卦中位，这里的“柔”指阴爻。此外，《象传》有时以三画卦乾坤为刚柔，如《否·象》云“内柔而外刚”，否卦卦象䷋，坤下乾上，这里的“柔”指三画卦坤☷，“刚”指三画卦乾☰。高亨先生在其《周易大传今注》中，以《象传》之“刚柔”并不单指阴阳爻和乾坤三画卦，八经卦中其他六卦，《象传》亦以刚柔指称。如《恒·象》云“刚上而柔下”，恒卦卦象䷟，下巽上震，据《系辞》“阳卦多阴，阴卦多阳”的区分，巽☴，两阳爻，一阴爻，属阴卦；震，两阴爻，一阳爻，属阳卦。因此高先生释曰：“震为阳卦，为刚；巽为阴卦，为柔。”①

另外，《小象传》也以刚柔说解释爻辞。蒙卦九二《象》云：“‘子克家’，刚柔接也。”蒙卦卦象䷃，《小象传》这一解释是以九二和六三的爻象爻位为据。九二为阳爻，为刚，六三为阴爻，为柔；九二在六三之下，是为“刚柔接”。再如噬嗑卦六二《象》云：“‘噬肤灭鼻’，乘刚也。”噬嗑卦卦象䷔，六二为阴爻，为柔，初九为阳爻，为刚；六二居初九之上，是为柔“乘刚”。

按朱伯崑先生的观点，“刚柔说的提出，表示对卦爻象的解释，进一步抽象化了”。②《彖》《象》以刚柔指代阴阳，解释卦爻象和卦爻辞，对后世影响很大，以后的易学家解易基本上沿用了这一说法。

二 张载的刚柔解易思想

（一）赋予《彖》《象》刚柔说以理学内容

张载以刚柔说解易的内容是比较多的，其中有一部分是对《彖》《象》阴阳解易的直接承袭，但又不是毫无新意的照搬，而是站在理学的立场上赋予了《彖》《象》原文理学的内容，体现了宋易义理派解易的特征。

《蒙·彖》解释卦辞“初筮告，再三渎，渎则不告”云：“‘初筮告’，以刚中也。‘渎则不告’，渎蒙也。”张载对此道：

> 教人当以次，守得定，不妄施。《易》曰：“初筮告，再三渎，渎则不告”，是刚中之德也。（《易说·蒙》）

蒙卦卦象䷃，《彖》所谓“‘初筮告’，以刚中也”，指九二爻，以阳居下卦中位，《彖》以此为“初筮告”的原因，这是从刚柔爻位来解释卦辞。在张载看来，蒙卦是讲教育启蒙，教育学生必须遵循一定的次序，对此次序一定要坚定地持守，不可妄乱地实施教育。蒙卦卦辞“初筮告，再三渎，渎则不告”就是在说明这一教育原则，这一原则体现的就是“刚中之德”——刚健而持守中道的德行。张载的这一解释虽然袭用了

---

① 高亨：《周易大传今注》，齐鲁书社1998年版，第223页。

② 朱伯崑：《易学哲学史》第一卷，昆仑出版社2005年版，第63页。

《彖传》的刚柔爻位说，但他注重的是蒙卦的卦义，以坚守教育原则来解释“刚中”之义，体现了义理派解易的特征。

同样来看张载对《坎·彖》刚柔说的阐释。

坎卦卦辞云：“有孚维心，亨，行有尚。”《彖》云：“习坎，重险也。水流而不盈。行险而不失其信。维心亨，乃以刚中也。行有尚，往有功也。”坎卦卦象䷜，为两坎相重，习，重也；坎，险也。故曰：“习坎，重险也。”坎又为水，这一卦象又是水相接而流，不满其坎。故曰：“水流而不盈。”卦辞又说“有孚”者，孚，信也。联系坎卦卦名而言，谓行险而不失其信。云“维心亨”者，言其心亨美也。其心亨美，是因为本卦九二、九五爻以刚居上下卦中位，这就是“刚中”之德。[①] 张载解释道：

> 可盈则非谓重险也，中柔则心无常，何能亨也！内外皆险，义不可止，故行有尚也。（《易说·坎》）

这段话基本上是对《彖》的沿袭，“可盈非重险”、“中柔心无常”分别是对“重险”“水流而不盈”和“维心亨，以其刚中”从相反的方面所作的强调。后面对“行有尚”的原因归结为“内外皆险，义不可止”——内外都处在险境，从义理上讲是不允许停止的，故“行有尚”。“义不可止”，开始将对《彖》的解释纳入义理的范围中来。后文接着说：

> 坎维心亨故行有尚，外虽积险，苟处之心亨不疑，则虽难必济而往有功也。今水临万仞之山，要下即下，无复凝滞（人）【之】在前，惟知有义理而已，则复何回避，所以心通。（《易说·坎》）

张载此处释“亨”为通。这是说坎卦所说，处险境之中，但心通不疑，采取行动就能脱离险难而获得成功。这就好比水流面临万仞高的山崖，要流下就会流下，没有任何的疑惑停滞，这是因为有“水往低处流”这一义理在，所以不会有回避。人要明白义理，心中无疑惑，自然通达，

① 参见高亨《周易大传今注》，齐鲁书社1998年版，第207—208页。

行动自然成功。

《彖》以“刚中”解释“维心亨”，张载先是继承这一说法——“中柔则心无常，何能亨”，接着便将其引向了义理，认为“往有功”的原因是“心通”，而所谓“心通”即是对“义理”的体认，并以水流作比附，水流向万丈山崖而毫无回避，是因为有“水往低处流”的“义理”，人由这一自然现象得到的启发便是体认义理，达到心通，如此行事自然无疑惑滞塞而取得成功。这是已经扬弃了“刚中”之说，完全走向了义理解易的道路。

（二）对王弼、孔颖达刚柔解易思想的继承

《彖》《象》开创以刚柔说解易，后世应用极为广泛，王弼注和孔颖达《正义》中的刚柔说内容丰富，张载《易说》中的刚柔说很多都是继承自王注和孔疏。如离卦卦辞云：“利贞，亨。”王注云：“离之为卦，以柔为正，故必贞而后能亨，故曰‘利贞亨’也。”孔疏：“‘利贞亨’者，离卦之体，阴柔为主，柔则近于不正，不正则不亨通，故利在行正，乃得亨通。”离卦卦象☲，六二爻和六五爻以柔居上下卦中位，这就是王注和孔疏所说的“以柔为正”和“阴柔为主”。张载解释道：

> 以柔丽乎中正，故利贞。（《易说·离》）

这一解释基本上是对王、孔的说法的简要表达。再如大壮卦六五爻爻辞为：“丧羊于易，无悔。”王弼注云：“居于大壮，以阳处阳，犹不免咎，而况以阴处阳，以柔乘刚者乎？羊，壮也。”孔颖达《正义》云：“羊，刚狠之物，故以譬壮。”大壮卦卦象为☳，六五爻以阴爻居阳位，又在九四阳爻之上，所以工注说“以阴处阳，以柔乘刚”。且王、孔二人都以羊为刚、壮之物。张载的解释是：

> 羊外柔而内很，六五以阴处阳，羊丧之象也……履柔危之地，乘壮动之刚，固之必悔者，位非其所堪也。（《易说·大壮》）

羊外表柔顺而本性刚狠，这和王注“羊，壮也”，孔疏“羊，刚很之物”的解释一致；又以六五爻以阴居阳，乘九四阳爻之刚，这是沿用王、孔的说法。

需要指出的是，王弼注对卦爻辞的解释排斥取象说，着重从人事问题解说，和孔疏试图调和取义说与取象说之间矛盾的特点相比，刚柔说的内容要薄弱一些。如明夷卦六四爻辞云："入于左腹，获明夷之心，于出门庭。"王注云："左者，取其顺也。入于左腹，得其心意，故虽近不危。随时避难，门庭而已，能不逆忤也。"孔疏云："'入于左腹获明夷之心'者，凡右为用事也。从其左，不从其右，是卑顺不逆也。'腹'者，事情之地。六四体柔处坤，与上六相近，是能执卑顺'入于左腹'，获明夷之心意也。'于出门庭'者，既得其意，虽近不危，随时避难，门庭而已，故曰'于出门庭'。""得其心意"取自《小象传》："'入于左腹，获心意也。'"王弼以六四与六五爻相邻，六五为君，六四能知君之心意，又坚持顺道，不加忤逆，并随时准备"出门庭"避难。孔疏在此基础上指出，六四所处上卦为坤卦，坤卦本身为柔，这是取上下卦说，使得"柔"的思想在解释六四爻辞的内容中得以突出。张载继承这一说法，说："盖用柔履中，其志相得，故曰：'获心意也'。"（《易说·明夷》）——这里还是突出了"柔"的思想。朱伯崑先生说："（张载）对《周易》体例的理解，与其说来于王弼注，毋宁说来于孔疏。"[①] 这一点，在张载对王弼、孔颖达刚柔解易思想的继承上，也得到了体现。

张载以刚柔说解易也有不同于王注、孔疏的内容，体现出张载易学中刚柔思想的特点。

（三）运用《易传》刚柔说互解

无妄卦六二爻辞云："不耕获，不菑畬，则利有攸往。"王注云："不耕而获，不菑而畬，代终已成而不造也。不擅其美，乃尽臣道，故'利有攸往'。"耕为耕种，获即收获，菑是垦荒，畬是治理田地。六二爻处下卦中位，按王弼理解的义例，二为臣位，五为君位。所以王弼的意思是，不去耕种，只管收获；不去垦荒，只管治理，这体现的是一种不采取人为的、刻意的干预，只待其自然发展的结果的态度和方式——"代终已成而不造也"，不专擅事物发展之功，做好臣子应尽的责任，所以爻辞说利于有所往。王注将《老子》"功成而不处"的思想引入《周易》，并以六二为臣位对爻辞加以解释，体现了玄学易的特色。孔颖达《正义》云："'不耕获，不菑畬'者，六二处中得位，尽于臣道，不敢创首，唯

① 朱伯崑：《易学哲学史》第二卷，昆仑出版社2005年版，第294页。

守其中终，犹若田农不敢发首而耕，唯在后获刈而已。不敢首发新田，唯治其菑熟之地，皆是不为其始而成其末，犹若为臣之道，不为事始而代君有终也。‘则利有攸往’者，为臣如此，则利有攸往，若不如此，则往而无利。”这是在王弼说法的基础上加入了爻位说，以六二以阴居阴，是“得位”，又在下卦中位，所以说“处中”，其余基本上都是继承王注。而张载对这一爻辞的解说是：

柔之为道不利远者，能远利不为物首则可，乘刚处实则凶。（《易说·无妄》）

这是说，六二爻为阴，为柔，而处柔顺之道是不利于行远的，如果有行远之事，不可处于事物之首则有利，如果不这样做，乘于初九阳刚之上，且置自己于事物之实处，即“耕而获”、“菑而畬”，这就会导致凶。

这里“不为物首”是对王、孔说法的继承，但又有张载自己的解释，突出的一点就是和《系辞》中关于刚柔的说法联系起来解易。“柔之为道不利远者”出自《系辞下传》“二与四同功而异位，其善不同，二多誉，四多惧，近也。柔之为道不利远者”。二指第二爻，四指第四爻，二、四都是偶数，为阴，为柔，“同功”即是指此。又二处下卦中位，四处上卦偏位，两爻之位既有上下卦之分，又有中偏之别，此即“异位”。二爻与四爻均为吉善，因其同功，但其吉善又有不同，二爻爻辞多誉，四爻爻辞多惧，因为爻位有远近之分。二爻居内卦，在近处，故多誉；四爻居外卦，在远处，故多惧。此两爻位均属阴，属柔，都以柔顺从命为事。柔之为道用于远者，易招凌辱，故第四爻多惧。[①]

可见，“柔之为道不利远者”是《系辞》作者通过对《易经》二、四爻爻辞的观察总结出来的，对“四多惧”这一现象的解释，以四爻处外卦，为远，故其辞多惧。而张载在对无妄卦六二爻辞的解释中引用这句话是和爻辞中的“利有攸往”联系起来加以解释，认为无妄卦六二爻处柔顺之道，本来是不利于行远的，即不“利有攸往”，但是只要做到“不为物首”，也就是王弼所说的“不擅其美”，就能避免“乘刚处实”，“则利有攸往”了。张载的这一解释体现了以下几点内容。

---

① 参见高亨《周易大传今注》，齐鲁书社1998年版，第441—442页。

其一，《系辞》所说的“柔之为道不利远者”是就爻位而言，而张载将其与爻辞中的“利有攸往”联系起来，“利远”的意思成了“利有攸往”——将取象说改造成了取义说，这是义理解易的突出特征。

其二，王弼、孔颖达以第二爻为“臣位”解释爻辞，并不十分注重其阴阳刚柔的属性，而张载则强调其阴柔属性，或者说更注重其“柔”的属性，并且指出了王、孔没有指出的与初九形成“乘刚”的情况，这说明张载相比王、孔更注重以刚柔解易的思想。这一点我们将在下文论述。

其三，以《系辞》之“刚柔”来印证爻辞——经典文献的互解、互证，这也是张载易学的一大特征。张载解易，不仅仅将《周易》中不同部分的内容联系起来相互论证，《横渠易说》还有大量《周易》与“四书”等其他经典互证的内容。这一点我们将在“张载解易特征”章中详加论述。

再如晋卦六二爻辞有“受兹介福，于其王母”之语，王弼云：“母，处内而成德者也。”孔疏沿用此说。王弼的意思是说，六二爻处内卦，按照古代观念，“内”对应女性，所以爻辞说“母”；又六二居中，是“成德”之爻，故曰“王母”。而张载的解释是：

> 六五以阴居尊，故称“王母”，俱以柔中，故受福可必也。（《易说·晋》）

晋卦卦象䷢，六二、六五俱为阴爻，张载这里是将六二与六五联系起来解说，阴爻居尊位，故称“王母”，显然这里是以第五爻为尊位，为“王”，以阴爻为“母”。张载的这一解释是本于《易传》以男为阳、为刚，以女为阴、为柔的观点，这与王注以“处内”解释“母”的观点是有区别的，体现了张载运用《易传》本身的刚柔思想解易的特点。

（四）比王注、孔疏更重刚柔说

对某些卦爻辞和《象》的解释，张载相比王弼注和孔颖达疏，更注重刚柔说。如对离卦初九爻辞的解释，王注云：“处离之始，将进而盛，未在既济，故宜慎其所履，以敬为务，辟其咎也。”孔疏道：“若位在于三，则得既济。今位在于初，是未在既济。谓功业未大，故宜慎其所履，恒错然避咎也。”离卦卦象为䷝，既济卦卦象为䷾，王、孔的意思是，离卦是要向既济卦变化的，而这一变化就是通过爻位的上升来实现，初九处在上升的起始阶段，等它上升至第三爻的时候，离卦就完全变为既济卦。正因为初九爻仅仅在初始阶段，所以要以敬慎为务，才能无咎。《彖传》中本来就有阴阳爻上下往来之说，后被荀爽发展为乾坤升降说。荀爽认为，乾坤两卦为基本卦，此两卦的爻位互易，即乾卦九二居于坤卦六五爻位，坤卦六五居于乾卦九二爻位，此即乾升坤降，则形成坎离两卦，为上经之终；坎离两卦相配合，则成为既济和未济，为下经之终。[①] 王、孔以离卦初九爻上升至九三变既济卦，与其说是受《彖传》刚柔往来说的影响，还不如说是受荀爽乾坤升降说的影响。而张载对此的解释是："以刚处下，物所愿交，非矜慎之甚，何以免咎！"（《易说·离》）意思是初九以阳刚居下卦初位，属于谦卑的位置，外物愿意与之相交，故应注意矜慎，才能免咎。这里没有袭用王、孔的爻位升降说，而是用刚柔说加以解释。

再比如革卦九五爻，爻辞曰："大人虎变，未占有孚。"王注："未占而孚，合时心也。"孔疏说："九五居中处尊，以大人之德为革之主，损益前王，创制立法，有文章之美，焕然可观，有似'虎变'，其文彪炳。则是汤、武革命，广大应人，不劳占绝，信德自著，故曰'大人虎变，未占有孚'也。"王、孔的解释一方面从爻位出发，以第五爻为尊位，解释爻辞中的"大人"；另一方面结合《革·彖》"汤武革命"的说法，解释"未占有孚"，体现了取义说的特点。而张载的解释是："以刚居尊，说而唱下，为众所睹，其文炳然"。这里首重刚柔说，以刚居尊位，为众人所睹见，文章炳然。比起王、孔不提及刚柔，张载的解释则更加注意运用刚柔说。

张载相比王注、孔疏更注重刚柔说，还体现在王、孔用"阴阳"的地方，张载却以"刚柔"代"阴阳"。

如大壮卦九三爻辞："小人用壮，君子用罔，贞厉。羝羊触藩，羸其角。"其中"小人用壮"，王弼注："处健之极，以阳处阳，用其壮者也。"《正义》曰："九三处乾之上，是'健之极也'，又'以阳居阳'，是健而不谦也。健而不谦，必用其壮也。"张载的解释是："小人处之，必以刚动。"按王、孔的解释，大壮卦卦象☳☰，下卦为乾，九三爻以阳处阳，又

① 参见朱伯崑《易学哲学史》第一卷，昆仑出版社2005年版，第225页。

居下卦之上，这就是王弼所说的“处健之极，以阳处阳，用其壮者也”。这是以上下卦说结合爻位说，解释“小人用壮”。张载则只取九三爻为阳，故为刚这一点，仅仅用刚柔说加以解说。就“阴阳”与“刚柔”两对范畴而言，体现出张载比王、孔更偏重用“刚柔”解易。

孔颖达就阴阳与刚柔的联系和区别说道：

> 变化之道在刚柔相推之中。刚柔即阴阳也，论其气即谓之阴阳，语其体即谓之刚柔也。(《周易正义·系辞下》)

在孔颖达看来，阴阳就是刚柔，说阴阳是以气言，说刚柔是以体言。孔氏以阴阳二气的变化解易，认为阴阳爻的推移变化象征了阴阳二气的变化，所以刚柔即阴阳。张载继承了这一思想，但他更注重二者的区别，这与张载思想体系中气论所处的地位有关。孔颖达虽然以阴阳二气解易，但他还保留有玄学易的尾巴，认为有“无阴无阳”的状况存在，而张载则以气统有无，世界统一于气。既然阴阳是就气而言，那么张载就以阴阳范畴专言气，而在解释卦爻辞时则用刚柔而避免使用阴阳了。

（五）刚柔相求

张载以刚柔解易，认为刚柔相配为优，只有刚或只有柔就会导致悔吝或凶。如解释蛊卦六四爻辞“裕父之蛊，往见，吝”道：“以柔居阴，失之太柔，故吝。”（《易说·蛊》）这是说，六四为阴爻，第四爻爻位又是阴位，阴爻处阴位，就会过于柔顺，所以爻辞说会有“吝”的结果。这一解释和王、孔是不同的，王、孔认为“吝”的原因是六四与初六俱为阴，无应。再比如履卦六三爻辞有“履虎尾，咥人凶。武人为于大君”之语，张载的解释是：“武人者，刚而不德也。”（《易说·履》）张载以“武人”为“刚而不德”，这可以联系帛书《衷》篇中论“文武”的观点加以对照。帛书《衷》云：

> 是故天之义，刚建动发而不息，亓吉保功也。无柔救之，不死必亡。僮阳者亡，故火不吉也。[地]之义，柔弱沈静不动，亓吉[保安也。无]刚文之，则穷贱遗亡。重阴者沈，故水不吉也。故武之义，保功而恒死；文之义，保安而恒穷。是故柔而不狭，然后文而能

胜也；刚而不折，然而后武能安也。[1]

救，疑通纠，矫正也。玦，疑通绝，断也，与后文“折”相对。此是将“天之义”界定为“刚建（健）动发而不息”，“地之义”界定为“柔弱沉静不动”。《衷》强调，仅有“刚健动发”或仅有“柔弱沉静”皆为不可，“刚健”必须有“柔”来纠偏、矫正，否则结果是“不死必亡”；“柔弱”又必须有“刚”来文饰、协助，否则便会“穷贱遗亡”。无论是“救”或者“文”都是重在说明“刚”、“柔”双方必须相互配合、补足，也即所谓“刚柔相济”。刚柔对应文武，只讲武不讲文，常常会导致死亡的结果；只讲文，不讲武，常常会陷入困窘的境地。《衷》又讲“柔而不玦，然后文而能胜也；刚而不折，然后武而能安也”，所谓“柔而不玦”或“刚而不折”，乃意在说明“柔”却不过分“柔弱”而有“刚”来补充才不至于决裂，“刚”而不过分“刚强”又有“柔”来配合才不至于断折，也是“刚柔相济、文武相配”之义。[2]

以此来看张载以“刚而无德”释“武人”。“武”对应“刚”，只有武而没有文，只有阳刚而无阴柔，这也就是“刚而不德”，必然不吉，所以有虎咥人的凶象。而刚柔相配合的情况下，就会有吉利的结局出现，如张载解释大有卦上九爻辞“自天祐之，吉无不利”道：

> 以刚而下柔，居上而志应于中，故曰履信思顺，又以尚贤，盖五阳一阴，又以无物而间焉耳。刚柔相求，情也，信也。（《易说·大有》）

大有卦卦象䷍，上九为阳，为刚，居六五阴爻之上，与六五形成呼应，此即“以刚而下柔，居上而志应于中”。“履信思顺”及“尚贤”说是沿袭《系辞》对这一爻辞的解释。《系辞》云：

> 子曰：“祐者，助也。天之所助者，顺也；人之所助者，信也。

---

① 此段文字依据廖名春《帛书〈衷〉释文》，原文为繁体字，现以简体字代之。《帛书〈衷〉释文》参见廖名春《帛书〈周易〉论集》，上海古籍出版社 2008 年版，第 383 页。

② 徐强：《今、帛本〈易传〉“刚柔”解〈易〉的诠释学考察》，《周易研究》2009 年第 1 期。

履信，思乎顺，又以尚贤也，是以自天佑之，吉无不利也。”

此言思顺则得天助，履信则得众人之助，尚贤则得贤人之助，三者备始吉无不利。[①]

王注继承这一说法并联系爻位刚柔加以解释——“五为信德，而已履焉，履信之谓也。虽不能体柔，而以刚乘柔，思顺之义也。居丰有之世，而不以物累其心，高尚其志，尚贤者也。”张载继承《系辞》和王弼的说法，并指出六五阴爻居众阳之中，阴阳呼应而无阻隔——“无物而间”，这既体现了刚柔相互追求的性质，又是刚柔相求的实现——刚柔相求作为情实得以呈现，这就是“刚柔相求，情也，信也”，所以爻辞说：“吉无不利。”

张载以刚柔相求为吉的观点与他的气论思想相关。在张载看来，天地万物都是由气化产生，而气又是阴阳二气对立面的统一，因此，任何事物都是对立面的统一，阴阳对待成为事物的根本规定性，无阴无阳或独阴、独阳的事物是不存在的——“无一物无阴阳者”。这一思想反映在对卦爻辞的解释上，就是刚柔相求而得吉的观点。

第二节 爻位说

以爻位说解释卦爻辞的吉凶，是《彖》和《小象》在刚柔说的基础上提出的，在后世的解易著作中应用极其广泛。朱伯崑先生将《彖》《象》提出的爻位说概括为六点，即当位说、应位说、中位说、趋时说、承乘说和往来说。[②] 张载解经也继承了这些体例，上文论述张载以刚柔解易，就已经涉及诸多爻位说的内容。

一 当位说

《象》认为一卦六爻，各有其位，二四六属于偶数，为阴位；一三五属于奇数，为阳位。凡阳爻居阳位或阴爻居阴位，称为当位或得位；反之，阳爻居阴位或阴爻居阳位，称为不当位或失位。一般情况下，当位则

① 高亨：《周易大传今注》，齐鲁书社1998年版，第406页。

② 朱伯崑：《易学哲学史》第一卷，昆仑出版社2005年版，第63—66页。

吉，不当位则凶。如《彖·既济》曰："利贞，刚柔正而位当也。"既济卦卦象为䷾，三阴三阳俱为当位，《彖》以此解释卦辞"亨小，利贞"。再比如归妹卦，《彖》云："征凶，位不当也。"这是对卦辞"征凶"的解释，归妹卦卦象为䷵，除初九爻是以阳居阳和上六是以阴居阴当位外，其余四爻所处爻位与自身属性刚好相反，属于不当位，所以《彖》认为卦辞说"征凶"的原因就在于此。《小象传》也有这一说法。如噬嗑卦六三爻云："噬腊肉遇毒，小吝，无咎。"《小象》解释道："'遇毒'，位不当也。"第三爻为阳位，而噬嗑卦第三爻为阴，以阴居阳，不当位，《小象》认为这就是爻辞说"遇毒"这一凶险之事的原因。

当位说被后世学者广为应用，张载《横渠易说》中当位说解易的内容也是较为丰富。如其解释乾卦九四爻辞"或跃在渊，无咎"："九四以阳居阴，故曰'在渊'，位非所安，故或以跃。"（《易说·乾》）此是说，第四爻本是阴位，而乾卦第四爻为阳爻，以阳处阴，不当位，因处阴，所以说"在渊"，因不当位，所以要"跃"。再如损卦九二爻辞云："利贞，征凶，弗损益之。"张载以当位说解释道："以阳居阴，刚德已损，故以征则凶。"此是说，第二爻爻位属阴，而损卦第二爻为阳爻，以阳居阴，不当位，有损刚德，故为凶。以上是张载对《彖》、《小象》当位说继承的一方面。

《彖》《象》提出的用当位说解释卦爻辞的吉凶，只是在一般情况下，《易经》中也有不少情况是阴阳当位但卦辞或爻辞却说凶，或者是相反的情况，阴阳不当位但卦辞或爻辞却说是吉。在这一情形下，张载还是坚持了用当位说解易，但加入了必要的补充，使之成立。如履卦九四爻，以阳居阴，属于不当位，但爻辞却是"履虎尾，愬愬，终吉"。张载的解释是："阳居阴，故不自肆，常自危也。"（《易说·履》）此是说，九四爻以阳居阴，不当位，所以要提高警惕，不敢放纵任意，常常自感身处危殆，正是有这种忧患意识，所以最终得吉。再比如，蛊卦六四爻，以阴居阴，属于当位，但其卦辞占断之语却是"吝"。张载对此的解释是："以柔居阴，失之太柔，故吝。"（《易说·蛊》）以阴居阴，按照当位说应该是当位得吉的，但断语却是"吝"，张载只好以"失之太柔"加以解释，使得当位说的解释走向了反面。这一情况也说明，当位说不能解释全部的卦爻辞。

张载以当位说解经还有一大特点，那就是对初、上位阴阳属性的保留态度。这主要是受王弼辨位说的影响。王弼在《周易略例·辨位》中说："案《象》无初上得位失位之文。又《系辞》但论三五、二四同功异位，亦不及初上。"这是根据《象》文和《系辞》的同功异位说，认为阴阳爻位，只限于二四和三五，前者为阴位，后者为阳位，而不及初上。受这一思想的影响，张载使用当位说解易，对于初上两位的阴阳属性持保留态度，只说"下"和"上"或"极"，不论其"居阴"、"居阳"。如张载解释否卦初六爻说："柔顺处下，居否以静者也。"（《易说·否》）这里只说"下"，不论其是阴位还是阳位。再如解释观卦上九爻，说："以刚阳极上之德。"这里以"极上"论上位，也不论及其爻位的阴阳属性。同样，对大过卦上六爻的解释是："阴居上极"（《易说·大过》）——以"上极"指代上位，不论其阴阳属性。这说明，王弼初上不论位说，对张载影响很大。

关于王弼的初上无位说，朱伯崑先生指出："此种说法，反映了一种理论思维：事之终始，不分阴阳，因为事物的变化，总是一阴一阳而无穷，不能说阳为始，阴为终。"[①] 张载的哲学思想对王弼的这一理论思维是认同的，并有所继承和发展。《易说·系辞》云：

> 物无孤立之理，非同异、屈伸、终始以发明之，则虽物非物也；事有始卒乃成，非同异、有无相感，则不见其成，不见其成则虽物非物，故一屈伸相感而利生焉。

张载主张"一物两体"，"有象斯有对"，事物没有孤立存在的道理，如果事物没有同异、屈伸、终始的对立，就构不成该事物；阴阳二气的一屈一伸构成了事物的规定性，成就了事物自身。这是对王弼"事之终始，不分阴阳"这一理论思维的继承和发展。表现在解经体例上，就是张载运用当位说的过程中对初上两位阴阳属性的保留态度。

二 应位说

应位说是对当位说的补充。所谓应位，是说初与四，二与五，三与上，其位相应。凡阳爻与阴爻相应，为有应；同属性的爻相遇则为无应。

① 朱伯崑：《易学哲学史》第一卷，昆仑出版社2005年版，第310页。

一般情况下，有应为吉，无应为凶。如未济卦，其卦象为䷿，初三五为阴爻，二四上为阳爻，以当位说解释是六爻皆不当位，但其卦辞却说“亨”，《彖》解释道：“虽不当位，刚柔应也。”这是说，亨通的原因在于六爻皆是阴阳相应。

张载对应位说的运用是比较丰富的。如否卦九四爻辞云：“有命无咎，畴离祉。”张载解释道：“居否之世，以阳处阴，有应于下，故虽有所命无咎也。”（《易说·否》）否卦卦象为䷋，九四阳爻处阴位，按当位说是不当位，但它刚好和六二阴爻相应，所以张载说“有应于下”，并以此为爻辞断语“无咎”的原因。再如剥卦六三，其爻辞曰：“剥之，无咎。”张载解释道：“独应于阳，故反为众阴所剥，然无所咎。”（《易说·剥》）剥卦卦象为䷖，五阴一阳，只有六三和上九阴阳相应，这就是张载说的“独应于阳”，而得到“无咎”的结果。

张载以应位说解释剥卦六三爻辞，和剥卦卦义相结合，认为六三爻独应于上九爻，故为众阴所剥。本来应位说仅仅是对卦爻辞“占断之语”——“吉、凶、悔、吝、厉、无咎”的解释，但张载却将其与卦义，以及卦爻辞结合起来，使得应位说不仅仅可以解释“吉凶”等断语，还可以解释卦爻辞文辞的意义。如同人卦九五爻爻辞有“同人先号咷”之语，张载云：“二与五应而为他间，己直人曲，望之必深，故号咷也。”（《易说·同人》）同人卦卦象为䷌，六二与九五阴阳相应，张载解释说六二爻与九五爻之间有九三、九四爻相间隔，此喻为他人所离间，所以爻辞说“号咷”。此是以应位说解释爻辞，意在找到爻象与爻辞之间的联系。再比如谦卦上六，爻辞有“鸣谦”一语，张载解释说：“下应于三，其迹显闻，故曰‘鸣谦’。”（《易说·谦》）谦卦卦象为䷎，九三与上六阴阳相应，张载解释说，这是处上位之上六爻与处下卦的九三爻相应，是声名迹象显闻于下之象，所以上六爻辞说“鸣谦”。再比如归妹卦上六爻辞云：“女承筐无实，士刲羊无血，无攸利。”张载用应位说解释道：“上六与六三皆阴，故士女无实。”（《易说·归妹》）归妹卦卦象䷵，上六和六三都是阴爻，不相应，张载认为这就是爻辞说“无实”、“无血”的原因。

此外，张载在运用应位说解易的过程中也表现出了义理解经的特征，阴阳爻的相应或不相应，也包含着人道理论在其中。如豫卦初六爻辞云：“鸣豫，凶。”张载的解释是：

知几者上交不谄，今得应于上，豫独著闻，终凶之道也。故凡豫之理，莫若安其分，动以义也。(《易说·豫》)

豫卦卦象为䷏，六爻中唯有初六与九四阴阳相应，其余皆无应，但是初六爻辞却说“凶”。在张载看来，这里包含有深刻的人事道理——明白事理的人，与上级交往不会谄媚，而初六处在下卦之下，却是唯一与上卦相应的爻，有谄媚之嫌，故为凶。但凡豫乐之理，一定是守分安命，按照道义来行事。“知几者上交不谄”语出《系辞》：“子曰：‘知几，其神乎！君子上交不谄，下交不渎，其知几乎！几者，动之微，吉凶之先见者也。’”几，微也，本指事物变化的苗头，张载这里借指人事道理。在他看来，豫卦中初六爻和九四爻的阴阳相应比喻在下位的人通过谄媚的方式而得到上级的肯定，结果致凶，这是《易经》在告诫人要遵循道义行事，上交不谄，下交不渎。这一解释赋予了应位说以义理内容，反映出张载义理解易的特征。再比如，恒卦初六爻辞云：“浚恒，贞凶，无攸利。”《象》云：“‘浚恒’之凶，始求深也。”“浚”本义为“掘之使深”的意思，《象》认为爻辞说“凶”的原因是初六处在一卦之初，在初始阶段追求“深”，有急躁、冒进之嫌，故为凶。张载的解释是：

柔巽在下以应于上，持（一作特）用为常，求之过深也。故人道之交贵乎礼，且久渐而成也。(《易说·恒》)

恒卦卦象为䷟，下卦初六爻和上卦九四爻阴阳相应，张载以此为喻人之交往，认为是初六爻有求于九四，但求之过深，故导致凶。张载接着指出，“人道之交贵乎礼”，人与人之间的交往要符合“礼”，求之过深是不符合“礼”的行为，并且要经过长久的时间，双方的交往才能逐渐趋于成功。张载重礼，此处以阴阳相应喻人事交往，以合礼为交往标准，解释了恒卦初六爻辞致凶的原因，是将《易传》原有的爻位说与义理结合解释《周易》的典型案例之一。

三　中位说

中位，即上下卦之中爻位置，也就是二五爻位。一般情况下，即使不当位，若居中位，可获吉。如噬嗑卦，其卦象为䷔，六五以阴居阳，不当位，但处上卦之中位，所以《象》说：“柔得中而上行，虽不当位，‘利用狱’也。”以中位说来解释卦辞“亨。利用狱”。再比如解卦䷧，九二以阳居阴，不当位，但爻辞却说“贞吉”，《小象传》道：“‘九二贞吉’，得中道也。”以九二处下卦中位为得吉的原因。

张载以中位说解释卦爻辞的内容也是较为丰富的，说明他很注重《易传》崇尚的“中正之道”，但在对卦爻辞的解释中并未加以阐发，总的来看，缺乏新意可陈。以下试举几例。

乾卦䷀，六爻皆阳，九二、九五爻辞中都有“利见大人”之语；而九三、九四爻辞的占断之辞都是“无咎”——比“利”要次一等。张载对此的解释是“乾二五皆正中之德”（《易说·乾》），而“乾三四，位过中重刚”（《易说·乾》）——意即三四爻不居中位，故仅得无咎，而二五爻居中，故有利。再比如离卦六五爻辞云：“出涕沱若，戚嗟若，吉。”张载的解释是：“己虽忧危，终以得众而吉者，柔丽中正也。”（《易说·离》）这是说，六五爻辞虽然说有哭泣嗟叹等忧危之辞，但最终得吉，是因为六五阴爻居于上卦之中位的缘故。再比如夬卦九三爻辞有“有凶”之语，张载释曰：“不得中道，过壮或凶，故曰：‘有凶’。”（《易说·夬》）这是说九三爻辞没有处在中位——“不得中道”。

张载解经，善于运用经典互证。就《周易》而言，也是能运用其中的不同部分的内容进行交互诠释，这一点在中位说的运用中也有所体现。比如张载解释姤卦九五爻辞“以杞包瓜，含章，有陨自天”道：

> 杞之为物，根固于下；瓜之为实，溃必自内。九五以中正刚健含章宅尊，而遇阴柔浸长之时，厚下安宅，溃乱是防，尽其人谋而听天命者也。“以杞包瓜”，文王事纣之道，厚下以防中溃，尽人谋而听天命者欤！（《易说·姤》）

张载对这一爻辞的解释从逻辑思路到材料的引用和诠释都较为复杂。从中位说的角度来看，姤卦九五爻居上卦中位，但爻辞有“有陨自天”之语，张载将这一点和爻辞中的“瓜”相联系，认为“中”既象征瓜之“内”，“有陨自天”之“陨”指瓜“溃”，瓜溃必自内，这样将爻位、爻辞联系起来了。

从运用《易传》内容交互诠释的角度而言，张载所说的“厚下安宅”

本不是就姤卦而言，而是剥卦《象传》之辞。剥卦卦象䷖，一阳在上，五阴在下，按《彖》的解释，阳为阴所侵，阴盛阳衰，柔变刚则剥落。《象》云：“上以厚下安宅”。高亨先生解释说：“王侯大夫观此卦象及卦名，从而厚待庶民，厚待庶民则能取得庶民之拥戴，取得庶民之拥戴，则家不破而国不亡，可以安居而免于剥矣。”① “厚下安宅”本是说看到剥卦的卦象和卦义而得到启示所采取的行动及其效果。张载将此语移至解释姤卦九五爻处。姤卦卦象为䷫，一阴在下，五阳在上，张载认为这也是具有柔变刚的趋势——“遇阴柔浸长之时”。面对这一情况，就应该采取相应的行动，爻辞说“以杞包瓜”，张载解释说，杞是根柢生长坚固的植物，以此喻对处在最下位的阴爻进行相应的防治，使之不能继续浸长；瓜之溃乱从内部开始，所以九五爻居中位以警示人们防止从内部开始的溃乱——这就是所谓的“厚下安宅，溃乱是防”。做到这些，就可以“尽人谋而听天命”了。

张载这里以“内”释“中”，以《剥·象》释姤卦九五爻辞，已超出了《彖》《象》中位说的内容，更多的是体现了他自己的解易思想。

张载还将《系辞》论“中爻”的内容和“中位说”相联系来解易。如《姤·彖》有“刚与中正”一语，姤卦卦象为䷫，九二、九五为阳，分别居上下卦之中位，“刚遇中正”当指此言。② 张载对此的解释是：“非中爻不能备卦德，故曰‘刚遇中正’。”（《易说·姤》）“非中爻不能备卦德”取自《系辞》：“初辞拟之，卒成之终。若夫杂物撰德，辩是与非，则非其中爻不备。”此言初爻之辞乃拟其事物之开端，上爻之辞乃定其事之结局。至于此处“中爻”之所指，高亨先生认为，“中爻指二、三、四、五诸爻也。此言错杂其事物，具列其德性，辨别其是非，则非中间四爻不能完备也”。③ 按照高亨先生的观点，《系辞》所说的“中爻”并非指二五爻，而是指处在初、上之间的二、三、四、五“中间四爻”。但是张载认为《系辞》这里所说的“中爻”指二五爻，所以他解释《姤·彖》“刚遇中正”一语时引“非中爻不能备卦德”。这是将《系辞》解说“中爻”的内容和中位说相联系以解易。

---

① 高亨：《周易大传今注》，齐鲁书社 1998 年版，第 177 页。

② 同上书，第 283—284 页。

③ 同上书，第 441 页。

张载以《系辞》的“中爻”为“中位之爻”是对孔颖达观点的继承。孔颖达解释《系辞》“若夫杂物撰德，辩是与非，则非其中爻不备”道：

> 谓一卦之内，而有六爻，各主其物，各数其德，欲辨定此六爻之是非，则总归于中爻，言中爻统摄一卦之义多也。若非中爻，则各守一爻，不能尽统卦义，以中爻居一无偏，故能统卦义也。（《周易正义·系辞下》）

孔氏的这一解释是受王弼“一爻为主说”的影响。他认为一卦中六爻之义各自有各自的是非道理，但从一卦整体而言，六爻各自的不同是非道理都可以由中位之爻来统摄，这是因为中位之爻处中不偏的原因。这一说法其实是中位说与一爻为主说的结合。张载接受孔氏的这一观点，以“中爻”为“中位之爻”，认为中位之爻可以统一卦之义，“非中爻不能备卦德”，以此为根据，认为姤卦处中位之阳爻能表达一卦之义，所以《彖传》言“刚遇中正”。

四　承乘说及相比说

《彖》《象》释卦爻辞还有承乘说。此是说，一卦中，相邻两爻，在下者为承，在上者为乘。若上爻为阳，下爻为阴，为阴承阳，阳乘阴，为顺，得吉；若上爻为阴，下爻为阳，为阴乘阳，阳承阴，为逆，得凶。如小过卦，卦象为䷽，上卦六五阴爻乘九四阳爻，下卦六二阴爻承九三阳爻，故《彖》云：“‘不宜上，宜下，大吉’，上逆而下顺也。”再如震卦䷲，六二阴爻乘初九阳爻，六二《象》云：“‘震来厉’，乘刚也。”此是说，六二爻辞之所以说雷电来，若击人，其势危险，是因为六二阴爻在初九阳爻之上的缘故。六二爻以阴居阴，属当位，又居下卦之中位，且与上卦九四阴阳相应，但爻辞还是有“厉”，《象》使用承乘说来解释。可见，承乘说是对当位说、应位说和中位说的补充。

张载《横渠易说》对承乘说的运用比起应位说、当位说和中位说相对较少，但也是张载主要使用的解经体例之一。如震卦六五爻，其辞曰：“震往来厉”，张载解释道：“以其乘刚故危。”（《易说·震》）震卦䷲，六五阴爻居九四阳爻之上，属“乘刚”，张载以此来解释爻辞之“厉”。

张载运用承乘说，并不专以阴爻居阳爻之上为“乘刚”，阳爻在阳爻之上也构成“乘刚”。如鼎卦九三爻辞，有“亏悔”之语，张载的解释是：“以阳居阳，承乘皆刚，悔也。”（《易说·鼎》）鼎卦卦象为䷱，九三爻在九二阳爻之上，属乘刚；又居九四阳爻之下，属以刚承刚，张载认为这是有悔的原因。再如大壮九三爻辞有“贞厉”之辞，张载解释说：“以阳居阳，正也，然乘下之刚，故危。”大壮卦卦象为䷡，九三爻以阳居阳，属当位，又与上六阴阳相应，但爻辞却有危辞，张载认为这是因为九三爻在九二之上，形成“乘刚”的情况，所以爻辞说“贞厉”。

与承乘说相关，此处附带介绍张载解易的另一种体例——“比”的思想。凡逐爻相连并列者谓“比”。如初与二比，二与三比，三与四比，四与五比，五与上比即是。两爻互比之际，也体现着“承”、“乘”现象。例如初六与九二相比，则初以阴承阳；九二与六三相比，则三以柔乘刚。爻位互比的关系，象征事物处在相邻环境中的作用与反作用，往往在其他因素的交互配合下影响着爻义的吉凶。

以“比”的思想解易与《周易》比卦有关。比卦卦象䷇，下坤上坎，《序卦》云：“众必有所比，故受之以比。比者，比也。”《子夏易传》释作“亲比”。后世解比卦，多以相邻之爻象亲比之象，如王弼注六三爻辞“比之匪人”云：“四自外比，二为五贞，近不相得，远则无应，所与比者，皆非己亲，故曰：‘比之匪人’。”此是说，与六三爻相邻的两爻，上有六四爻，但六四爻辞说：“外比之”，王弼认为这是说六四爻与九五爻相比，而不和六三爻相比，所以是“外比”；下有六二爻，但六二爻辞和九五爻辞都有“贞吉”一语，既得中得位，又阴阳相应，所以六二也不和六三相比。如此一来，六三爻上下都不能相比，故爻辞说“比之匪人”。

古代易学家以两爻相比的思想解易不局限于比卦，如王弼就将“比”的思想应用于解释其他卦。贲卦六二爻辞云：“贲其须。”王注云：“得其位而无应，三亦无应，俱无应而比焉，近而相得者也。”贲卦卦象为䷕，六二爻以阴居阴，属当位，但第五爻为阴，不能相应；与六二相邻之九三爻与上九也不能形成相应，六二、九三俱无应，故相比。爻辞“贲其须”即指此而言。可见，相比说是对应位说、当位说及中位说的补充。

张载解易的内容中“比”的体例也较为常见。如随卦九四爻辞云：“随有获，贞凶。”张载的解释是：“以阳居阴，利于比三则凶也。”（《易说·随》）随卦卦象为䷐，九四虽然与六二有应，又在六三阴爻之上，是刚乘柔，但是以阳爻居阴位，下与六三阴爻相比，故为凶。在如复卦䷗，六二爻辞云："休复，吉。"《象》云："'休复'之'吉'，以下仁也。"张载解释道："下比于阳，故乐行其善。"（《易说·复》）这是说这一爻之所以"下仁"、"得吉"，是因为和初九爻相比——"下比于阳"。再如涣卦䷺，初六爻辞云："用拯马，壮吉。"张载解释道："处险之下，故必用壮，无应于上，顺比九二之刚，拯而马壮，其吉宜也。"（《易说·涣》）涣卦下卦为坎，坎，险也，初六居下卦之下位，故张载说："处险之下。"涣卦六四也是阴爻，与初六不能相应，此即"无应于上"。而与初六相邻之爻为九二，形成相比，故得吉。此处与其说是相比，毋宁说是承乘。可见，在张载这里，相比说也是作为应位说、当位说的补充，这是对王弼相比说的继承。

五　往来说

往来说是《彖传》提出的，是指一卦之中各爻可以上下往来，由上到下为来，由下往上为往，以此来说明卦义及卦辞之吉凶。如随卦䷐，震下兑上，《彖》云："刚来下柔，动而悦，随。"是说上卦之阳爻来到下卦阴爻之下，成为下震上兑，震为动，兑为悦，构成随卦。再如无妄卦䷘，震下乾上，《彖》云："刚自外来而为主于内"，是说，上卦乾为刚，乾之阳爻来到下卦震之下爻，成为初九，并统帅六二、六三两阴爻，此即"为主于内"。震为动，乾为健，这就是卦辞所说的"动而健"，进而解释卦辞"无妄，元亨，利贞"。再比如贲卦䷕，《彖》说："柔来而文刚，故亨。"是说，上卦之阴爻来到下卦二阳之中，用来文饰阳，以此来解释贲卦卦名及亨通的原因。

张载对往来说的应用比较多，他自己也解释《彖》所说的"往来"道："凡言'往'者，皆进而之上也。"（《易说·丰》）而且有些内容是直接引用《彖》往来说解易，如《随·彖》说"刚来下柔"，张载云："上九，下居于初也，故曰：'刚来下柔'。"（《易说·随》）这是对《彖》的直接应用。张载据此，将刚柔往来说也用于解释其他卦，如损卦上九，爻辞有"弗损益之"一语，张载解释道："上九本为九三，虽为损下，其实上行，故云：'弗损益之'。"（《易说·损》）是说，损卦上九爻本在第三爻处，上行至第六位，这就是爻辞所说的"弗损益之"。再比如节卦初九，爻辞云：“不出户庭，无咎。”张载的解释是：“见塞于九二，故不出。”（《易说·节》）节卦卦象为䷻，张载是说初九爻欲上行，但遭九二爻阻隔，不得上行，故爻辞说“不出户庭”。再比如大畜九三，爻辞云：“良马逐，利艰贞，曰闲舆卫，利有攸往。”张载解释道：“不防舆卫而进历二阴，则或有童牿说（辐）【輹】之害，不利其往也。”这里释“闲”为“防”。大畜卦卦象䷙，张载认为，九三爻辞所说的“利有攸往”是指九三上行至上九，要经过六四、六五二阴爻，是谓“进历二阴”。张载的往来说解大畜九三爻辞，其实更多的是对王弼注的继承。王注云：

> 凡物极则反，故畜极则通。初二之进，值于畜盛，故不可以升。至于九三，升于上九，而上九处天衢之亨，途径大通，进无违距，可以驰骋，故曰：“良马逐”也。履当其位，进得其时，在乎通路，不忧险厄，故“利艰贞”也。闲，阂也。卫，护也。进得其时，虽涉艰难而无患也，舆虽遇闲而故卫也。与上合志，故“利有攸往”也。（《周易正义·大畜》）

王弼此处不仅仅以九三爻为上行，他认为初九爻和九二爻都是上行的，但由于他们处在“畜盛”之时，不能上行而已。但是九三爻向上九行进就不同了，上九爻辞说：“何天之衢”，王弼以“衢”为通衢大道，故九三上行就会很通畅，并以此解释“良马逐”。张载也以九三上行至上九爻解说，这是继承了王弼的往来说。王弼以九三与上九“合志”解释“利有攸往”，而张载则以《彖》之“往来”解释“利有攸往”之“往”，张载也说“凡言‘往’者，皆进而之上也。”（《易说·丰》）所以他以九三上进为“利有攸往”，这是与王弼不同的，也是张载解经的特点之一。

六　一爻为主说

一爻为主说，就筮法而言，来源于变卦说，即本卦变为之卦，以可变之爻断一卦之吉凶。后《彖传》解经，便用一爻为主说，如屯卦䷂，卦辞云：“元亨利贞”，又说：“利建侯。”《彖》云：“刚柔始交而难生”，处此之时“宜建侯”。这里的“刚柔始交”指初九爻和六二爻开始交接，所以初九爻的爻辞也说“利建侯”。按此说法，屯卦整卦的卦义取决于初九爻。再比如需卦䷄，卦辞为“有孚，光亨，贞吉。”《彖》云：“位乎天位，以正中也。”这是就九五爻而言，指九五爻以阳居阳，处上卦中位。而九五爻辞亦有“贞吉”之语，故《彖》是以九五爻为整卦卦义。

一爻为主说后被京房发展为“定吉凶，只取一爻之象”（《京氏易传·姤》）的理论。王弼解易十分注重一爻为主说，其内容包含有三种情况：其一，指爻辞与卦辞相联系的一爻；其二，指居中位之爻，即二五爻；其三，指一卦之中唯一的阴爻或阳爻。①

张载解易的过程中“一爻为主说”运用的较少，只有十余条。张载对一爻为主说的应用，更注重以中爻尤其是第五爻为一卦之主，这一情况在张载一爻为主说解经的内容中占到近一半。现列举如下：

1. 剥卦

> 六五为上九之肤，能下宠众阴，则阳获安而无不利矣。异于六三者，以其居尊制裁，为卦之主，故不云“剥之”也。（《易说·剥》）

此是以六五爻为一卦之主，袭自王弼。王弼注云：“处剥之时，居得尊位，为剥之主者也。‘贯鱼’，谓此众阴也。”剥卦六五爻辞云：“贯鱼，以宫人宠，无不利。”张载继承王弼的说法，认为六五上承上九阳爻，又居九五尊位，下宠众阴，故为一卦之主。

2. 涣卦

> 为涣之主，使物遍被其泽，正位凝命，可以免咎，不私于应，故能均布其大号也。涣然廓大，以王道自居乃无咎。（《易说·涣》）

这是以涣卦九五爻为一卦之主。涣卦☴☵，九五爻辞云：“涣汗其大号。涣，王居无咎。”王弼注云：“为涣之主，唯王居之，乃得‘无咎’也。”张载继承王弼之说。

3. 既济卦

> 九五既济之主，举上与下，其义之得不言而著也。（《易说·既济》）

① 参见朱伯崑《易学哲学史》第一卷，昆仑出版社2005年版，第287—289页。

既济䷾，九五爻辞云：“东邻杀牛，不如西邻之禴祭，实受其福。”张载以此爻为一卦之主。“上下”分别指上六爻和六四爻，上六爻辞有“厉”，张载认为这是“过于济”；六四爻辞有“戒”，张载认为是“几于中”，只有九五爻“济而合礼，虽薄受福”，故为一卦之主。

以上都是张载以“尊位”第五爻为一卦之主，张载也以第二爻为一卦之主的，但他更多的是根据其爻辞与《象》的联系来判定，而主中爻的意味爻次一等。张载解释蒙卦：

> 蒙卦之义，主之者全在九二，《彖》之所论，皆二之义。（《易说·蒙》）
>
> 九二以下卦之中主卦德，故曰“子克家”。（《易说·蒙》）

蒙卦卦象䷃，《蒙·彖》有“时中”、“志应”及“刚中”之语，张载认为这是在说“九二之义”——九二阳爻居下卦之中，又与上卦六五相应。故以九二为一卦之主。这是继承了王弼的说法，王注也说：“二为众阴之主。”张载又以九二爻辞中“子克家”为证，认为爻辞所说子能升任持家，即意味着成为一家之主，以此喻九二爻为一卦之主。

根据《彖》定一卦之主，还表现在对履卦的判定上。履卦䷉，《彖》云：“柔履刚”，显然是指六三爻而言。王弼也以此为由认为六三爻为一卦之主。六三爻辞云：“武人为于大君”。张载也据此说：“大君者，为众爻之主也。”

王弼还以一卦之中的唯一一阴爻或一阳爻为一卦之主，张载以此来解小畜卦。小畜卦䷈，五阳一阴，王弼以唯一阴爻六四爻为一卦之主。张载也说：“六四为众阳之主”（《易说·小畜》），也是取自王弼。

就张载对一爻为主说的应用而言，对王弼还是有所发展。王弼推崇一爻为主说，但一爻为主说不能适用于所有的卦，于是王弼又以“二体说”即“上下卦说”作为一爻为主说的补充。王弼在《周易略例·明彖》所言：“或有遗爻，而举二体者，卦体不由乎爻也。”“遗爻”，即抛开一爻为主。“二体”，指一卦上下两体，以此确定其卦义。[1]

---

[1] 参见朱伯崑《易学哲学史》第一卷，昆仑出版社2005年版，第291页。

王弼所说的“二体说”也是源于《彖》以上下卦解卦义，王弼以此为一爻为主说的补充。但张载在此基础上将一爻为主说和二体说相结合来解经，可以说是对王弼解易体例的发展。

随卦䷐，下震上兑，《彖》云：“刚来而下柔，动而说”——下卦为震，震为动，为刚，上卦为兑，兑为悦，为柔，为这是以上下卦解卦义。其初九爻辞云：“官有渝，贞吉，出门交有功。”张载解释道：“处随之初，为动之主，心无私系，故能动必择义，善与人同者也。”（《易说·随》）张载首先肯定了上下卦说，以下卦为震，为动，但在此基础上他又提出初九爻为下卦之主——“为动之主”，这是将二体说与一爻为主说的结合，又以心无偏私、选择道义采取行动解释爻辞“出门交有功”，又体现出义理解易的特征。

再如遁卦䷠，张载释九三爻辞道：“为内之主，得位之正，立爱其下。”意即九三爻以阳居阳，为内卦之主，能够爱护下面的两阴爻。这里还是分上下卦，然后以某一爻为上卦或下卦之主，是二体说与一爻为主说的结合。

就以上所举的两卦而言，张载的这种“二体说中的一爻为主说”有一个特点，就是并不以下卦的中爻为主爻，而是以下卦三爻中唯一的一阳爻为主爻，这一方面是受《易传》崇阳抑阴思想以及“阳卦多阴，阴卦多阳”说的影响，另一方面是继承了王弼“少者多之所贵，寡者众之所宗”的说法，反映在张载的哲学中，就是“阴阳有主次”的观点。[①]

第三节　取义兼取象与卦变说

一　取义兼取象

取义说在春秋时期就已经存在，此说是以卦名的意义和德行说明卦象，并以此来解释卦爻辞，从而推断所占之事的吉凶。[②] 易学中的义理学派便是以取义说为依据发展而来。

张载作为宋易义理学派的代表人物之一，自然十分注重取义说，但是他也不回避取象说，通常是取义与取象兼有。

---

① 参见本书第五章第三节“一物两体者，气也”相关内容。

② 参见朱伯崑《易学哲学史》第一卷，昆仑出版社2005年版，第29页。

就取义而言，张载对卦名的解释就是从取义的角度出发，如他解释屯卦："屯，聚也。"（《易说·屯》）释蒙卦："蒙，昏蒙也。"（《易说·蒙》）这是从卦义的角度解释。

张载对《系辞》"观象制器"章列举的诸卦卦义的解说也多从取义角度出发加以解释。朱熹在《周易本义》中也对此章所举诸卦有所解说，我们在此将二人的解释不妨放在一起加以考察，以期张载之说更为明晰。

该章总共论述圣人制器所观之象十二卦，看张子之解释并与朱子相比较：

1. 离卦☲

原文：作结绳而为罔罟，以佃以渔，盖取诸离。

张注：柔附于物，饮血茹毛之教，古所先有。（一作无有）

朱注：两目相承而物丽焉。

按：张载取义，离卦为阴、为柔，离，丽也，附丽的意思；朱熹取象。

2. 益卦☴

原文：包牺氏没，神农氏作，斫木为耜，揉木为耒，耒耨之利以教天下，盖取诸益。

张注：天施地生而损上益下，故播种次之。

朱注：二体皆木，上入下动，天下之益，莫大于此。

按：张载取义，朱熹先分上下卦取象，后取上下卦卦义。

3. 噬嗑☲

原文：日中为市，致天下之民，聚天下之货，交易而退，各得其所，盖取诸噬嗑。

张注：聚而通货、交相有无次之。

朱注："日中为市"，上明而下动。又借噬为市，嗑为合也。

按：张载取义，朱熹分上下卦，再取义。

4. 乾坤☰☷

原文：黄帝、尧、舜垂衣裳而天下治，盖取诸乾坤。

张注：君逸臣劳。上古无君臣尊卑劳逸之别，故制以礼，垂衣裳而天下治，必是前世未得如此，其文章礼乐简易朴略，至尧则焕乎其有文章。

朱注：乾坤变化而无为。

按：张载取义，以乾坤为君臣尊卑；朱熹以老庄义理释之。

5. 涣卦䷺

原文：刳木为舟，剡木为楫，舟楫之利以济不通，致远以利天下，盖取诸涣。

张注：舟车之作，舟易车难，故舟先于车。

朱注：木在水上也，“致远以利天下”，疑衍。

按：张载没有直接解卦，但从义理释原文；朱熹取象。

6. 随卦䷐

原文：服牛乘马，引重致远，以利天下，盖取诸随。

张注：不劳而得其欲，故动而悦。【取诸随】

朱注：下动上悦。

按：张载取义，但又以上下卦之卦义释之；朱熹以上下卦卦义解释。

7. 豫卦䷏

原文：重门击柝，以待暴客，盖取诸豫。

张注：有备则无患，盖取诸豫。

朱注：“豫”，备之意。

按：两人都取义。

8. 小过䷽

原文：断木为杵，掘地为臼，臼杵之利，万民以济，盖取诸小过。

张注：备以致用，过以养物。【小过】

朱注：下止上动。

按：张载取义，朱熹取上下卦之义。

9. 睽卦䷥

原文：弦木为弧，剡木为矢，弧矢之利以威天下，盖取诸睽。

张注：养道虽至，禁纲尚疏，但惩其乖乱而已。

朱注：睽乖然后威以服之。

按：两人都取义。

10. 大壮䷡

原文：上古穴居而野处，后世圣人易之以宫室，上栋下宇以待风雨，盖取诸大壮。

张注：刚以承上，柔以覆下，上其栋下其宇之象。栋，屋脊槫也；宇，椽也。若指第二槫为栋，则其间已有宇，不得为上栋也。若指栿为栋，又益远矣。宇两垂而下，故言“下宇”。

朱注：壮固之意。

按：张载取象，朱熹取义。

11. 大过䷛

原文：古之葬者，厚衣之以薪，葬之中野，不封不树，丧期无数，后世圣人易之以棺椁，盖取诸大过。

张注：无。

朱注：送死大事，而过于厚。

按：张载无注，朱熹取义。

12. 夬卦䷪

原文：上古结绳而治，后世圣人易之以书契，百官以治，万民以察，盖取诸夬。

张注：礼教备，养道足，而后刑可行，政可明，明而不疑。备一作修。

朱注：明决之意。

按：两人都取义。

由上面的对照可见，张载对以上诸卦的解释多主取义说，但也有取象说的内容，反映了张载取义兼取象的特点。

就取象而言，张载对卦义的解释也有从取象出发的。张载说：

> 易大象皆是实事，卦爻小象则容有寓意而已。言“风自火出家人”，家人之道必自烹饪始；风，风也，教也，盖言教家人之道必自此始也。又如言“木上有水井”，则明言井之实事也。又言“地中有山谦”，夫山者崇高之物，非谦而何！又如言“云雷屯”，云雷皆是气之聚处，屯，聚也。(《易说·谦》)

《大象传》都是通过分析上下卦所象之物推出卦义，张载认同《大象传》的这一思路，指出《大象传》所说“皆是实事”，卦义则是由这些“实事”而出。因此，张载重视取象，他以家人卦为例，家人卦卦象䷤，下离上巽，离为火，巽为风，故《象》云“风自火出”。“风自火出”有烹饪之象，张载说“家人之道必自烹饪始”，这就是由风火之象得出家人之义。张载还举谦卦为例，谦卦卦象为䷎，下艮上坤，艮为山，坤为地，故《象》曰："地中有山。"山本为崇高之物，今隐匿于地中，是自谦之象，故该卦表谦逊之义。

以上也可以看出，张载重取象，但最终目的还是要得出象中所含之义，张载作为义理派，毕竟还是以义理为其旨归。所以他在取象的同时，时时不忘取义。如上文所述家人卦，张载虽然取"风自火出"烹饪之象，但后又言"风，教也"——转向以义理解说。这一点还体现在张载对"二体说"的"取义改造"。

"二体说"是指一卦上下两体，以此确定其卦义。如归妹卦䷵，下兑上震，王弼注曰："妹者，少女之称也。兑为少阴，震为长阳，少阴而承长阳，说以动，嫁妹之象也。"此是以上下二体解卦义。这种方式很难将其归于取义还是取象，王弼虽然排斥取象，但他运用的"二体说"，很难和取象说划清界限。① 张载继承了"二体说"，但他对"二体说"的运用又与王弼有所不同，王弼是从上下两卦之联系来推出卦义，如说归妹卦"少阴承长阳，说以动"，但张载则只取上卦或下卦之卦义，和爻位相结合，以此来解释爻辞。如张载解说贲卦六四爻道："以阴居阴，性为艮止，故志坚行洁，终无尤累。"（《易说·贲》）贲卦卦象为䷕，下离上艮。从二体角度而言，六四爻居上卦，贲卦上卦为艮；将"二体"区分开来之后，张载则从取义角度释艮为止，认为六四爻"性为艮止"，故"终无尤累"。再如其释咸卦九五，道："九五处悦之中"，这是以咸卦上卦为兑，释兑为悦，取其卦义。张载的这一解经方式在其著作中较为多见，一般情况下，都是取上卦或下卦的卦义，如释乾为刚或健，释坤为柔或顺，释艮为止，释震为动，释坎为险，释离为丽，释巽为顺，释兑为悦；然后再结合爻位来解释爻辞。这种方式已经"忽略"了上下卦之间的联系，仅仅是从上卦或下卦"一体"出发，并取其卦义，严格来说，应归为取义说。

综上，张载作为宋代易学义理学派的代表之一，在取义的同时不回避取象，这一方面是受唐代易学取象说的影响，另一方面，也反映了张载对象义关系的理解。

就唐代易学的影响而言，主要来自崔憬和孔颖达。如对中孚卦的解说，《周易集解》载崔憬的说法："流风令于上，布泽惠于下，中孚之象

① 朱伯崑：《易学哲学史》第一卷，昆仑出版社 2005 年版，第 291 页。

也。”中孚卦卦象䷼，下兑上巽，兑为泽，巽为风，崔说主取象，但已经带有向取义过渡的意味，因为在崔憬的说法中“风”、“泽”已不单是自然现象，而是有风化、恩泽的意义。张载对中孚的解释是：“中孚，上巽施之，下悦承之，其中必有感化而出焉者。”（《易说·中孚》）意即风施之于上，泽承之于下，必有感化之事出。这是对崔憬义的继承。[①]

张载受孔颖达的影响，如对天地乾坤的解释，《周易正义》载孔颖达的说法：“若天不刚阳，地不柔阴，是乾坤之体，不得定也。”张载则说：“阴阳言其实，乾坤言其用，如言刚柔也。”（《易说·系辞》）又说：“先分天地之位，乾坤立则方见易。”（《易说·系辞》）此是说，先有天地之位，后有乾坤卦象；天地的实质是阴阳二气，其作用或德性为乾坤，即刚健和柔顺。按此说法，乾坤两卦的卦义来源于天地阴阳之象。张载的这一说法本于孔颖达。[②]

张载的取义兼取象的解经方式也本于他对象义关系的理解。张载认为一卦之义即存于卦象和所取的物象之中，卦爻辞是用来说明卦象的，玩味一卦之象，方能理解其卦义——“象谓一卦之质”。这一观点是以象为主体，认为义存于象中，辞所以说象，主张观象以求其意。如张载对屯卦的解释：“云雷皆是气之聚处，屯，聚也。”（《易说·屯》）这里虽然最后得出屯为“聚”的意义，似乎是取义说，但“聚”的意义却是来源于卦象——“云雷皆是气之聚处”。

这和王弼、程颐的观点是不同的。王弼注乾卦九三爻云：

> 夫易者，象也；象之所生生于义也。有斯义，然后明之以其物，故以龙叙乾，以马叙坤，随其事义而取象焉。（《周易正义·乾》）

王弼的观点是象由义生，先有义，后有象，象是用来说明义的，是作为手段而使用，故可以“随义取象”，义才是目的。王弼的这一见解被程颐概括为“假象以显义”。程氏在《程氏易传·序》中也说：“吉凶消长之理，进退存亡之道，备于辞。推辞考卦，可以知变，象与占在其中矣。”在程颐看来，《周易》所包含的义理是由卦爻辞来表达的，通过对

---

① 朱伯崑：《易学哲学史》第一卷，昆仑出版社 2005 年版，第 292 页。

② 同上书，第 293 页。

卦爻辞的考察便可以知义，象也就被包含在其中了——并不把象作为主体。

同是义理学派的张载和程颐在象义关系上出现不同的倾向，这和他们各自的哲学思想是相联系的，即气本论和理本论的对立。①

二　卦变说

张载解经也运用了卦变说。如其释渐卦九三爻辞云：

> 渐卦九三、六四易位而居，三离上卦，四离下体，故曰："夫征不复，妇孕不育"，然相与之固，物莫能间，故利用御寇也。"征不复"者，变为艮且得位也，如六四之得桷；三四非正合，故曰"失其道"也。（《易说·渐》）

又释六四爻辞道：

> 木非鸿所居，如四之易位而在上也，然本坤之爻，进而为巽，故或得其桷，居之可安也。（《易说·渐》）

渐卦卦象为䷴，下艮上巽。按照张载的说法，九三爻和六四爻的位置本来是互换的，如此一来，就成了否卦䷋，下坤上乾。张载认为渐卦䷴是由否卦䷋的九四爻和六三爻互换位置而来，并以此来解释爻辞。

再比如张载释归妹卦《彖》"归妹，天地之大义，天地不交而万物不兴"道：

> 泰之九三进而在四，六四降而在三，故曰"天地之大义"也。（《易说·归妹》）

归妹卦卦象为䷵，下兑上震。按张载的解释，归妹卦䷵是由泰卦䷊变化而来，泰卦九三爻上升，六四爻下降，二爻互换位置，即为归妹䷵。泰卦象征天地相交，故《彖》云"天地之大义"。

---

① 参见本书第五章第二节"凡象皆气"相关内容。

张载以卦变说解易和王弼、孔颖达是不同的。朱伯崑认为，张载的卦变说，“当是受了程颐的乾坤卦变说的影响”。[①] 笔者以为，张载的卦变学说，与其说是受程颐乾坤卦变说的影响，毋宁说是对汉易卦变学说的继承。程颐所主的乾坤卦变说和张载的卦变说是有根本区别的。《程氏易传·贲》道：

卦之变，皆自乾、坤，先儒不达，故谓贲本是泰卦，岂有乾坤重而为泰，又由泰而变之理？……乾坤变而为六子，八卦重而为六十四，皆由乾坤之变也。

可见，程颐是不主张由泰卦或否卦变为某卦的，而是认为由乾坤变六子卦，然后八卦重为六十四卦，这一说法本自《易传》。而张载的卦变说与汉易中的说法，尤其是荀爽的乾升坤降说更为接近。

荀爽的乾升坤降说是指，一卦之中，不同位置的两爻可以升降互易，变为其他卦。如他释困卦云：“此本否卦，阳降为险，阴升为说也。”[②] 困卦卦象为䷮，下坎上兑，荀爽认为这是由否卦䷋变化而来，否卦上九爻下降至第二爻，六二爻上升至上爻，一升一降，则成困卦，下坎上兑，坎为险，兑为说，此即“阳降为险，阴升为说”。

又释井卦卦辞“往来井井”说：“此本泰卦。阳往居五得坎，为井。阴来在初，亦为井。故曰往来井井。”[③] 井卦卦象为䷯，荀爽认为这是由泰卦䷊变化而来，泰卦初九上升居五爻之位，上卦变为坎卦，坎为水，由井之象；六五爻下降至初位，全卦变为䷯，成为井卦。荀爽以此来解释“往来井井”。荀爽的卦变说即是由乾升坤降说发展而来，后并被虞翻大加推崇和发挥。张载的卦变思想，当是吸收了荀爽等汉代易学家的学说，表现出了不同于王弼的思想内容。朱伯崑指出，张载“吸取卦变说的目的，是取八卦所象征的事物，特别是天地之象，以解说卦爻辞的意义”[④]。

---

① 朱伯崑：《易学哲学史》第二卷，昆仑出版社 2005 年版，第 289 页。

② 李道平：《周易集解纂疏》，中华书局 2004 年版，第 421 页。

③ 同上书，第 430 页。

④ 朱伯崑：《易学哲学史》第二卷，昆仑出版社 2005 年版，第 290 页。

第四章

张载解易特征

张载解易的主要目的是通过对易理的阐发来弘扬儒家的价值理想，是属于典型的义理派，但他在解释《周易》的过程中又体现了自身的一些特征。北宋象数易学发达，比张载稍前，以刘牧为代表的图书学派也甚为流行；与张载交游甚密的邵雍也是数学派的典型代表，这对张载易学有一定的影响，在张载易学中体现出义理为主，兼顾象数的特征。张载也继承了孔子“观其德义”的解易思想，提出“撰德于卦”、“易为君子谋”，体现出从道德立场解易的特色。张载解易还善于借鉴、融汇其他历史经典文献中的思想资源，表现在形式上，就是《横渠易说》大量引用“四书”等其他经典文献的内容。

第一节　义理为主　兼顾象数

张载是宋代易学中义理派解易的代表之一，他的著作中处处体现出义理解经的特色。这一点我们在前文的论述中已经有较多涉及。在《周易》观上，张载不以其为卜筮之书，而是认为《周易》是讲天道人事的哲理之书，“性与天道合一”于易。就卜筮而言，张载并不以占筮为向神灵卜问吉凶祸福——“占非卜筮之谓”，而是依据卦爻辞中的义理，决疑惑，断吉凶，从而指导人的行动。张载对于吉凶的解释和人的道德水平相联系，提出“易为君子谋”，只有道德高尚的人才能趋吉避凶。就其解经体例而言，他在运用刚柔说、爻位说、卦变说等体例解易的同时，渗透着义理在其中。张载重视取象，但他不是单纯为取象而取象，而是主张通过对“象”的考察而得到其中蕴含的义理。张载继承和发展了易学史上的气论思想，建立了以气为核心的理论体系。宋代易学图书之学流行，张载解释《系辞》“河出图，洛出书，圣人则之”道：“作易以示人，犹天垂象见吉凶；作书契效法，犹地出图书。”（《易说·系辞》）意思是圣人效法河图洛书发明了文字，其作易，与河洛并无直接关系，不以八卦来于河图洛书。[①] 这些都表明了张载的义理派立场，义理解易贯穿张载易学的始终。

但是张载的易学中也不乏象数的内容，义理为主，兼顾象数——这是张载解易的主要特征之一。前文在论述张载解易体例时已涉及张载易学中的象数内容，如张载对取象说的运用，即是受唐代象数易学的影响。张载重象，说“象谓一卦之质”。他所主之象不仅指卦象，还包括物象。这和张载“凡象皆气”的哲学思想是相联系的。另外，张载解易还运用了卦变说，在解说随、噬嗑、损、益、渐、归妹等卦时都运用了卦变思想，这又是对汉易象数派学者荀爽、虞翻解易思想的继承。关于这两点的具体内容前文已述，这里不再重复。

如果说取象说和卦变说体现了张载易学的“象”的内容，那么张载对“易数”的阐释则是其易学中“数”的内容了。

一 天本无“数”

首先需要指出的是，张载对于“数”是持否定态度的。张载说：

> （夫）〔天〕混然一物，无有终始首尾，其中何数之有？（《易说·系辞》）

张载这里所说的“天”其实是指“太虚之气”——“由太虚，有天之名”。（《正蒙·太和》）太虚之气是连续性存在，混然一整体，没有终始首尾，当然是无所谓“数”的。张载的这一思想和宋易中以邵雍为代表的数学派的观点针锋相对。邵雍认为：

> 易之数，穷天地始终。或曰：“天地亦有终始乎？”曰：“即有消长，岂无终始？天地虽大，是亦形器，乃二物也。”（《观物外篇》）

邵雍认为，易数能够穷究天地首尾终始，因为在他看来，天地虽大，也是属于自然存在的实有之物，天地既然有消长运行，自然就有数蕴含其

① 朱伯崑：《易学哲学史》第二卷，昆仑出版社 2005 年版，第 284 页。

中，可以通过数对其加以把握。邵雍易学以数为宗，主张“数生象”，在奇偶之数的基础上讲卦象的变化，这和张载“凡象皆气”的气本论形成对立。

实际上，“数”是构成《周易》系统的要素之一，《易传》论“数”的内容也体现出“数”在《周易》系统中的重要性，这是张载所不能回避的。《系辞》论“天地之数”说：“天一，地二，天三，地四，天五，地六，天七，地八，天九，地十”，张载道：“〔此〕言（者）特示有渐尔，理须先数天，又〔必〕须先言一，次乃至于十也。”（《易说·系辞》）此是说，天地虽是气化流行，但也是需要一个过程的——“有渐尔”，即张载所说的气之“推行有渐”。（《正蒙·神化》）朱熹对“推行有渐”的解释是：“逐一挨将去底，一日复一日，一月复一月，节节挨将去。”① 照此说法，张载的本义是，《系辞》所说的“天一，地二”等数，是对阴阳二气“推行有渐”这一过程所作的人为的描述，是对气化的数字化表达，并不是说数就是先验存在的。张载论数，都是在这一前提下进行，这是我们论述张载易学中“数”的内容需要首先明确的一点。

张载以数为气化过程的描述是继承了李觏的观点。李觏在其《删定易图序论·论一》中说道：“夫天一至地十，乃天地之气降出之次第耳。……五十有五者，盖圣人假其积数以起算法，非实数也。”这是说《系辞》的“天一，地二……”之说，仅仅是在说明天地之气升降运行的次序而已，这里的天地之数是序数词，而非基数。张载当是继承了李觏的这一说法，认为气化本来与数无关，《系辞》言天地之数仅仅是用数字表示气化过程的次序而已——“此言特示有渐尔”。

二 “大衍之数”即“天地之数”

《易传》论“数”，主要集中在《系辞》“大衍之数”章：

> 大衍之数五十，其用四十有九。分而为二以象两，挂一以象三，揲之以四以象四时，归奇于扐以象闰；五岁再闰，故再扐而后挂。天

---

① 黎靖德编：《朱子语类》卷九十八，中华书局1986年版，第七册，第2512页。后只注卷数及页码。

一，地二，天三，地四，天五，地六，天七，地八，天九，地十。天数五，地数五。五位相得而各有合，天数二十有五，地数三十，凡天地之数五十有五，此所以成变化而行鬼神也。《乾》之策二百一十有六，《坤》之策百四十有四，凡三百六十，当期之日。二篇之策，万有一千五百二十，当万物之数也。是故四营而成《易》，十有八变而成卦，八卦而小成。引而伸之，触类而长之，天下之能事毕矣。显道神德行，是故可与酬酢，可与祐神矣。子曰："变化之道者，其神之所为乎。"①

这一章内容涉及《周易》揲蓍求卦的方法，这一过程中每一步骤及蓍策之数字皆与天地万物之道相应，涉及的"易数"包括三类——"大衍之数"、"天地之数"和"策数"。历代易学家通过对这些"易数"的阐释，将其由筮法概念提升为哲学概念。但是历代注家对这里的易数的解释又有不同，其中争议最大的当属"大衍之数"与"天地之数"的关系问题。

"天一，地二……此所以成变化而行鬼神也"一节朱熹《本义》将其置于"大衍之数"一节之前，孔颖达《正义》置于"大衍之数"之后，但二人都认为是解释"大衍之数"的。朱伯崑先生也认为"大衍之数"和天地之数是有关的。② 可是这里的"大衍之数"为五十，天地之数为五十五，相差五。对此，后人有多种解释。《周易正义》引姚信、董遇的说法："天地之数五十有五者，其六以象六画之数，故减之而用四十九。"此说认为大衍之数五十，当为五十有五。其用四十有九，是说，其六不用，以象六爻。金景芳先生从此说，认为《系辞》转写脱去"有五"二字。③ 高亨先生同意此说。④《周易正义》还引京房和郑玄的说法。京房说："五十者，谓十日，十二辰，二十八宿也，凡五十。其一不用者，天之生气将欲以虚来实，故用四十九焉。"汤用彤先生认为此处的"生气"

① 该章"天一，……地十"一句本不在此，据包括张载在内的历代学者认定，为错简，今移正。

② 参见朱伯崑《易学哲学史》第一卷，昆仑出版社 2005 年版，第 69—70 页。

③ 金景芳：《周易讲座》，吕绍纲整理，广西师范大学出版社 2005 年版，第 43 页。

④ 参见高亨《周易大传今注》，齐鲁书社 1998 年版，第 394 页。

当为“主气”。[1] 郑玄说：“天地之数五十有五，以五行气通，凡五行减五，大衍又减一，故用四十九也。”朱伯崑同意京房、郑玄以大衍之数为五十之说，并指出天地之数的提出是出于对大衍之数的解释。[2] 张载对此的看法是：

“大衍之数五十，其用四十有九”，天地之数也，一固不为用。（《易说·系辞》）

这是说，大衍之数就是天地之数。张载还说：

参天两地，五也。一地两，二也。三地两，六也，坤用。五地两，十也。一天三，三也。三天三，九也，乾用。五天三，十五也。凡三五乘天地之数，总四十有五，并参天两地（者）〔自然之〕数（之）五，共五十。虚太极之一，故为四十有九。（《易说·系辞》）

参即三，两即二，“参天两地”语出《说卦》。“虚太极之一”本自王弼说，以不用之一为太极，但张载太极之含义与王弼太极之含义有根本不同，留待后文详述。就整段文意而言，张载认为，地两，加三地两所得之六，加五地两所得之十，为十八；天三，加三天三所得之九，加五天三所得之十五，为二十七。十八加二十七，总四十五。再加上天三与地二，得五十——和大衍之数相同。[3] 张载以“参天两地”倍以三、五，推出大衍之数，这和《系辞》本身所说的“天数二十有五，地数三十，凡天地之数五十有五”是不一样的。张载所说的“凡三五乘天地之数”中的“天地之数”是指“天三地二”，分别和三、五相乘，其和为四十五，再加上“参天两地”之“五”，即为大衍之数五十。而《系辞》所说的“天地之数五十有五”则是数字一至十奇偶之数的总和。张载的这一说法一方面是源自对《系辞》“参伍以变，错综其数”的发挥，另一方面可能是

① 参见汤用彤《王弼大衍义略释》，载《魏晋玄学论稿》，上海古籍出版社2001年版，第59页。

② 参见朱伯崑《易学哲学史》第一卷，昆仑出版社2005年版，第70页。

③ 参见王铁《宋代易学》，上海古籍出版社2005年版，第129页。

受刘牧的影响。[①] 刘牧是宋易图书学派的代表人物，主张“象由数设”，推崇《河图》、《洛书》。其所传《河图》，一居上，三居右，二居下，四居左，以象天左旋、地右动。天五则居中而主变化。此中五上驾天一而下生地六，下驾地二而上生天七，右驾天三而左生地八，左驾地四而右生天九，这就是《河图》四十五数。张载推崇四十五之数可能与此有关。但是张载认为圣人作易与河洛并无直接关系，不以八卦来于河图洛书，这与图书学派是不同的。

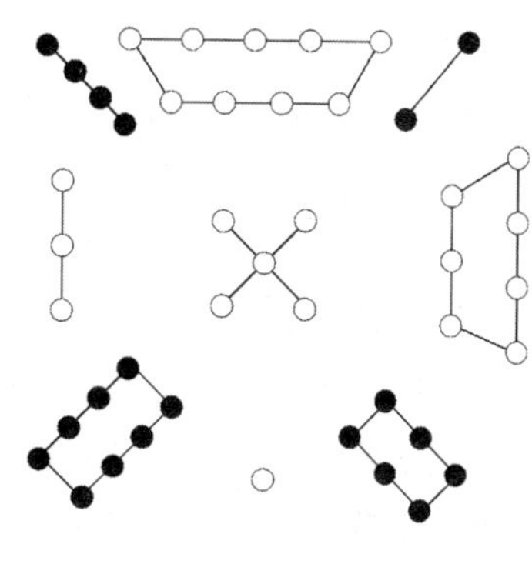

刘氏河图

三 “终十反一”说

张载还就《系辞》“天一，地二”以至“天九，地十”之说阐述了“终十反一”的数循环模式。张载说：

> 理须先数天，又〔必〕须先言一，次乃至于十也。且天下之数止于十，穷则自十而反一。(《易说·系辞》)

按照天为万物之首的道理，应当首先数天；又一是数字之首，所以《系辞》言“天一”，以此为顺序至“地十”。至十之后《系辞》再没有顺延下去，张载认为这是因为天下之数都是由最基本的这十个数字组成，至十之后就返回至一，重新开始——“天下之数止于十，穷则自十而反一。”张载在《易说》中用图表示了这一循环关系，并注曰：“此相间循环之数也。”

六
↑ ↓
五 七
↑ ↓
四 八
↑ ↓
三 九
↑ ↓
二 十
↑ ↓
一

《系辞》中所说的“天一，地二”至“天九，地十”之说，更多的是为了将数字一至十与天地相配，按奇偶分出所谓“天数”、“地数”，并以二者之和“五十有五”为

① 参见王铁《宋代易学》，上海古籍出版社2005年版，第130页。

天地之数，以此来解释“大衍之数”，虽然二者之间有相差五的问题。而张载回避了这一问题，他并不以天数、地数之和来解释大衍之数，而是如前文所述，发挥“参天两地”和“参伍以变”的思想，以天三地二倍以三、五，得出四十有五以解释大衍之数。而对于“天数”、“地数”，张载则认为是对气“推行有渐”的一种数字化表达，气化过程可以用数字进行描述，而这一过程又是一个循环往复的过程，表现为数字就是“十终反一”。

就《系辞》本身的这段文字而言，很难看出有“十终反一”的循环思想，张载的这一提法应该说是与他的气化理论相联系的。《正蒙·太和》道：“太虚不能无气，气不能不聚为万物，万物不能不散而为太虚。”《正蒙·动物》道：“物之初生，气日至而滋息；物生既盈，气日反而游散。至之谓神，以其伸也；反之为鬼，以其归也。”张载认为太虚之气聚而生物，物消散而复归为太虚之气，这一过程本身也是一种循环，用数字表达出来就是张载所谓的“终十反一”。

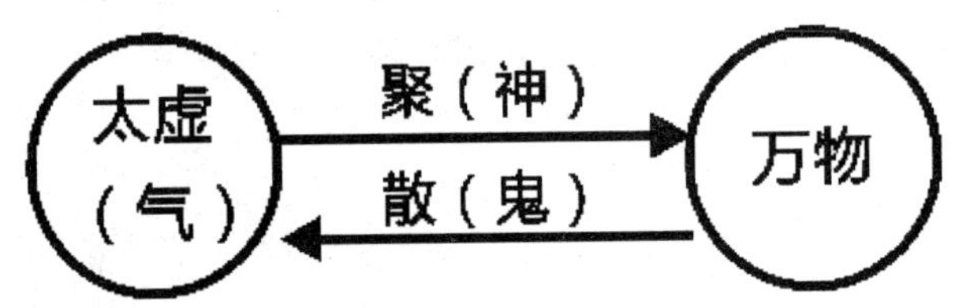

四　九为数极

张载论数虽然以十为数字之终，但他还表现出一个特点，就是以九为极：

> 又数当止于九，其言十者，九之耦也。扬雄亦曰“五（复于五行）〔与五相守〕”者，盖地数无过天数之理，孰有地大于天乎？故知数止于九，九是阳极也，十也者姑为五之耦焉尔。（《易说·系辞》）

在他看来，数字到九就是到了极至了，而之所以又有十，是为了和九有所匹配——“其言十者，九之耦也”，并以扬雄的“五五相守”说作旁证。扬雄尚“九”，其《太玄》所列世界图式多尊崇数字九，如“九州”、“九天”、“九首”之说。张载所引“五五相守”之说源自扬雄将五行与数、时间、方位的配合，如图所示：

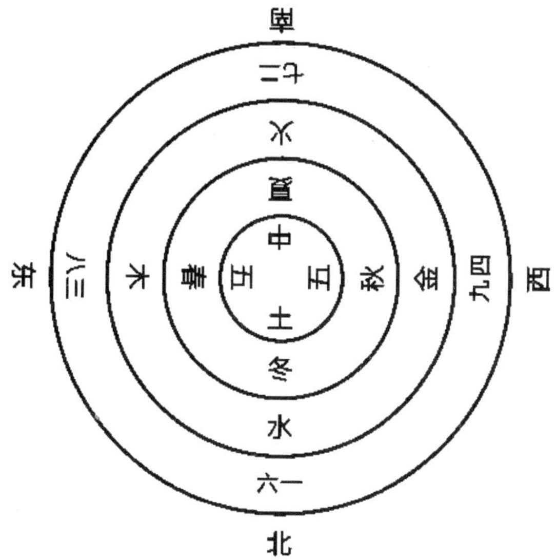

即扬雄所谓的“一与六共宗，二与七并明，三与八成友，四与九同道，五与五相守”。这个排列其实就是后来刘牧所谓的《洛书》，朱熹所谓的《河图》。[①] 在张载看来，扬雄的五行与数相配的系统中并未提及数字十，而是在中央“土”的位置是五与五相匹配，虽然二者之和为十，但五属“天数”，只说“五五相守”而不言十，这正是体现了天数九为数极，地数十为匹配的思想；反映在天地关系上，就是天尊地卑——“地数无过天数之理，孰有地大于天乎？”这一观念在《正蒙》中也有所体现，《正蒙·参两》云：

> 地，物也；天，神也。物无逾神之理，顾有地斯有天，若其配然尔。

此是说，地作为物质实体是不能超出天的神妙功能的，地从属于天，与天形成匹配。这一观念反映在数字上，就是天数九为数极，而地数十则

① 郑万耕：《扬雄及其〈太玄〉》，北京师范大学出版社2009年版，第77—79页。

是天数之匹配而已，而不能说十是数之极至。

中国古代以九为极的观念由来已久，可能和易学中的“老阳之数”有关，扬雄《太玄》就极其重视数字九。张载这里引入这一观念来阐发《系辞》“天数”、“地数”，认为九为数极，十为匹配，一方面反映了他的阴阳对待、“物无孤立之理”的思想；另一方面，也是他对《易传》“天尊地卑”、“尚阳抑阴”观念的阐发。

五 论奇偶五行

宋易中的图书学派有一个突出特征，就是继承汉易的说法，将奇偶之数与五行、八卦相配合。受此影响，张载也有类似的说法。《易说·系辞》道：

> 参天两地，此但天地之质也，通其数为五。乾坤（止）〔正〕合为坎离，〔坎离〕之数当六七，精为日月，粗为水火，坎离合而后万物生。得天地〔之〕最灵为人，故人亦参为性，两为体，推其次序，数当八九。八九而下，土其终也，故土之为数终于地十。过此以往，万亿无穷，不越十终反一而已。阳极于九，阴终于十，数乃成，五行奇耦乃备。过此周而（反）〔复〕始，滋至无算，不越于是。阳用其极，阴不用极而用六者，十者，数之终，九之配也。地无踰天之理，终于其终而已焉。

这是说，参天两地是天地的体质，二者之和为五。坎离两卦是乾坤正合而产生，对应的数字是六七，坎离两卦所象征的本质、精华就是日月，对应五行中的水火，坎离两卦相合然后万物得以产生。人是得到天地之灵气而生，所以人也具有天参地两的本质属性，按照气化的次序推究，与人相配的数则是八九。八九之后为十，是五行中土所匹配的数字。数字九属阳，是数字的极至；十属阴，是数字的终结，有了数字一至十，五行、奇偶之数就相配备了。数字循环往复，可以扩展至无穷，但都不会超越一至十这十个基本数字。易数中用奇数的终极九为老阳，但却不用偶数的终极十为老阴，而是以六为老阴，这是因为十是数字的终结，只是为了和九相匹配而已。按照天尊地卑的道理，地是不能超越天的，所以十仅仅作为数字的终结存在罢了。

这里的数字循环模式上文已经有所论述，兹不赘述。主要讨论以下几个问题。

（一）重坎离两卦

张载“坎离合而生万物”的说法远有端绪。由于坎☵离☲两卦卦象具有的特殊性，历来受易学家的重视。先有孟喜将二者列入“四正卦”，后有京房明确提出“乾坤者阴阳之根本，坎离者阴阳之性命”。（《京氏易传》）至魏伯阳《周易参同契》，更是把坎离二卦看成是六十四卦变易的依据，阴阳相配合在坎离两卦上得以体现，所谓坎离相抱，龙虎相交，水火相通，日月相合。《参同契》云：“易谓坎离，坎离者，乾坤二用。二用无爻位，周流行六虚，往来既不定，上下亦无常。幽潜沦匿，升降于中。包囊万物，为道纪纲。”——以坎离两卦为变易的根本。至周敦颐《太极图》也是吸收道教易学“取坎填离”的说法。张载重视坎离两卦，在此独言“乾坤坎离”，认为“坎离合而生万物”；他在解说坎卦时道：

> 坎离者，天地之中二气之正交。然离本阴卦，坎本阳卦，以此见二气其本如此而交性也，非此二物则无易。（《易说·习坎》）

此是以坎离为天地二气之正交，体现了阴阳相交之性，没有坎离便没有所谓的“易”。这是延续了易学史上重视坎离的观点。需要说明的是，自《参同契》后，道教易学，尤其是丹家极其看重坎离二卦，《宋史》说张载曾访诸佛老，累年穷究其说，张载重视坎离两卦有可能与当时道教丹家易学有关。

（二）天地万物生成模式

张载这段话的主要思想内容是创立了一个天地万物生成模式。

天地既分，乾坤正合而产生坎离两卦，即象征日月，五行对应水火，数字对应六七；坎离再合则人与万物得生，人为天地精华，具天地之性，对应数字八九。用图式表示为：

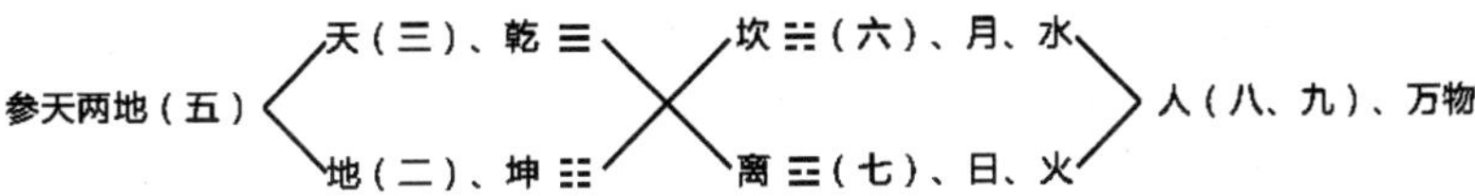

张载阐述的这一模式，基本上都是对原有不同易学家理论的糅合，主

要是对周敦颐《太极图》和刘牧河洛之学的杂糅。

1. 和周敦颐《太极图说》宇宙论的比较

周敦颐太极图如下图所示[①]，其《太极图说》云：

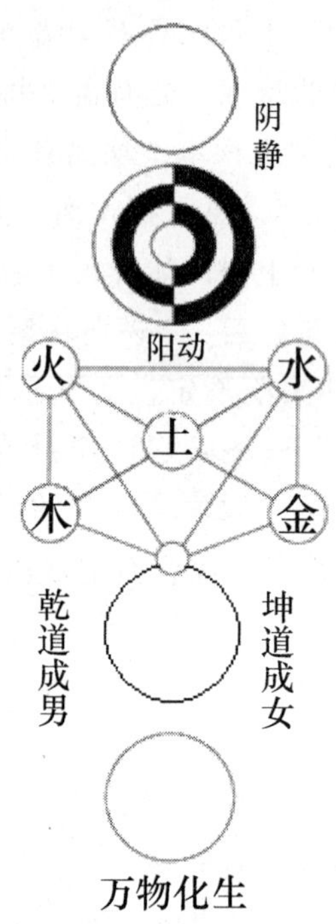

无极而太极[②]。太极动而生阳，动极而静，静而生阴，静极复动。一动一静，互为其根。分阴分阳，两仪立焉。阳变阴合，而生水火木金土。五气顺布，四时行焉。五行一阴阳也，阴阳一太极也，太极本无极也。五行之生也，各一其性。无极之真，二五之精妙合而凝。乾道成男，坤道成女。二气交感，化生万物。万物生生，而变化无穷焉。惟人也得其秀而最灵。形既生矣，神发知矣。五性感动，而

---

① 今传周敦颐太极图有二，一为朱熹所传，一为朱震所传。据毛奇龄考证，原图当为朱震所传，朱伯崑先生从此说，认为朱熹所传之图是经过朱熹之手的修改。今从朱伯崑先生观点，取朱震《易卦图》所载周敦颐太极图。参见朱伯崑《易学哲学史》第二卷，昆仑出版社 2005 年版，第 98—101 页。

② 据清毛奇龄考证，该句当为“自无极而为太极”，“无极而太极”当是朱熹一派的说法。朱伯崑先生从此说。今从通行本，作“无极而太极”。毛说见《太极图说遗议》，载《毛奇龄易著四种》，郑万耕点校，中华书局 2010 年版。

善恶分，万事出矣。

周敦颐的《太极图说》建立了一个从宇宙到人类的演变过程模式，即无极→太极→阴阳二气→五行之气→人类和万物。无极阶段无物质存在，太极阶段产生原初物质元气，后分化为阴阳二气，形成天地，五行阶段是从阴阳二气生出五行之气，二五之精凝聚；最后，男女两性交感，产生万物，其中秉受二五之灵气，形成人类。

张载这里与周氏不同的是突出了两方面的内容。

其一，张载主张“大易不言有无”，“知太虚即气则无有有无”，所以他抛弃了周敦颐所谓的“无极”阶段，直接发挥《易传》“太极生两仪”的观点，由太极之气产生天地。天地之气阴阳相配合而产生日月、坎离、水火；坎离象征阴阳相交，人类万物得以产生。这一基本过程和周氏大体是一致的，尤其是“得天地之最灵为人”这一观点则是直接袭自《太极图说》“惟人也得其秀而最灵”。

其二，就是以参天两地解释太极。周氏以太极本自无极，二五之气作为万物形成的物质材料同时又秉受无极之性。但在张载看来，不存在“无极”的阶段，只有太极；而太极又是“一物两体”，“不以太极，空虚而已，非天参也”。（《易说·说卦》）而在天地产生之后，天、地仍然秉受了太极之气“一物两体”的性质——“极两两，是为天三。数虽三，其实一也”，“地两两，刚亦效也，柔亦效也”（《易说·系辞》），这是对《说卦》“立天之道阴与阳，立地之道柔与刚”的阐释，天是阴阳对立的统一，地也是刚柔对立的统一，这都体现了太极“一物两体”的本性。张载还说：“得天地之最灵为人，故人亦参为性，两为体”，这是说人作为太极之气生化之物，同样也秉受了“参两”之性。周氏的宇宙论模式虽然也主气论，但是相比张载缺乏“参天两地”这一朴素辩证法的色彩。

2. 受刘牧河洛之学的影响

另外，张载受图书学派的影响，在这一生成模式中将五行八卦与数字相匹配，这是《太极图说》所没有的内容，而是来自刘牧的学说。

刘牧继承郑玄的说法，认为《系辞》所说的天地之数分“生数”“一二三四五”和“成数”“六七八九十”，成数由生数各加五而来。他将《洪范》五行之数和《系辞》天地之数相联系，得出所谓的“洛书”：

朱震于《汉上易卦图说》中解释道：

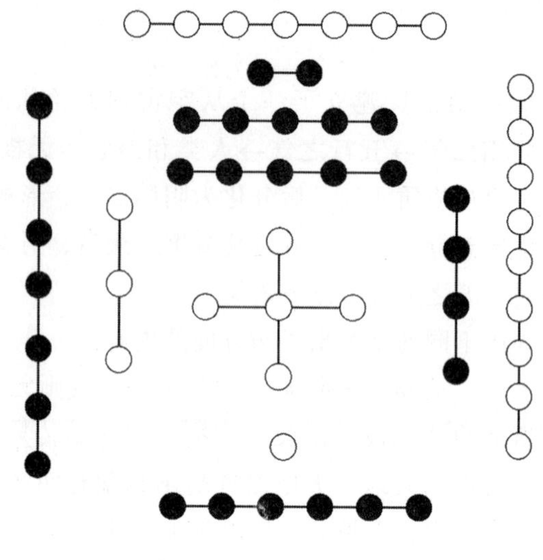

刘氏洛书

右洛书，刘牧传之。一与五合而为六，二与五合而为七，三与五合而为八，四与五合而为九，五与五合而为十。一六为水，二七为火，三八为木，四九为金，五十为土，十即五五也。

此是说，中宫之数五与下一数相加为地六之数，与左三相合得地八之数，与右四相合得天九之数，与五相合得地十之数。按《洪范》的说法，一为水，二为火，三为木，四为金，五为土，配以成数，所以一六为水，二七为火，三八为木，四九为金，五十为土。上文所示扬雄五行图已有这一说法。

刘牧洛书中生、成之数相配的说法被张载所接受。《系辞》“大衍之数”章云：“天数五，地数五，五位相得而各有合”，张载解释说：

“五位相得而各有合”，一二相间，是相得也；各有合，以对相合也，如一、六，二、七，三、八，四、九。各有合，神也；位相得，化也。（《易说·系辞》）

张载这里所说的“相合之数”恰好就是刘牧所谓的生数与成数的配

合，张载不言生数、成数，可能是有意避免图书学派的说法，但他的“相合之数”不能不说他受了象数学的影响。另外，张载不言数字“十”，是因为他认为九为数极，十是为了和九匹配而设。

此外，张载还就五行与八卦和数字相配合，这在刘牧的河洛之学中也可找到类似说法。刘牧以河图为八卦起源，以坎离震巽为四正卦，水居坎而生乾，金居兑而生坤，火居离而生巽，木居震而生艮，共成八卦。刘牧在《易数钩隐图》中解释河图与洛书的区别时说：“天五运乎变化，上驾天一，下生地六，水之数也。下驾地二，上生天七，火之数也。……地十应五而居中土之数也。”这些说法在张载的观点中也可找到痕迹。张载说“坎离之数当六七，精为日月，粗为水火”，以及“土之为数终于地十”，这是以坎离配数字六七，五行对应水火，五行中的土对应数字十，这些说法和刘牧之说是相一致的。

另外，张载所说的天地万物生成模式其实也是自觉地运用数字贯穿起来的，他以参天两地之数为五，坎离为六七，人为八九，土为十。张载这里没有涉及八卦中的震巽艮兑以及五行中的金木，没有将他们之间以及和数字进行完整、严密的匹配，相比图书学派的观点显得粗糙和牵强附会，尤其是“人之数当为八九”之说，更显得不伦不类。但他能自觉地“套用”数字模式，试图将这一生成过程和五行、八卦之数相匹配，显然与图书学派的理论是分不开的。

但是张载在“套用”象数派理论的同时也没有忽略自己的哲学思想，他在解释《系辞》所谓天数地数“五位相得而各有合”时道：“各有合，神也；位相得，化也。”神化学说是张载气论哲学的重要思想，神是气的神妙性能，化是气的运行变化。[①] 此是说，所谓的数的相得相合，都是气的神妙性能和运行变化的表现。《系辞》接着说：“此所以成变化而行鬼神也”，张载道：“‘成变化而行鬼神’，成行阴阳之气而已矣。”（《易说·系辞》）张载说：“鬼神，往来屈伸之义”（《正蒙·神化》），又说：“鬼神者，二气之良能也。”（《正蒙·太和》）[②] 此是将筮法中的大衍之数的运算变化最终归结为对气的运行变化的象征和摹写，这是对易学中的数学派以数为事物本原观点的批判，鲜明地体现了气本论的立场。

---

① 参见本书第六章第三节“论‘化’”相关内容。

② 参见本书第六章第二节“张载的鬼神观”相关内容。

第二节 “撰德于卦”——从道德立场解易

朱伯崑指出：“张载在其《易说》中，尽量从道德修养的角度解释卦爻辞，把卦爻辞看成是从事道德修养的格言，此是张载解易的一大特色。”[①] 张载从道德立场解易，我们在“张载的《周易》观”一章中已有所涉及，如张载十分重视《系辞》“三陈九德”，以孔颜为例，从道德修养方面解说《乾·文言》等。[②]本节主要分析论述张载在对易卦的解说中赋予道德修养内容这一解易特色。

一 “谦，天下之良德”

谦卦一卦六爻，下三爻皆吉而无凶，上三爻皆利而无害。《周易》六十四卦之中，唯有谦卦，如此纯全而完善。全卦围绕卦辞“谦，亨。君子有终”而展开，充分体现了谦虚谨慎的价值和意义：位卑之时，谦而又谦，能够战胜大困难；名声远闻之时，谦逊谨慎，能够获得大吉祥；功劳巨大之时，谦而不傲，能使万民皆服。[③]

张载在对谦卦的解说中，极力推崇谦逊的美德。《易说·谦》道：

> 人乐尊之，故光而不掩；志下于人，故人不能加。天以广大自然取贵，人自要尊大，须意、我、固、必，欲顺己尊己，又悦己之情，此所以取辱取怒也。“谦尊而光，卑而不可逾”，夫尊者谦则更光，卑者已谦，又如何逾之！此天德至虚者焉。以其能谦，故尊而益光，卑又无人可逾，盖已谦矣，复如何逾越也！谦，天下之良德。

此是说，一个人如果人们乐于尊敬，那么他的德行就会光大而不被遮掩；他能礼贤下士，人们自然对他无所施加。天以它的广大自然而得以尊贵，人如果妄自尊大就一定会有主观臆断、绝对肯定、拘泥固执、唯我独是这四种毛病；总是想让别人顺从自己、尊崇自己，让别人趋于自己的情

① 朱伯崑：《易学哲学史》第二卷，昆仑出版社2005年版，第298页。

② 参见本书第二章第二节“易乃是性与天道”相关内容。

③ 郑万耕：《〈易传〉忧患意识的历史考察》，《北京师范大学学报》（社会科学版）2007年第3期。

绪，这就是自己招致羞辱和愤怒的行为。《谦·象》“谦尊而光，卑而不可逾”，是说，处于尊贵地位的人，如果谦虚则其地位和德行会更加光大；处于卑下地位的人如果谦虚，那就是谦而又谦，又怎么能够在德行上超过他呢！这也就是天为什么以虚为德的缘故。谦虚，真是天下最优秀的品德啊！

张载这里完全是以一种道德说教的方式来解说谦卦。他从正反两方面论述，如果谦虚，德行就会发扬光大；反之，则会有孔子所说的“意必固我”的毛病，招致羞辱。张载还为谦虚的品德寻找天道依据——“天德至虚”，《张子语录》也说道：“天地以虚为德，至善者虚也。”在谦虚这一德性上实现天人合一。不论地位的尊卑，只要有谦虚的品德，都会得以光大而不可逾越。

《周易》经传本身就十分推崇谦卦，谦虚作为一种美德又恰好契合张载道德解易的立场，于是张载以道德说教的方式，以论述谦虚的价值和意义、赞美谦虚这一品质，以此来解说谦卦，体现了从道德立场解易的特色。

二　“静者进德之基”

张载在解说《复·彖》“终则有始，天行也”道：

> 天行何尝有息？正以静，有何期程？此动是静中之动，静中之动，动而不穷，又有甚首尾起灭？自有天地以来以迄于今，盖为静而动。天则无心无为，无所主宰，恒然如此，有何休歇？人之德性亦与此合，乃是己有，苟心中造作安排而静，则安能久！然必从此去，盖静者进德之基也。（《易说·复》）

此是说，天道运行没有止息，天以正道运行而处静，没有所谓的日期和行程。天道运行之动是静中之动，这种动是没有穷尽的，当然也就没无所谓首尾起灭。自从天地产生至今，天道运行一直是以“静中之动”的方式运动。天无心无为，无所主宰，永远保持这种状态，没有休息停止的时候。人也应该效法天的这种德行，才是属于自己真正的品德，如果内心没有达到真正的宁静，而是通过苛求和勉强使内心安静，这种所谓的静怎么能长久呢！

复卦卦象为䷗，下震上坤，震为雷，坤为地，故《象》云“雷入地中”。雷本在天上，震又有“动”义，今处在地下，有“停息”之象，故王弼注云：“动息地中”，又云“动息则静，静非对动”。孔疏云：“天地之动，静为其本，动为其末，言静时多也，动时少也。若暂时而动，止息则归静，则静非对动，言静之为本，自然而有，非对动而生静，故曰‘静非对动’者也。”（《周易正义·复》）王弼从“静为躁君”的玄学立场出发解释复卦，由“动息地中”的意义发挥出“静非对动”——静不是和动相对存在、具有独立性的观点。孔疏对此加以阐发，提出静为本，动为末，静自然存在的恒久状态，动则是暂时性的状态，天地之动是以静为本的。王注、孔疏解复卦，基本上是在玄学层面上，以动静之辩的形式来解说复卦，并未将动静之辩明确地和道德修养联系起来。

张载以王注和孔疏，以动静之辩释复卦为起点，并结合程颐“动静无端，阴阳无始”[①] 说，认为复卦“雷入地中”是“静中之动”、“无穷之动”。突出的一点是，张载并未一直停留在以动静释复卦，而是笔锋一转，由“天道”指向“人事”，由自然规律转向道德修养，从人的道德修养立场进一步解释复卦内容，表现出了与王注、孔疏不同的特点。张载说：“天则无心无为，无所主宰，恒然如此，有何休歇？人之德性亦与此合，乃是己有。”天道运行是静中之动，无穷之动，与天一体同源的人也应该效法天德，做到天人合一，这种“正以静”的德行才是属于人自己的真正的品德。张载还强调要达到和天道一样的“正以静”的状态，要排除人为的“安排”、“苛求”的这种勉强方式，认为这是和天道“无心无为”、“恒然如此”的性质不相符的，“造作”、“安排”之“静”也是不长久的。追求“与天为一”之“静”，是提升道德修养的根基。

以“静”为道德修养的重要内容源于道家道教的学说，周敦颐也在《太极图说》中提出“圣人定之以中正仁义而主静（自注：无欲故静），立人极焉。”张载讲“静者进德之基”，可能是吸收周敦颐的这一思想，并将其纳入解释《周易》的内容中来，从道德修养的角度，对复卦王注、孔疏“动息地中”作出了阐释。

① 见《河南程氏经说》卷第一，载《二程集》，第1029页。

三 “守分、择义、循礼、常德”

（一）守分

“安守本分”是儒家鼓吹的一项重要道德价值。《中庸》说：“君子素其位而行，不愿乎其外。素富贵，行乎富贵；素贫贱，行乎贫贱；素夷狄，行乎夷狄；素患难，行乎患难。君子无入而不自得焉。在上位，不陵下；在下位，不援上。正己而不求于人则无怨。上不怨天，下不尤人。故君子居易以俟命，小人行险以侥幸。”此是说，君子安于现在所处的地位去做应做的事，不生非分之想。处于富贵的地位，就做富贵人应做的事；处于贫贱的状况，就做贫贱人应做的事；处于边远地区，就做在边远地区应做的事；处于患难之中，就做在患难之中应做的事。君子无论处于什么情况下都是安然自得的。处于上位，不欺侮在下位的人；处于下位，不攀援在上位的人。端正自己而不苛求别人，这样就不会有什么抱怨了。上不抱怨天，下不抱怨人。所以，君子安居现状来等待天命，小人却铤而走险妄图获得非分的东西。

张载在《横渠易说》中也多用“守分安命”的道德观念来解说卦爻辞。

蒙卦卦辞云：“初筮告，再三渎，渎则不告”，张载解释道：“教人当以次，守得定，不妄施。”（《易说·蒙》）张载以教育发蒙解释蒙卦，教育须有一定方法、次序，遵循这一方法、次序是教育者的职分所在，如果违背这一职分，胡乱施教，就是一种违背教育者“职业道德”的行为，自然导致恶果。所以，张载以“守得定，不妄施”为蒙卦九二爻之“刚中之德”。（《易数·蒙》）

对蒙卦的解释，张载是从施教者的“职业道德”入手，张载还将“安分”作为普遍意义上的道德价值去解释《周易》卦爻辞。豫卦初六爻辞云：“鸣豫，凶。”张载解释道：

> 知几者上交不谄，今得应于上，豫独著闻，终凶之道也。故凡豫之理，莫若安其分，动以义也。（《易说·豫》）

豫卦卦象䷏，全卦只有初六与上卦九四阴阳相应，卦辞言“鸣”，张载结合爻象将其解释为“豫独著闻”，有谄媚之嫌，故凶。张载说，豫卦要表达的义理，就是要人安守本分，不要逢迎谄媚，依据道义采取行动。这是结合了《易传》“君子上交不谄，下交不渎”的道德教条来解释爻辞，也就是《中庸》所说的“在上位，不陵下；在下位，不援上”，“正己而不求于人”。二者的思想是一致的，都是强调有道德的君子就应该安守本分，在自己所处的地位去做自己应该做的事，不生非分之想，不做非分之事。张载以此来解释豫卦初六爻辞，认为此即“鸣豫，凶”所要表达的义理。

（二）择义

张载在以“安其分”解释豫卦的时候还说道“动以义”，“安其分”和“动以义”其实是一个问题的两个方面。“安其分”即安守本分，在所处的位置上做该做的事，不妄动；“动以义”则强调行为要符合道义，依据道义而行事，不违反规则，尤其是道德法则。“安其分”是从原则性的方面着眼，而“动以义”则强调在符合道义的前提下采取适宜的行动，包含权变的思想在内。孔子所言：“君子之于天下也，无适也，无莫也，义之与比”（《论语·里仁》），意即采取合理的、符合道义的行动。孟子也主张言行要“惟义所在”。（《孟子·离娄下》）张载也以“动必择义”的道德规范来解释《周易》卦爻辞，认为这也是《周易》中包含的义理。

随卦初九爻辞云：“官有渝，贞吉，出门交有功。”张载解释道：

> 言凡所治务能变而任正，不胶柱也。处随之初，为动之主，心无私系，故能动必择义，善与人同者也。（《易说·随》）

“胶柱”意为胶住瑟上的弦柱，以致不能调节音的高低，比喻固执拘泥，不知变通。张载认为，随卦初九爻辞的意思是，一个人从事所致力的事务不能固执拘泥，要懂得变通。随卦卦象为䷐，下震上兑，震有动义，初九爻居下卦初位，是动之主，心中没有偏私，采取行动自然会符合道义，人也乐于与之合作而事情成功。这是把“动必择义”作为初九“贞吉”“有功”的重要原因，以孔孟倡导的“义”的道德价值解释爻辞含义。

（三）循礼

与“择义”相关，张载还用“循礼”的道德规范来解释卦爻辞。

在儒家学说中，义与礼二者有着必然的联系，《中庸》道：“仁者，人也，亲亲为大；义者，宜也，尊贤为大。亲亲之杀，尊贤之等，礼所生也。”此是说，礼的产生，源于根据亲疏尊卑的不同而采取适宜的行为方式。礼也是儒家致力弘扬的价值理想之一。张载之学十分重视礼，反映在他的易学中，他也以“遵循礼义”这一道德规范来解释《周易》卦爻辞。

恒卦初六爻辞云：“浚恒，贞凶，无攸利。”《象》云：“浚恒之凶，始求深也。”张载的解释是：

> 柔巽在下以应于上，持用为常，求之过深也。故人道之交贵乎中礼，且久渐而成也。（《易说·恒》）

恒卦卦象为䷟，下巽上震。下卦初六爻与上卦九四爻阴阳相应，张载以此象征人际交往；恒又有“恒久”义，张载以此指人际交往之恒常。“浚”本义是指“掘之过深”的意思，张载以此指人之交往求之过深。张载强调，人与人之交际往来最重要的是要符合礼义——“贵乎中礼”，而恒卦初六爻辞所要表达的义理就是，在与人交往的初始阶段，还没有达到持久便求之过深，这显然是不符合礼义的交往行为，所以导致了凶的结果。

此外，大壮卦《象》云：“雷在天上，大壮，君子以非礼弗履。”张载道：“克己反礼，壮莫甚焉，故《易》于大壮见之。”（《易说·大壮》）“克己反礼”本自孔子“克己复礼”，意即规范自己的行为使之符合礼义。张载结合大壮卦进一步解释道：“克己者必有刚强壮健之德乃胜己”，“夫酒清人渴而不敢饮，肴干人饥而不敢食，非强有力者不能”，“惟大壮乃能克己，盖君子欲身行之，为事业以教天下”。此是说，大壮卦所要表达的义理，就是要告诉人们，要有刚强壮健之德来约束、规范自己的行为，使之符合礼义。酒清人渴而不去饮，美味佳肴而不去吃，这是因为强烈地意识到礼义的作用。而要规范自己的行动使之不违背礼义，“刚强壮健”的道德意识是必不可缺的。张载对大壮卦的这一解释和王注、孔疏是不一样的，体现了重视道德规范，从道德立场解释《周易》的特点。

（四）常德

张载从道德立场解易，还强调持守常德。离卦九三爻辞“日昃之离，不鼓缶而歌，则大耋之嗟，凶”。《象》曰：“日昃之离，何可久也。”张载解释道：

> 明正将老，离过于中，故哀乐之不常其德，凡人不能久也。故君子为德，夭寿不贰。(《易说·离》)

离卦九三爻已过中位，有偏离中道之象。所谓的偏离中道就是哀乐没有持守常德，这是导致凶的原因。“夭寿不贰”语出《孟子·尽心上》，本指人不论寿命长短，都不要改变对待天命的态度。张载这里借用过来表达了人不论寿命长短，都要持守道德原则，持久地遵循道德规范的意思，认为只有做到这样，才能避免像离卦九三爻辞所说的凶的后果。

张载以道德立场解易好表现在对个人道德修养的强调，如他解释无妄卦六三爻辞“无妄之灾，或系之牛，行人之得，邑人之灾”云：“妄灾之大，莫大于妄诛于人”，“迁怒肆暴，灾之甚者”。(《易说·无妄》) 此是说无妄六三爻辞的意义是警醒人提高自身的涵养，不要肆意暴虐、迁怒于人，否则将有大灾祸。再如张载解释颐卦卦辞“观颐”之语：“辨养道得失，欲观人处己之方。”(《易说·观》) 此是说，通过辨别、考察颐养之道的得与失，来思考个人修养、为人处世之道。

四　“撰德于卦”

张载注重从道德立场解说《周易》，这一特点与张载的《周易》观是一致的。

儒家解易自孔子始就注重《周易》的道德修养作用，孔子的“不占之教”就是强调爻辞的道德修养意义，以提高人的道德境界为《周易》的重要作用。孔子还认为学易可以使人改过从善，强调《周易》的人道教训意义。[①] 根据帛书《要》记载，孔子晚年易学观发生转变后，也强调自己读易是“后其祝卜”“观其德义”，通过对“易数”的研究，“明数而达乎德，又仁守者而义行之”——核心还在于《周易》的道德意义，所以孔子一再强调“吾求其德而已”，“君子德行焉求福”，“仁义焉求吉”。[②]

---

① 参见本书第二章第二节“易乃是性与天道”相关内容。

② 参见廖名春《从帛书〈要〉论孔子易学观的转变》，载《帛书〈周易〉论集》，上海古籍出版社 2008 年版。

就“重德”这一点而言，张载的《周易》观和孔子是一致的。张载也以“邪正”释“吉凶”——“情有邪正故吉凶生”(《易说·系辞》)，这是把得吉得凶和人的道德水平相联系起来，这样一来便导出了只有道德高尚的人才能趋吉避凶的结论。因此张载提出：

> 易为君子谋，不为小人谋，故撰德于卦，虽爻有小大，及系辞于爻，必喻之以君子之义。(《易说·系辞》)

此是说，《周易》只为有德行的君子谋事，每一卦都是教导人如何具有君子的品德。卦爻辞中的吉凶，乃善恶之意，道德败坏的小人，从《周易》中得不到好处，此即“不为小人谋”。[①] 张载提出的“撰德于卦”是孔子“观其德义”思想的延续和发展，鲜明地表达了张载从道德立场解释、理解《周易》的思想特征。

第三节　以经解经

大量运用儒家其他经典文献来解说、论证《周易》的思想内容，这也是张载解易的一个突出特征。《宋史·张载传》说张载之学是“以《易》为宗，以《中庸》为体，以孔孟为法”。王夫之在《张子正蒙注·序论》中所言：“张子之学，无非《易》也，即无非《诗》之志，《书》之事，《礼》之节，《乐》之和，《春秋》之大法也，《论》、《孟》之要归也。”这说明，张载的易学体系是在借鉴、融汇其他经典文献丰富的思想资源而建立起来的，表现在形式上，就是大量运用“四书”等其他经典文献中的内容来解说《周易》。这也是学界关于张载之学是易学还是四书学产生争论的原因之一。[②]

一　《周易》不同内容的交互诠释

张载引用经典文献的内容阐释《周易》，不仅引用《周易》之外的经典，他还利用《周易》自身固有的内容，在《周易》思想体系内部进行

① 朱伯崑：《易学哲学史》第二卷，昆仑出版社2005年版，第298页。

② 见本书第一章第二节“张载思想的学术定位”。

互证。这一点我们在前文已略有涉及。如张载对无妄卦六二爻辞“不耕获，不菑畲，则利有攸往”的解释，引用《系辞》“柔之为道不利远者”一语。《系辞》所说的“柔之为道不利远者”是就爻位而言，而张载将其与爻辞中的“利有攸往”联系起来，“利远”的意思成了“利有攸往”。①

再如张载解释姤卦九五爻辞“以杞包瓜，含章，有陨自天”道：“九五以中正刚健含章宅尊，而遇阴柔浸长之时，厚下安宅，溃乱是防，尽其人事而听天命者也。”“厚下安宅”本是剥卦《象传》之语，张载认为其含义与姤卦九五爻辞对人的警醒是一致的，都是在提醒人防止自下而上、由内而外的溃乱。②

《系辞》论“知几”道：“知几，其神乎。君子上交不谄，下交不渎，其知几乎。”君子明白并遵循事物发展变化的精微之理，故不谄媚上司，不轻侮下级。张载十分重视这一观点，并以此解释《周易》卦爻辞。豫卦初六爻辞云：“鸣豫，凶。”张载解释道：“知几者上交不谄，今得应于上，豫著独闻，终凶之道也。”此是根据《系辞》“知几”理论，认为豫卦初六爻辞言凶是因为不懂得精微之理——“几”，故而有谄媚之嫌，所以得凶。

张载还联系《象》来解释爻辞。咸卦《象》有“圣人感人心而天下和平”之说，这是以“感”释“咸”，并鼓吹咸卦的功用和意义——圣人通过感化人心而使天下和平。张载借此来解释咸卦九五爻辞“咸其脢”：“九五处悦之中，未免偏系之弊，故不能感人心，而曰‘咸其脢’，惟圣人然后能感人心也。”咸卦上卦为兑，兑为悦，故云“九五处悦之中”。脢指背肉。张载此是说，人处喜悦之时难免心有偏私，不能感化人心，故爻辞说“咸其脢”，只有心底无私的圣人才能感化人心。

需要指出的是，《周易》中的很多思想内容，尤其是《易传》当中，有很多是和儒家的价值理想一致的。张载从义理的角度加以引用而互相印证，逻辑上不会有龃龉，反而形成一些创见，如张载以《系辞》“知几”一说解释豫卦初六爻辞，以及以《咸·象》“圣人感人心”释咸卦九五爻辞。实质上是用《系辞》和《象》的价值观念去解释爻辞的意义，从而凸显、弘扬了《系辞》《象》本身具有的价值理想。但是，有一些类似于“体例”的说法，张载的引证就有牵强附会的嫌疑了。如《系辞》“柔之

① 详见本书第三章第一节“刚柔说”相关内容。

② 详见本书第三章第二节“爻位说”相关内容。

为道不利远者”的说法，原意是说，爻位有远近之分。二爻居内卦，在近处，故多誉；四爻居外卦，在远处，故多惧。此两爻位均属阴，属柔，都以柔顺从命为事。柔之为道用于远者，易招凌辱，故第四爻多惧。[①]张载却引此句来解释爻辞“利有攸往”，这就显得过于曲折了。

二 引《论语》解《易》

张载引《论语》说《易》多见于对《系辞》的阐释，但也用来发挥、论证卦爻辞以及《彖》《象》等。

引《论语》解说卦爻辞，如咸卦九三爻辞云：“咸其股，执其随，往吝。”张载解释道：

> 心宁静于此，一向定叠，前纵有何事亦不恤也，休将闲细碎在思虑。……孔子以富不可求，则曰“从吾所好”，以思为无益，则曰“不如学也”，故于咸三以见此义。（《易说·咸》）

咸卦九三之所以“吝”，在张载看来，是因为心志不够宁静，为细碎闲杂之事所困扰，不定于一。只有抛弃那些细碎的“浮思游想”，而定于一贯之志，方可避免吝道。以孔子为例，“富不可求”，出自《论语·述而》：

> 子曰：“富而可求也，虽执鞭之士，吾亦为之。如不可求，从吾所好。”

此是以孔子坚定其志，在不可求的情况下，按照自己的志向去做事，而不勉强随人的事例来印证咸卦九三爻辞所要揭示的义理。

再如释艮卦卦辞“艮其背，不获其身，行其庭，不见其人，无咎”道：

> 虽处喧閴，亦无害于为学。有人于此，或日月而至焉，亦有终日而不至者，及其久也，去者常少。（《易说·艮》）

① 参见高亨《周易大传今注》，齐鲁书社1998年版，第441—442页。

“有人于此，日月而至焉”出自《论语·雍也》：

> 子曰：“回也，其心三月不违仁，其余则日月至焉而已矣。”

这本是孔子夸赞颜回的话，意思是颜回的心志能够长时间地不离开仁，而其他人只是偶尔能想到仁罢了。张载引用这句话来解释艮卦卦辞，认为卦辞“不获其身”“不见其人”指为学者精神专注，不为外界的喧闹所影响，就好比颜回三月不违仁的专一程度一样，而有些人却不能长时间地做到这一点。

张载也引用《论语》中的内容来和《象传》相印证。睽卦《大象传》云：“上火下泽，睽，君子以同而异。”张载解释说：“一于异则乖而不合，故和而不同”。(《易说·睽》)“和而不同”语出《论语·子路》：“子曰：‘君子和而不同，小人同而不和。’”意思是君子崇尚有差异存在而形成的统一、和谐，而小人则追求盲从、附和。张载以此来解释《睽·象》，认为此处的“君子以同而异”也就是孔子所倡导的追求一种有差异存在的和谐之境。

以《论语》内容释《象传》，如《谦·象》“天道亏盈而益谦，地道变盈而流谦，鬼神害盈而福谦，人道恶盈而好谦”，张载道：

> 天以广大自然取贵，人自要尊大，须意、我、固、必，欲顺己尊己，又悦己之情，此所以取辱取怒也。(《易说·谦》)

“意、我、固、必”取自《论语·子罕》：“子绝四——毋意，毋必，毋固，毋我。”是说，孔子戒除了四种毛病——主观臆断、绝对肯定、拘泥固执、唯我独是。此处张子取其反义，认为《谦·象》所要表达的义理是，天以它的广大自然而得以尊贵，人如果妄自尊大就一定会有主观臆断、绝对肯定、拘泥固执、唯我独是这四种毛病，最终招致羞辱和愤怒。

张载十分重视《论语》“意必固我”的说教，在阐释《系辞》时也数次引用。《系辞》言“与天地相似，故不违”，张载解释道：

> 意，有思也；必，有待也；固，不化也；我，有方也。四者有一焉，则与天地不相似。(《易说·系辞》)

张载认为天地廓然大公，无思无虑，要与天地相似，就必须如孔子一样“绝四”。这是用《论语》中的修养功夫来阐释《系辞》。张载还就《系辞》所说“穷理尽性，以至于命”“与天地参”以及“范围天地之化而不过”诠释道：

> 穷理尽性，然后至于命；尽人物之性，然后耳顺；与天地参，无意、必、固、我，然后范围天地之化；从心所欲不逾矩，老而安死，然后不梦周公。（《易说·系辞》）

这里除引用《论语》“绝四”的内容外，还引用了其他两处。“耳顺”、“从心所欲不逾矩”语出《论语·为政》：

> 子曰：“吾十有五而志于学，三十而立，四十而不惑，五十而知天命，六十而耳顺，七十而从心所欲，不逾矩。”

“梦周公”出自《论语·述而》：

> 子曰：“甚矣吾衰也！久矣吾不复梦见周公！”

此是以孔子所说的“耳顺”来说明《系辞》“穷理尽性”的结果；以“绝四”为“范围天地之化”的必要条件；以“从心所欲，不逾矩”“不梦周公”形容最终天人合一的精神境界。这是引《论语》释《周易》较为集中和典型的一段。

此外，《文言传》本身就是以“子曰”的形式叙述，张载也引用《论语》内容与之互证。如《乾·文言》云：

> “初九，潜龙勿用”，何谓也？子曰：“龙德而隐者也。不易乎世，不成乎名，遁世无闷，不见是而无闷，乐则行之，忧则违之，确乎其不可拔，潜龙也。”

张载解释道：

孔子喜弟子之不仕，盖为德未成则不可以仕，是行而未成者也，故潜勿用，龙德而未显者也。(《易说·乾·文言》)

“孔子喜弟子之不仕”出自《论语·公冶长》:

子使漆雕开仕。对曰:“吾斯之未能信。”子悦。

张载这里以《论语》中漆雕开不出仕为例证，论述《文言》所说“龙德而隐”。漆雕开能够清楚地认识自己，这本身就体现了他的德性;不去做官，也就是《周易》所说的“勿用”。这样便将《论语》与《乾·文言》联系起来加以阐释了。

张载引用《论语》说《易》的内容是比较丰富的，相比同时代其他易学著作，《横渠易说》“《论》、《易》互证”的特点较为突出。在张载看来，《周易》出自圣人之手，“十翼”为孔子所作，其义理自然和《论语》相一致，二者相互发明自然是顺理成章的。

三　引《孟子》解《易》

《横渠易说》中引《孟子》解释《周易》的内容也是较为常见，张载通过借用《孟子》的思想来诠释《周易》，赋予了《周易》新的思想内涵。试举几例如次。

《乾·彖》有“保合太和，乃利贞”一语，本义是指天能保持宇宙间高度和谐，普利万物，乃天之正道。[1] 张载的解释是:

精义时措，故能保合大和，健利且贞，孟子所谓终始条理，集大成于圣者欤！(《易说·乾》)

其中“终始条理”“集大成者”引自《孟子·万章下》:

孟子曰:“伯夷，圣之清者也；伊尹，圣之任者也；柳下惠，圣

① 高亨:《周易大传今注》，齐鲁书社1998年版，第43页。

之和者也，孔子，圣之时者也。孔子之谓集大成。集大成者，金声而玉振之也。金声也者，始条理也；玉振之也者，终条理也。始条理者，智之事也；终条理者，圣之事也。”

“金声玉振”本指古代奏乐的程序，孟子以此来比喻孔子能够有始有终，识时务而行，是圣人中的集大成者。张载引用这段材料来阐释《乾·彖》“保合太和，乃利贞”，认为能够保持、成就高度的和谐，健利且持守正道，是因为能精研义理，根据时机的变化采取相应的行动，就像孟子赞美孔子是识时务的圣人，行事如奏乐，节奏条例有始有终。可见，经过张载引用《孟子》的这一阐释，赋予了“保合太和”以“时”的思想内容，这可以说是一种创见。

张载借用《孟子》阐释《周易》内容，有些地方得出了与前人注疏不同的观点，这也是《孟子》和《周易》相融合而阐发出的新意。如无妄卦九五爻辞“无妄之疾，勿药有喜”，《周易正义》载王弼以“害非所致”、“非妄之灾”释之，孔颖达承王注，以“偶然”之疾害释“无妄之疾”。张载的解释是：

体健居尊，得行其志，故以无妄为疾。

“无妄之疾”，疾无妄之谓也，欲妄动而不敢妄，是则以无妄为疾者也，如《孟子》言“有法家拂士”，是疾无妄者也。（《易说·无妄》）

此处直引《孟子·告子下》，按《孟子》原文为“无法家拂士”，主要讲述“生于忧患，死于安乐”之理。此处张载将“无妄之疾”释为“以无妄为疾”，认为无妄卦九五处“体健居尊，得行其志”之时，正是孟子所言“安乐”之境，所以切记不可贪图安逸，应保持警惕、忧患，“以无妄为疾”，在安乐之时如有孟子所言的“法家拂士”，出入皆有警示和提醒，如此才能不陷于困境，不招致灾祸。

一般而言，人所追求的是“无妄”——没有虚妄，但张载此处引入孟子忧患意识，指出“无妄”的弊端，时时警醒人们处在“无妄”之境，切不可贪图安逸，应该是“以无妄为疾”，保持警惕，才能达到真正的“无妄”。这是张载借助《孟子》的思想资源，赋予《周易》“无妄之疾”

的新的内涵。

此外，张载还通过引用《孟子》内容，以之为例证，使《周易》中的某些观点具体化、明晰化。如《咸·彖》所言："天地感而万物化生，圣人感人心而天下和平，观其所感而天地万物之情可见矣。"《易传》论"感"较为抽象，张载解释说，"感之道不一"，有"以同而感"，有"以异而应"；有"以相悦而感"；有"以相畏而感"；还有"相应而感"；最后张载道：

> 圣人老吾老以及人之老而人欲老其老，此是以事相感也。(《易说·咸》)

张载区分了不同的几种感应形式，在谈到"以事相感"时，举例曰"圣人老吾老以及人之老而人欲老其老"，显然是引自《孟子·梁惠王上》"老吾老，以及人之老；幼吾幼，以及人之幼"。在此，张载将儒家"推己及人"的理论结合《周易》"感之道"进行了深化，指出这种"及人"的事迹会以"感"的形式在他人处得到相应，从而达到人人都能"老吾老，以及人之老"的最佳状态。而能实现这一最佳状态的环节就是"感"。这一例证典型地反映出张载通过这种《孟子》与《周易》的"交互诠释"，使儒家的价值理想得到了深化和发展。

张载引《孟子》阐释《周易》所取得的创见，更多地体现在他阐述《系辞》"穷神知化"的内容。"化"是《系辞》中非常重要的一个概念，《系辞》有"化而裁之"、"穷神知化"之说，前一个"化"指"改化",[1] 后一个指"变化"。张载将《系辞》"穷神知化"之"化"和《孟子》中的"大而化之"联系起来加以解释，阐发出一些富有创造性的内容。张载说：

> 德盛者穷神则智不足道，知化则义不足云。……孟子曰"大而化之"，皆以其德合阴阳，与天地同流而无不通也。(《正蒙·神化》)

张载认为，所谓化，在天指气之运行变化，在人指道德行为，这一行

① 高亨：《周易大传今注》，齐鲁书社 1998 年版，第 407 页。

为要顺应天道，运用自己的道德理性和道德原则，达到与阴阳合德、天地合流的境界。这即是《周易》所讲的“穷神知化”，也即孟子所说的“大而化之”。通过这一阐释，天道之“神”与“化”和人道之“智”与“义”得以相互贯通，达到了张载“性与天道合一”的理论目标。

《孟子·尽心下》中有一段描述不同人生境界的著名言论：

> 可欲之谓善，有诸己之谓信，充实之谓美，充实而有光辉之谓大，大而化之之谓圣，圣而不可知之之谓神。

张载将孟子的这一言论和《周易》“穷神知化”说联系起来，阐述了人的道德修养功夫：

> 大可为也，大而化不可为也，在熟而已。易谓“穷神知化”，乃德盛仁熟之致，非智力能强也。(《正蒙·神化》)

这里强调，孟子所说的“大”的境界，即美德充满自身，且光辉地表现出来——“充实而有光辉”，是可以通过勉励修为而达到的；但“化”境——既光辉地表现，又能融会贯通，这一境界是不能刻意追求的，只能通过道德修为达到，其他途径是不能达到“知化”的境界的。《横渠易说》也说道：

> 大可为也，大而化不可为也，在熟而已。盖大人之事，修而可至，化则不可加功，加功则是助长也，要在乎仁熟而已。

这里又引用《孟子》“助长”的说法，强调“化”境的不可强求。

张载运用《孟子》和《周易》的交互诠释，阐发了儒家一贯的价值立场，即极度重视人的道德属性，作为实践理性的道德修养，其精神生命在于人的自觉自愿的践履，而非将其外在化、对象化和目的化。张载一再说明的“德盛自致”、“非思勉之能强”就是在强调“人的实存之内在转变”[①]，其依

① 李景林：《教化的哲学——儒家思想的一种新诠释》，黑龙江人民出版社2006年版，第5页。

据就是孟子所谓的“仁义礼智固有”说，其目标则是《易传》所谓的“穷神知化”。

四　引《中庸》解《易》

《中庸》也是张载解易时比较重视的一部文献，《宋史》说张载之学是“以《中庸》为体”，足见《中庸》在张载学说中的地位。

张载借《中庸》阐释《周易》，首重其中关于“诚”的理论。《中庸》道：

> 其次致曲，曲能有诚，诚则形，形则着，着则明，明则动，动则变，变则化，唯天下至诚为能化。

“致曲”就是推致局部事理，推致局部事理也可达到“诚”。张载借此理论来阐释《易传》“仁者见之谓之仁，知者见之谓之知”：

> 仁者不已其仁，（始）【姑】谓之仁；知者不已其知，（方）【姑】谓之知；（此）是【谓】致曲，曲能有诚也，诚则有变，（化）必仁知会合乃为圣人也。
>
> 仁知见之，所谓“曲能有诚”者也。（《易说·系辞》）

《易传》提出“仁者”和“知者”从不同的两个方面对“一阴一阳之谓道”的认识，张载认为这恰好和《中庸》“致曲有诚”的理论相契合。仁、知两个方面正符合《中庸》所说的“曲”——局部事理，仁者和知者都是从局部事理出发认识“道”。在《中庸》看来这也是一种达到“诚”的途径，由此出发，经过“形”、“着”、“明”、“动”、“变”，达到“化”的境界，“化”也就是“天下至诚”。“天下至诚”也就是“仁且知”的圣人，达到了对“道”的全面把握。

进一步，张载还用《中庸》“诚明”理论论述其天人合一说。

《中庸》道：“自诚明，谓之性；自明诚，谓之教。诚则明矣，明则诚矣。”意思是说，由真诚而自然明白道理，这叫作天性；由明白道理后做到真诚，这叫作人为的教育。真诚也就会自然明白道理，明白道理后也就会做到真诚。

张载提出“易乃是性与天道”（《易说·系辞》），“性与天道合一”于易。他说：“天人不须强分，易言天道，则与人事一滚论之，若分别则【只】是薄乎云尔。”（《易说·系辞》）而“天人合一”则是通过“诚明”来实现：

> 儒者因明致诚，因诚致明，故天人合一，致学而可以成圣，得天而未始遗人，《易》所谓不遗、不流、不过者也。（《正蒙·乾称》）

业师郑万耕先生指出：

> 这是以“天人合一”为人的最高精神境界。认为，儒者致学成圣就是要达到这种“一天人，合内外”的精神境界。这种境界就是“诚”，懂得了这个道理就是“明”。由懂得这个道理而至于这种境界，就叫做“因明致诚”；有了这种境界，因而宣扬这个道理，叫做“因诚致明”。达到了天人合一的最高境界，也就可以做到《周易》所说的“范围天地之化而不过，曲成万物而不遗”，“知周乎万物而道济天下”了。①

“天人合一”在中国哲学史上是张载首次明确提出的著名命题，也是张载易学的基本立场，贯穿张载思想体系的始终。“天人合一”既是基点，也是目标。这一境界的实现则是通过“诚明”的修养功夫而达到。这一内容是张载之学“以《易》为宗，以《庸》为体”，《易》《庸》互诠的典型例证。

五　引《诗经》及其他经典解《易》

张载引用经典文献除上述几种之外，还引用了《诗经》、《尚书》等，体现了张载引用文献的丰富性。但其内容相对要少，思想性也较为薄弱。今试举几例如次。

（一）引《诗经》解《易》

坤卦卦辞有“西南得朋，东北丧朋”之语，历代注家解释各有不同。张载则引用《诗经·召南·江有汜》释之：

---

① 郑万耕：《横渠易学的天人观》，《周易研究》1997 年第 1 期。

> “西南得朋，东北丧朋”，江沱之间，有嫡不以其媵备数，是不能丧朋也；媵遇劳而无怨，却是能丧朋者，其卒啸也歌，是“乃终有庆”也。此妇人之教大者也。西南，致养之地，东北，反西南者也，阴阳正合，则阴相对者必阳也。“西南得朋”，是始以类相从而来也。“东北丧朋”，丧朋，相忘之义，听其自治，不责人，不望人，是丧其朋也，丧朋则有庆矣。江有沱、有汜、有渚，皆是始离而终合之象也。有嫡不以其媵备数，是不能丧朋；媵遇劳而无怨，是能丧朋也，以其能丧朋，故能始离而终合。“之子归”，自嫡也；“不我以”，“不我与”，“不我过”，皆言其始之不均一也。“其后也悔”，嫡自悔也。处，“既安既处”之处也，始离而终既处也。歌是“乃终有庆”，庆则同有庆。（《易说·坤》）

此语亦见于《正蒙·乐器》第八章，文字简单：

> 江沱之媵以类行而欲丧朋，故无怨；嫡以类行而不能丧其朋，故不以媵备数，卒能自悔，得安贞之吉，乃终有庆而其啸也歌。

《诗经·召南·江有汜》：“江有汜，之子归，不我以。不我以，其后也悔。江有渚，之子归，不我与。不我与，其后也处。江有沱，之子归，不我过。不我过，其啸也歌。”《毛诗正义》解释说：“《江有汜》，美媵也。勤而无怨，嫡能悔过也。文王之时，江沱之间，有嫡不以其媵备数，媵遇劳而无怨，嫡亦自悔也。”张载引此诗解易，当是本自《毛诗正义》。偏房曰媵，正房曰嫡。两女共嫁一夫，为“得朋”。可是，嫡害怕媵妾夺取自己的地位，排挤媵，此即“不以其媵备数”，不能置媵于度外，此即“不能丧朋”。然而媵却劳而无怨，能忘记嫡对自己的歧视，此即“东北丧朋”。嫡因此受感动而自悔，啸之以歌，与媵和睦相处，此即《坤·象》所说“乃终有庆”。张载通过引用该诗，对坤卦卦辞作出了不同于前人的新的解释，但他赋予的“新意”更多的是封建伦理说教，使其思想性大打折扣。[①]

① 参见朱伯崑《易学哲学史》第二卷，昆仑出版社2005年版，第300页。

（二）引《尚书》等其他经典文献解《易》

1. 引《尚书》

解《坤·文言》“积善之家，必有余庆；积不善之家，必有余殃”，张载将“余庆余殃”与“百祥百殃”相联系。“百祥百秧”出自《尚书·商书·伊训》：“惟上帝不常，作善降之百祥，作不善降之百殃。”张载认为二者义理一致，都是讲福善祸恶。

解否卦九五爻辞“其亡其亡，系于苞桑”：

> 包桑，从下丛生之桑，丛生则其根牢。《书》云“厥草惟包”，如竹丛芦苇之类。河朔之桑，多从根斩条取叶，其生丛然。（《易说·否》）

考四库本《尚书》，并无“厥草惟包”一语，疑为张载之误。《尚书·禹贡》篇多“厥草惟~”句式，如“厥草惟繇”、“厥草为夭”等。又《禹贡》“徐州”一节有“草木渐包”“扬州”一节有“厥包橘柚”及“荆州”一节有“包匭菁茅”等语，疑为张载混淆致误。

解无妄卦初九爻辞“初九，无妄往吉。《象》曰：无妄之往，得志也”：

> 易所谓“得志”者，圣贤获其愿欲者也。得臣无家，尧之志也；贞吉升阶，舜之志也。（《易说·无妄》）

今中华书局本《张载集》中该段话也出现在升卦六五爻爻辞及小象传后。升卦六五爻辞曰：“六五，贞吉升阶。”《象》曰：“贞吉升阶”，大得志也。显然，两处《小象》都有“得志”一词，张载是为解释“得志”一词而发。同一句话，两次出现，或为编纂而如此，或张载所著时即如此，存疑。

“得臣无家，尧之志也；贞吉升阶，舜之志也”应该是指尧禅让帝位于舜之事。《尚书·尧典》记载：

> 帝曰：“畴咨若时登庸？”放齐曰：“胤子朱启明。”帝曰：“吁！嚚讼可乎？”
>
> ……

> 帝曰："格汝舜，询事考言，乃言底可绩，三载。汝陟帝位。"

这一事迹在《史记·五帝本纪》和《孟子·万章上》皆有记载。“得臣无家，尧之志也”应指尧以舜为帝位候选人而不用自己的儿子丹朱之事，“贞吉升阶，舜之志也”应指舜“陟帝位”之事。张载以此为例证解说爻辞，弘扬儒家上古政治理想。

2. 引《大学》

解家人卦上九爻辞：“上九，有孚威如，终吉。《象》曰：威如之吉，反身之谓也。”张载解释道：“以阳居尊，故威如，身修而家齐，故终吉。”（《易说·家人》）此处直接以《大学》“心正而后身修，身修而后家齐”语进行引证。认为家人卦讲家人之道，而《大学》中恰好有“齐家”之语，将二者联系起来，如此一来，《周易》“家人之道”即是《大学》“齐家之道”。

3. 引《老子》

释“精气为物，游魂为变，是故知鬼神之情状”中之“神”：

> 大率天之为德，虚而善应，其（实）【应】非思虑聪明可求，故谓之神，老氏况诸谷以此。（《易说·系辞》）

“老氏况诸谷”指《老子》第六章：“谷神不死，是谓玄牝。”善于感应，这是太虚之气——天所具有的本性，这种能够感应的性能不是通过思虑、聪明就能够求得的，是自然如此，它的神妙之处也就体现在这里，所以称之为神。张载认为，《老子》所谓的“谷神”，也就是从空谷能够感应到声音而发出回声——“虚而善应”而言的，所以叫作“谷神”。

4. 引《礼记·檀弓》

解《系辞》“圣人有以见天下之动，而观其会通，以行其典礼”：

> 时措之宜便是礼，礼即时措时中见之事业者。非礼之礼，非义之义，又不可以一概言，如孔子丧出母，子思（守礼）【不丧出母，又不可】以【子思守礼】为非也。又如制礼（以）【者】，小功不税，（他外反。日月已过乃闻而服曰税。）使曾子制礼，又不知如何。

（《易说·系辞》）

所引“子思守礼不丧出母”出自《礼记·檀弓》：

子上之母死而不丧。门人问诸子思曰：“昔者子之先君子丧出母乎？”曰：“然。”“子之不使白也丧之，何也？”子思曰：“昔者吾先君子无所失道，道隆则从而隆，道污则从而污，伋则安能！为伋也妻者，是为白也母；不为伋也妻者，是不为白也母。”故孔氏之不丧出母，自子思始也。

曾子对“小功不税”的怀疑见于《礼记·檀弓》：

曾子曰：“小功不税，则是远兄弟终无服也，而可乎？”

张载认为“礼”不是一成不变的、固定死板的规矩，而是根据时势而施行，这就是《系辞》所说的“观其会通，以行其典礼”，他将“会通”解释为“变通”，将“典礼”解释为各种礼制。施行礼，需要根据实际情况加以变通，于是举《礼记》中“子思守礼不丧出母”和曾子怀疑“小功不税”这一礼制的事迹作为例证，以加强说服力。

第五章

张载易学中的气论

“气”是中国传统哲学的核心范畴之一，中国古代哲学中的气论思想源远流长。张岱年在其早年所著《中国哲学大纲》一书中就对中国古代哲学中的“气论”进行了梳理和研究，并指出：

> 中国哲学中所谓气，可以说是最细微最流动的物质，以气解说宇宙，即以最细微最流动的物质为一切之根本。西洋哲学中之原子论，谓一切气皆由微小固体而成；中国哲学中之气论，则谓一切固体皆是气之凝结。亦可谓适成一种对照。①

自张岱年开创中国哲学气论研究的先河，后来的学者在这一领域继续探索，取得了一系列丰富的成果，以程宜山《中国古代元气学说》、李存山《中国气论探源与发微》及李志林《气论与传统思维方式》为代表。

张载的气论思想是张载哲学的基本问题，一直以来是张载研究的重点和热点。

冯友兰在其早年著作《中国哲学史》中说，张载所言“气”含阴阳二性，气化生物，遵循一定规律，由此规律则有宇宙间之普遍现象。②

张岱年在其早年著作《中国哲学大纲》中认为张载思想的根本观念“皆统于气”，并指出张载的本根论是一种唯物论。③ 张岱年在以后的研究中一直贯穿了“张载哲学属唯物论”的观点。

---

① 张岱年：《中国哲学大纲》，载《张岱年全集》第二卷，河北人民出版社 1996 年版，第 72、73 页。

② 参见冯友兰《中国哲学史》（下），《三松堂全集》第三卷，第 287—291 页。

③ 张岱年：《中国哲学大纲》，载《张岱年全集》第二卷，河北人民出版社 1996 年版，第 76—83 页。

在台湾，以牟宗三为代表反对将张载理解为“唯气论”①，但大陆关于张载研究基本上达成共识，即气本论。

鉴于笔者学力所限和本书研究视角和重心，在此试图仅从易学角度对张载气论加以考察。

第一节　对易学史上气论的批判继承

一　气、阴阳与《易经》

“气”字早在甲骨和金文中就已出现，但或作“乞求”之“乞”义，或作“迄至”之“迄”义等，并未有后世之名词“气”字。据李存山先生考证，甲骨、金文中所见“气”字的动词、副词意义是从它原本的名词意义引申转化而来。② 但是这时的“气”并不是一个哲学概念，它的原始意义仅仅是诸如“烟气”、“蒸气”、“云气”、“雾气”等一些自然现象。学界一般认为，“气”真正作为一个哲学概念被使用，是在《国语·周语上》：

> 幽王二年，西周三川皆震。伯阳父曰：周将亡矣！夫天地之气，不失其序；若过其序，民乱之也。阳伏而不能出，阴迫而不能烝，于是有地震。今三川实震，是阳失其所而镇阴也。阳失而在阴，川源必塞；源塞，国必亡。夫水土演而民用也，水土无所演，民乏财用，不亡何待？

这里伯阳父把地震的原因归结为“天地之气”的失序，需要注意的是“阳伏而不能出，阴迫而不能烝，于是有地震”一句，韦昭注：“阳气在下，阴气迫之，使不能升也。”这样把“气”与阴阳观念联系起来，于是气就有了阴阳之分，阴阳二气又相互作用，以此来解释自然、人事。由此看来，气由原始的意义上升为一个哲学概念，与阴阳观念的结合是分不开的。这一点在气论哲学中具有重要意义。气的原始意义仅仅是“烟

---

① 牟宗三云：“横渠以天道性命相贯通为其思参造化之重点……绝不可视之为唯气论者。”详见牟宗三《心体与性体》上册，上海古籍出版社 1999 年版，第 375 页。

② 李存山：《中国气论探源与发微》，中国社会科学出版社 1990 年版，第 18 页。

气”、“蒸气”、“云气”、“雾气”等一些自然现象的直观描述，正因为这些自然现象具有虚无缥缈、用感官似乎难以把握而诱使人对其进行理性思考的这样一些“抽象”特征，使其具备了上升为一个哲学概念的契机。而真正使它获得哲学意义、打上人类理性思考的烙印的，则是与阴阳观念的结合。气与阴阳观念的联姻，使得它获得了强大的哲学生命力，抽象程度和思辨性陡然提高，解释力大大增强，一度成为宇宙本原的概念，在中国古代哲学史上写下了浓墨重彩的一笔。

阴阳观念有其深远的历史渊源，哲学概念的阴阳也是由最初的自然概念抽象引申而来。金文中已有“其阴其阳，以征以行”的字句。[①]《诗经·大雅·公刘》：“既景迺冈，相其阴阳。”《说文》云：“阴，暗也；水之南，山之北。”这里的阴阳仅仅是作为自然地理概念来使用，其中包含“相对待”意义的因子。《左传·昭公三十二年》中概括出了“物生有两”的普遍原理，《诗经·小雅·十月之交》：“高岸为谷，深谷为陵。”《国语·越语》：“阳至而阴，阴至而阳。”最初作为自然现象概念的阴阳和朴素的“对立转化”思想的融合，产生了哲学意义上的阴阳观念。

而阴阳观念在《周易》本经，即卦爻辞（以下称《易经》）中，有突出的反映。

《庄子》云：“《易》以道阴阳。”在《易经》中，并未出现阴阳概念，甚至连“阴”字也就出现了一次，《中孚》九二爻辞：“鹤鸣在阴，其子和之。”这里的“阴”字也是只作为自然现象或地理位置而言，并不具有哲学意义。有学者提出这里需要区分“阴阳概念”与“阴阳观念”，笔者同意《易经》中包含了丰富的“两种势力对待消长”观念的观点[②]，如六十四卦的基本组成单位“——”、“— —”；卦与卦之间存在的“覆”、“变”现象；卦爻辞的编排以及吉凶、往来、内外、小人君子、消长、小大等两两相对的内容无不体现“对待消长”的观念。

以此为基础，《易传》明确提出了“阴阳”的哲学概念，并与气论密切结合，开启了后世易学气论的先河。

可见，气与阴阳观念的结合同时也意味着与易学从此结下了不解之

---

① 李志林：《气论与传统思维方式》，学林出版社1990年版，第19页。

② 这里需要说明，学界曾就《易经》中有没有阴阳观念进行过讨论，详见杨庆中《周易经传研究》，第197—199页。笔者认同杨先生严格区分“概念”和“观念”的观点。

缘。李存山先生指出，仁学与气论是中国传统哲学的基本结构。[①] 而气论与易学的密切关系则是中国古代气论的一大特色。气论中有相当一部分内容属于易学范围，尤其是从汉唐开始，历代不少易学家以阴阳二气解释和发挥《周易》，从而建立起自己的思想体系；从另一个角度也可以说，运用《周易》的语言和原理来对气加以阐释。气论借易学立论，易学也因气论得以发展。

二　《易传》论"气"

就气论和阴阳思想而言，《易传》尤其是《系辞》更注重阐发阴阳思想，与此相关的"气论"更多的是源自后世的发挥，《易传》明确谈"气"的地方并不多，而且意思也不尽相同，其哲学含义也较少。

（一）"阳气"："潜龙勿用，阳气潜藏。"（《乾·文言》）

《文言》解《乾》初九爻辞，用了"阳气"一词，这是吸收了战国时期道家和阴阳家的阴阳学说，即以阴阳二气的消长说明万物生长变化的过程，认为阳气主生，阴气主杀，阴阳有消长，万物有生死。《文言》正是吸收这一思想来解释《周易》和筮法中的变化法则，得出了乾卦六爻从初到上是阳气由潜藏到萌动、生长、发展、壮大、衰落的结论。但是《易传》中论"阴阳二气"的地方并不是十分明确，仅仅在此处涉及"阳气"一词，这说明《易传》中的阴阳说与气论的联系还没有达到密不可分的程度。但这也为后世以阴阳二气解《易》提供了初步的基础和广阔的空间。

运用阴阳二气的对立消长来解释《周易》原理的方法对后来的易学史产生了巨大影响。汉易中的"卦气说"，唐孔颖达《周易正义》及后来的张载易学等，都继承和创新了这一思路。事实上，考察历代大多数易学家，他们的易学体系中或多或少都有气论的内容，只是侧重不同而已。

（二）"精气"："精气为物，游魂为变。"（《系辞上》）

李存山指出：

---

① 李存山：《仁学与气论：中国传统哲学的基本结构》，载《气论与仁学》，中州古籍出版社 2009 年版，第 241 页。

> “精气”一词首见于《管子·水地》篇的“男女精气合而水流形”。《系辞下》亦云：“天地絪缊，万物化醇；男女构精，万物化生。”“精气”既然分“男女”，就当有阴阳；《大戴礼记·曾子天圆》篇云“阳之精气曰神，阴之精气曰灵，神灵者品物之本也”，可以为证。《易传》认为，阴阳精灵之气聚而为物，是生命的开始；散而为气，是生命的终结；余下的就是游气在变化，此即鬼神。①

《系辞》的这一精气鬼神说以物质性的“精气”解释“鬼神”，消解了原有的神性。这一思想被张载继承，并以“气”代替了《系辞》的“精气”，将“鬼神”解释为气的往来屈伸。张载的鬼神观即是基于此。

（三）其他

1. “咸，感也。柔上而刚下。二气感应以相与……”（《咸·彖》）

这里的“二气”并非指阴阳二气，而是就《咸》卦上下卦而言，指山泽通气、男女交感，所取之象，为山泽、少男和少女，非阴阳二气。这里虽然也引入的“气”的概念，但其抽象性和思辨性比阴阳二气要逊色得多。

2. “天地定位，山泽通气。”（《说卦》）

此语出自《说卦》，主要就八卦而言，山、泽分别指艮、兑二卦，以“气”之相通，来表达山、泽，艮、兑的对立统一关系。

3. “同声相应，同气相求。”（《乾·文言》）

这里主要表达的是同类事物间的互相吸引和感应——“各从其类”的思想，此处的“同气”被用作一个具体的例证，其抽象意义和哲学韵味相对较少。

以上是《易传》中明确提到“气”的地方，虽然《易传》将“气”的概念引入了自己的体系之中，但是其具体含义和抽象程度各有不同，只是用相同的词语表达了不同的概念，这也是中国哲学中常见的现象。

具体而言，《文言》由于受到当时阴阳五行学说的影响，所以运用了“气”“阳气”的概念来解释《易经》，虽然在《易传》中并不是很突出，但它明确地将“气”概念引入《周易》系统中来，经过后代学者的不断强化，尤其是强调和突出“气分阴阳”以及“阴阳二气”之间的互动的

① 李存山：《中国气论探源与发微》，中国社会科学出版社1990年版，第103页。

内容，使得以阴阳二气解易的思想得以充分发展，成为易学史上气论的主要内容。

需要讨论的一点是，在《易传》中也涉及一些仅仅提到“阴阳”但没有明确提到气的内容，如“一阴一阳之谓道”（《系辞》）、“阴阳不测之谓神”（《系辞》）、“立天之道阴与阳”（《说卦》）等，有学者认为这里也是在谈阴阳之气；还有“天地絪缊，万物化醇”认为是在说“天地之气”。笔者认为这里的“阴阳”是否就是指阴阳二气需要谨慎对待，后人的解释，未必符合《易传》本义。

就气与阴阳的关系而言，《易传》中突出的是阴阳思想，而易学中的气论在《易传》中仅仅是初露端倪，并不十分明显。而将《易传》阴阳说加以发展，鲜明地提出了阴阳二气说的，当是西汉易学家京房。

三 京房的阴阳二气说

京氏易学虽然视《周易》为占卜吉凶的典籍，但他在对占算体例的解释中借助当时的思想文化资源，在易学史上提出了一些富有创造性的内容。以《易传》阴阳说为基础，明确提出阴阳二气说，便是京氏易学对易学史气论方面的突出贡献。这在易学史上具有重要的意义，启发了后世易学气论思想，《易纬·乾凿度》对京氏易学的气论有不少继承和阐发；后世孔颖达及张载以阴阳二气解易的思想，也可以追溯到京氏易学。

（一）确立阴阳二气为其易学哲学最高范畴

《京氏易传》云：

> 二气阳入阴，阴入阳，二气交互不停，故曰生生之谓易，天地之内无不通也。

这里京房用阴阳二气的出入、交互永不停止来解释《系辞》所说的“生生之谓易”，认为易道就是阴阳二气的这种永恒运动，且这一规律具有普遍性，天地之内，万事万物都可以用阴阳二气的这一运动来解释。显然，这里是把阴阳二气归结为最高的哲学范畴。

（二）阴阳二气生成论

京房把天地万物的生成变化归结为阴阳二气的运动，《京氏易传》云：

阴阳积气，聚散以时……积气运动，天地剖判。

又

二气交互，万物生焉。

朱伯崑指出，“这一解说，认为阴阳二气集聚在一起时，为天地的本原，其散开则形成天和地”①。

将天地的形成、万物的产生归结为阴阳二气的运动，使得京房的气论具有一定的宇宙生成论色彩。这里对阴阳二气运动形式的描述和后世张载对气的运动的描述是一样的，其《易说》及《正蒙》中多次以“聚散”来描述气的运动。

《易纬·乾凿度》阐发了这一思想，提出以气论为核心的宇宙生成模式，尤其是其中的“太极元气说”② 对后世易学史影响巨大，张载以阴阳二气统一体解释太极，其源头应该在京房和《易纬》。

（三）阴阳二气既对立又联系

这是京房的气论比较深刻的见解，他认为事物的存在和变化，总是一阴一阳，矛盾的对立面双方，不可能单独存在。《京氏易传》云：

阴阳之体，不可执一为定象。于八卦，阳荡阴，阴荡阳，二气相感而成体，或隐或显。故《系》云：“一阴一阳之谓道。”

这是说，阴阳二气的相感，或阳显而阴隐，或阴显而阳隐，虽然表现出阳或阴，但同时隐藏着与之相对立的一方，因此，就卦象、爻象而言，也不能定于一象。这也是京房提出的“飞伏说”的气论根据。这一观点

① 朱伯崑：《易学哲学史》第一卷，昆仑出版社2005年版，第158页。

② 《易纬·乾凿度》云：“太易者，未见气也；太初者，气之始也，太始者，形之始也，太素者，质之始也。气形质具而未离，故曰混沦。”朱伯崑指出：“此‘混沦’的阶段，就是太极。”又说：“其以‘混沦’解释‘太极’，太极则指气混沌未分的状态，即汉人所说的元气。”分别见朱伯崑《易学哲学史》第一卷，昆仑出版社2005年版，第183、184页。

具有朴素辩证法色彩，至张载，将其总结为："一物两体者，气也。"

京氏易学的气论，其目的最终还是为他讲阴阳灾异服务的，而后世从孔颖达到张载继承了其中的阴阳二气说，抛弃了他的占候之术，赋予了易学气论新的生命。

四 孔颖达《周易正义》的气论

孔颖达《周易正义》继承和发挥了汉易的气论，对张载易学的气论哲学有着直接的影响。

（一）阴阳二气的相互作用是天地万物变化的根源

孔颖达在《周易正义·序》中说：

> 夫易者，变化之总名，改换之殊称，自天地开辟，阴阳运行，寒暑往来，日月更出，孚萌庶类，亭毒群品，新新不停，生生相续，莫非资变化之力，换代之功。然变化运行，在阴阳二气，故圣人初画八卦，设刚柔两画，象二气也；布以三位，象三才也。

这里首先强调《周易》是讲阴阳变易的典籍，天地万物的生成、生长、发展以及生生日新等变化都来自阴阳二气的变化；《周易》既然是对万物及其运动变化的反映，那么易卦的最基本单位——阴阳二爻，即是对阴阳二气的模拟和形象化。

（二）"刚柔即阴阳"

孔颖达认为刚柔二爻的上下升降互易之运动变化，体现的是阴阳二气的相互作用。《正义》云：

> 变化之道在刚柔相推之中。刚柔即阴阳也，论其气即谓之阴阳，语其体即谓之刚柔也。

因此，卦爻义的变化可以用阴阳二气的变化解释。如孔疏释《坤·六二》"履霜，坚冰至"曰："初六阴气之微，似若初寒之始，但履践其霜，微而积渐，故坚冰乃至。"这是以气的变化解释爻义，阴气从微渐积，乃至积聚为有形之坚冰。

孔疏以阴阳二气解卦象及卦义的例子俯拾即是。如释《屯·彖》文

“刚柔始交而难生”曰：“以刚柔二气始欲相交未相通感，情意未得，故难生也。”释《恒·象》文“雷风相与”曰：“雷之与风，阴阳交感，二气相与，更互而相成，故得恒久也。”等等。

（三）阴阳二气对立存在

孔颖达认为，万物生成之理须在阴阳二气具备，缺一不可。乾坤二卦看起来似纯阳纯阴之气所为，其实不然。《正义》云：

> 四月纯阳用事，阴在其中，靡草死也；十月纯阴用事，阳在其中，齐麦生也。

又

> 阴阳二气，共成岁功，故阴兴之时，仍有阳在，阳生之月，尚有阴存。所以六律六吕，阴阳相间，取象论义，与此不殊。

可见不存在纯阴纯阳之气。这是受京房“飞伏说”的启发，继承了其中的朴素辩证思想，这对张载“一物两体，气也”的思想有很大影响。

孔疏诠《易》之义理，发扬了阴阳二气说，但也保留了玄学易主张的虚无论，如解释“一阴一阳之谓道”说：“一谓无也，无阴无阳乃谓之道。”继续发展易学中的气哲学，抛弃其中的贵无论成分，便是张载易学的任务了。

五　李觏易学中的气论

宋代易学义理学派中气学并非始自张载，李觏便是先驱之一。他的气论对张载影响较大的主要有以下几点。

（一）“阴阳二气之会而后有象”

此说主要针对当时刘牧的河洛之学而发。李觏认为，八卦卦象的产生必须有待于阴阳二气相合，二者缺一不可；只有双方相会合，卦象、万物才能得以产生。他在《删定易图序论》中说：

> 夫物以阴阳二气之会而后有象，象而后有形。象者胚胎是也。形者耳目鼻口手足是也。河图之数，二气未会，而刘氏谓之象，悖矣。

这里出了明确提出象由阴阳二气相会产生的观点，这一点被张载所继承，产生了“凡象皆气”的命题。

此外，这里还就象和形进行了区分。这一点和张载易学有相通之处。张载论气，也是严格区分象和形，虽然二人所用象、形概念有一定的区别，但李觏对张载的影响显而易见。

（二）太极非无

李觏针对韩康伯以无解释太极，评论说：

> 又破康伯之注，无不可以无明必因于有，以谓太极其气已兆，非无之谓，噫！其气虽兆，然比天地之有容体可见，则是无也。又称圣人之辞易有太极，既言有，则非无之谓也。吾以为天地之先，强名太极，其言易有太极，谓有此名曰太极耳，非谓太极便有形也。

首先，李觏对韩康伯以无释太极予以否定，指出太极是“有”，这“有”就是气。但这里的气是无形的，说无只能说太极之气无形，而不能说太极就是虚无。这一思想也被张载所继承，张载以太极为阴阳二气统一体，否认太极虚无说。

其次，李觏以气之无形来解释玄学派的无，这对张载影响很大。有无之辩是中国哲学史上魏晋时期的重要哲学命题，李觏的这一解释把有无之辩引入气论哲学的体系中，具有开创意义。张载便接着李觏的这一思路，提出了“知太虚即气则无无”的重要命题，以气论的形式，对有无之辩作出了回答。

第二节　凡象皆气

张载之前的易学家论气，出现了两方面的偏重。一是以阴阳二气相对待解释《周易》的阴阳变异观念，这种气论更注重气的阴阳属性以及双方的对立转化，而作为阴阳统一体的气在这里的理论意义并不突出。也就是说，它突出的是生成论或过程论，而不是本体论。二是以阴阳未分的“气”或“元气”来解释《易传》中的宇宙生成论，把“气”或“元气”归为宇宙生成过程中的一个环节，在这个环节当中，气是作为本原存在，而在这一环节之后，这种本原意义上的气似乎也就完成了它的使命而不被重视。

在张载的气论哲学中，这两方面的内容得到了综合统一。

一　直观的气

综观《易说》和《正蒙》等张载的现存著作，他对于气这一范畴既有来自直观的认识，也有来自理性的思考，前者为后者奠定了探索的基础。

《易说》释“刚柔相摩，八卦相荡”云：

> 以人言之，喘息是刚柔相摩，气一出一入，上下相摩错也，于鼻息见之。人自鼻息相摩以荡于腹中，物既消烁，气复升腾。

此处解《易》，虽然引入了“气”的概念，但这里的“气”是指人的鼻息之气，以呼吸这一直观形象来解释“刚柔相摩”，是以气解《易》的初级阶段。《正蒙》中也可以看到类似的说法，《动物》篇云：

> 人之有息，盖刚柔相摩，乾坤阖辟之象也。

《太和》篇云：

> 昼夜者，天之一息乎！寒暑者，天之昼夜乎！天道春秋分而气易，犹人一寤寐而魂交。魂交成梦，百道纷纭，对寤而言，一身之昼夜也；气交为春，万物糅错，对秋而言，天之昼夜也。

这里虽然用人之气息、寤寐来比附自然界之昼夜、寒暑、春秋的变化，但始终以气贯之，王夫之注曰：“气通乎昼夜者，合寤寐而如一。”将人的生理活动、自然界变化的原因归结为气的运动变化，统一于气。

张载讲直观的气，仅仅是以一种直观的方式即用例证、比喻来说明抽象之气，能够观察、感觉到的具体的气，只是作为本原之气的一种外在表现形式而已。

二 气之聚散

同样，张载还用了“聚散”这一较为直观的概念来描述气的运动，但正是通过对气的聚散的思考，使得张载气论的哲学高度陡然提升，这主要源于张载以气的聚散解释《周易》的“幽明”概念，从而把有无之辩纳入了气论哲学的体系中来，产生了巨大影响，成为张载易学中最为闪光的内容之一。

《系辞》云：“仰以观于天文，俯以察于地理，是故知幽明之故。”《易说》释曰：

> 气聚则离明得施而有形，气不聚则离明不得使而无形。方其聚也，安得不谓之客？方其散也，安得遽谓之无？故圣人仰观俯察，但云“知幽明之故”，不云“知有无之故”。

该段文字亦见于《正蒙·太和》。“离”，指目，取《说卦》义。

易学史上以聚散描述气之运动并不源于张载，西汉京房已启其端，这种思想可能源自对物质形态转化的直观认识。在张载看来，有形的东西之所以有形，是因为气的集聚，使得离明有所施著，显现出该物体形状；如果集聚之气散开，物体成为气的形态，那么离明无所施著，自然无法显现形状了。按此解释，观察不到的东西就不能称之为无，因为还有气存在；而能观察到的东西，其本质还是气，只是气集聚起来时的暂时形态而已。所以《周易》不言“有无”，而言“幽明”。也就是说，只有有形和无形的区别，而没有“有”和“无”的区别，绝对的虚无是不存在的。张载通过气之聚散回答了有无之辩，将存在与虚无的对立借助气论转化为有形与无形的对立，彻底否定绝对虚无的存在，这一理论具有非常重要的价值，我们在后文中还会有所论及。

以气之聚散解释有形物体之变化，韩康伯在注《系辞》“精气为物，游魂为变”时也有类似说法：

> 精气烟缊，聚而成物。聚极则散，而游魂为变也。游魂，言其游散也。

张载的评论道：

> 形聚为物，形溃反原，反原者，其游魂为变乎！所谓变者，对聚散存亡为文，非如荧雀之化，指前后身之为说。辅嗣所解，似未失其归也。

“辅嗣”当为韩康伯，张载误。西汉时期孟喜卦气图中有“腐草为荧”、“雀入大水为蛤”之说，“荧雀之化”的说法古已有之，张载以气的聚散对此种说法加以批评。这里张载认为韩注“未失其归”，主要是它以气之聚散解释物的存亡。张载进一步指出，有形之物的本原即是气，形状溃散只是反原为气而已。

对于气聚而成的有形之物，可以通过感官感知，但是对于无形之气该如何把握？对这一问题的解决，张载是通过对形和象两者的严格区分来实现的。

三　明分形象

形、象概念的区分也不始于张载，李觏在《删定易图序论》中就曾说道：

> 夫物以阴阳二气之会而后有象，象而后有形。象者胚胎是也。形者耳目鼻口手足是也。

李觏这里所说的形、象主要是就八卦产生问题而言。他认为，阴阳二气相会合才能产生象，象又是形产生的前提条件；象是形的初始状态——胚胎，形则是完成后的具体形态。

张载的形、象概念与此不同，是在此基础上的发展，朱伯崑指出：

> 形指大小方圆等形状或形体，象指刚柔动静等性能。有象者，不一定有形，有形者，必有象。就六十四卦说，其卦画，有形可见，为形；其性质有阴阳，有吉凶，为象。就八卦所取的物象说，如艮为山，离为火，坎为水，都有形可见，为形；巽为风，震为雷，风雷无形却有象。就卦爻说，奇偶两画为形，其刚柔动静为象。这些说法，

并不始于张载，但他特别重视二者的区分。[①]

张载解释《系辞》“几”的含义：“几者，象见而未形者也。”就能体现出这一点。

这样一来，无形之气，就可以通过“象”来把握。《易说》云：

> 显其聚也，隐其散也，显且隐，幽明所以存乎象。

这是说气的聚散导致事物的显现和隐藏，而这一显现和隐藏的变化可以通过象来把握。

《易说》中还说道：

> 有变则有象，如乾健坤顺，有此气则有此象可地而言；若无则直无而已，谓之何而可？是无可得名？故形而上者，得辞斯得象，但于不形中得以措辞者，已是得象可状也。今雷风有动之象，须得天为健，虽未尝见，然而成象，故以天道言；及其法也，则是效也，效著则是成形，成形则地道也。若以耳目所及求理，则安得尽！如言寂然湛然亦须有此象。有气方有象，虽未形，不害象在其中。

这里以乾坤为例，探讨了气、象、形三者之间的联系。气是象存在的根据，有气必有象；气有自己的运动方式和不同的性能，所以象的内涵较为丰富，健顺动静皆可为象；形比象的外延广，形可以包括象，但象不能包括形——“虽未形，不害象在其中”。

朱伯崑指出，张载“辨别形和象，提出无形而有象，其目的在于说明无形的东西不能归之于虚无”[②]。

这里有一个问题需要注意，张载在以“象”论气时，出现了以下倾向。

《正蒙·太和》云：

---

① 朱伯崑：《易学哲学史》第二卷，昆仑出版社 2005 年版，第 307 页。

② 同上书，第 308 页。

气之为物，散入无形，适得吾体；聚为有象，不失无常。

又

气本之虚则湛一无形，感而生则聚而有象。

这两处“象”前都冠以“有”字，张载的意思似乎是在说气还有既无形又无象的状态存在。

《正蒙·太和》还说道：

散殊而可象为气，清通而不可象为神。

这里的“象”用作动词，指对气的状态、性能的描摹，意思是无形的气的聚散运动是可以描述出来的，气的微妙难测的性能“神”却是无形的，是不能加以描述的。

张载以“无象”“不可象”来形容气之“湛一”“清”，使“一物两体者，气也”的著名命题打了折扣。关于这一点，后文将会论及。

张载明分形象，其目的还是为了说明气。《易说》道：

所谓气也者，非待其郁蒸凝聚，接于目而后知之；苟健顺、动止、浩然、湛然之得言，皆可名之象尔。然则象若是非气，指何为象？时若非象，指何为时？

这里张载对自然现象之气和抽象意义之气进行了区分，更明确地定义了他所谓的气。而对气的抽象化过程，是通过象来完成的。杨立华指出：

“健、顺、动、止、浩然、湛然”等象，更是寓乎感官又超乎感官的。象既不是抽象的义理，也不是具体成型的器物，而是介于两者之间的概念。与义理作为纯粹的应然不同，象对应的是实然的层面；而与成型的器物相比，象又因始终保有丰富的趋向和可能性而更为能动和积极。[①]

借助象概念对传统气观念的批判，使得气具备了事物本原的意义，朱伯崑先生认为，张载所谓的气作为事物的本原，“有其物质属性，其属性不是肉眼可以看到的，具有某种抽象的性质”[②]。

张载将这种具有抽象意义的气归为事物的本原，从而论证了物质世界的统一性。《正蒙·乾称》云：

> 凡可状，皆有也；凡有，皆象也；凡象，皆气也。……（舍气，有象否？非象，有意否？）

这里的“有”相当于存在，张载认为，一切能够形容状写的，都是存在；一切存在都有象；所有的象，都是气。如此推导下来，就得出一切存在（物）都是气的结论，世界统一于气。

四 辟佛排老

张载以无形而有象的气论证了世界的统一性，从而以气论的形式对中国哲学史上的“有无之辩”进行了回答。《易说》云：“气能一有无，无则气自然生。”

张载以气论的形式回答有无的问题，也是源于对诸子，主要是佛老有无说的批评。《易说》道：

> 气之聚散于太虚，犹冰凝释于水，知太虚即气则无有有无。故圣人语性与天道之极，尽于参伍之神变易而已。诸子浅妄，有有无之分，非穷理之学也。

《正蒙·太和》也有这段话，但“太虚即气则无有有无”作“太虚即气则无无”。

《易说》也说道：“大易不言有无，言有无，诸子之陋也。”张载的气

① 杨立华：《气本与神化》，北京大学出版社2008年版，第32、33页。

② 朱伯崑：《易学哲学史》第二卷，昆仑出版社2005年版，第314页。

论，也是在批判佛老两家的世界观的基础上建立起来的。

张载弟子范育在《正蒙·序》所言：“自孔孟没，学绝道丧千有余年，处士横议，异端间作，若浮屠老子之书，天下共传……”正是在这种情况下，张载以“造道”的使命，借助易学和气论的结合来加以批判佛老的理论。《正蒙·太和》云：“彼语寂灭者往而不反，徇生执有者，物而不化，二者虽有间矣，以言乎失道则均焉。”

丁为祥从“主体发生学”的角度考察了“张载为什么著《正蒙》”，认为“与浮屠老子辩”是张载著《正蒙》的根本原因或首要原因。[①] 这一结论无可辩驳，但需要注意其中的一个细节，《正蒙》是张载晚年著作，《易说》是较早的著作，《正蒙》在《易说》基础之上完成，不少内容因袭《易说》并加以发挥。[②] 笔者认为，张载与“浮屠老子辩”其实在他作《易说》时已经开始。

佛家主空，以所见之物为幻妄，张载批评道：

> 若谓万象为太虚中所见之物，则物与虚不相资，形自形，性自性，形性天人不相待而有，陷于浮屠以山河大地为见病之说。（《正蒙·太和》）

张载认为佛家的理论割裂了有形之物与无形之气的联系，气与物各成一体，更重要的是把无形之气归结为绝对的虚无，且以此虚无为本，这样一来，山河大地就成了“见病”。这主要是源于对无形之气的认识不够：

> 明有不尽，则诬世界乾坤为幻化。幽明不能举其要，遂躐等妄意而然。（《正蒙·太和》）

在张载看来，佛家之所以会有如此错误的结论，主要是因为他们把实有的天地万物看成是由“心”产生的幻想，而不是归结为物质实体的气，因此他批评道：

---

① 丁为祥：《张载为什么著〈正蒙〉——〈正蒙〉一书之主体发生学考察》，《哲学研究》2007年第4期。

② 参见本书第一章第二节内容《张载思想的学术定位》。

释氏不知天命，而以心法起灭天地。以小缘大，以末缘本，其不能穷，而谓之幻妄，真所谓疑冰者与！（《正蒙·大心》）

佛家这种错误的认识方法与《周易》所主张的“穷理尽性”是完全背离的，其结果只能是由对天地万物的错误认识得出人生也是虚无梦境的结论：

释氏妄意天性而不知范围天用，反以六根之微因缘天地。明不能尽，则诬天地日月为幻妄。蔽其用于一身之小，溺其志于虚空之大。所以语大语小，流遁失中。其过于大也，尘芥六合。其蔽于小也，梦幻人世。谓之穷理可乎？不知穷理而谓之尽性可乎？谓之无不知可乎？尘芥六合，谓天地为有穷也。梦幻人世，明不能究所从也。（《正蒙·大心》）

实际上，张载出入佛道，据后世学者研究，佛家理论对其还是有一定影响。姜国柱指出，张载以冰水关系喻气之聚散，而佛学也常以冰水为喻。① 侯外庐也认为：

作为佛学的批判者张载，在他的二元论体系中也受了佛学的某些影响，他的“变化气质”以求合乎天地的理论，便是转识成智的儒家版。因此，辟佛的宋儒本质上往往不是佛学的批判者，而是批判的佛学者。②

即使如此，相对于对道家批评的有所保留，张载对佛家的批评显得较为尖锐。这主要缘于佛家主空，根本否认客观事物的存在，从而导出了与儒家重人文精神的价值观完全背离的结论，这在张载看来是完全不可接受的。

另外，道家学说主张“有生于无”，张载批评道：

① 姜国柱：《张载的哲学思想》，辽宁人民出版社 1982 年版，第 148 页。
② 侯外庐：《中国思想通史》第四卷，上册，人民出版社 1995 年版，第 163 页。

> 若虚谓能生气，则虚无穷，气有限，体用殊绝，入老氏有生于无自然之论，不识所谓有无混一之常。（《正蒙·太和》）

在张载看来，道家“有生于无”的错误观点缘于对无形之气的错误认识，绝对虚无是不存在的，无形之气充盈其间，如果说气是由绝对虚空产生，那么气与虚空就产生了对立和割裂，也就是将气的体用对立起来。产生这种错误的原因还是因为没有认识清楚“有无混一”的常理，有无只是有形无形的区别，双方都统一于气。

张载还就老子“三十辐共一毂”之说进行了批评，《老子》第十一章云：

> 三十辐共一毂，当其无，有车之用。埏埴以为器，当其无，有器之用。凿户牖以为室，当其无，有室之用。故有之以为利，无之以为用。

车轮、盆子、房屋等物之“用”，在于中间的“空无”。事物的作用在于有与无的统一，不可只有“有”而无“无”。在老子看来，“无”是宇宙万物化生运行发挥作用的根本。张载对此在《易说》中说道：

> 三十辐共一毂则为车，若无（毂）【辐】与（辐亦）【毂，则】何以见车之用！（《易说·系辞》）

这是对老子重“无”的纠偏，在张载看来，“有”才是根本，如果连“有”都没有了，那事物的根本规定性也就没有了，事物的作用更是无从体现。老子是夸大了“无”的作用，贬低了更为根本、更为实在的“有”。

关于张载对佛道的批评，学界所述可谓备矣，兹不多言。需要说明的一点是，张载对佛道两家的批评虽然多数情况下都是同时并举，但批评的程度却是不同的，对道家的评述，还是有认可的地方，这与张载出入佛老，借鉴道家思想资源为自己立论有关。

第一，庄子之气与张载之气。

张载言气，曾直接引用《庄子·逍遥游》“野马”之喻，虽然这里的

“气”抽象程度还不高，但也能窥见《庄子》对他的启发意义。张载以气为万物之本原，而《庄子·大宗师》也有“游乎天地之一气”之说。张载以气之聚散解释事物之存亡，而《庄子·知北游》则明确提出：

> 人之生，气之聚也；聚则为生，散则为死。……故曰：通天下一气耳。

《庄子·秋水》也说：“比形于天地而受气于阴阳。”认为天地间的具体事物均是禀受阴阳二气而得其形体。

《行状》言张载曾求诸“释老之书，累年尽究其说”，可见张载气论应该是受到这些内容影响的，所以对其的批评也是有所保留。

台湾学者陈政扬就张载与庄子气论进行了比较研究，认为庄子与张载气化论相通之处有以下四点。其一，二者都是以气之聚散流转说明万物之死生存亡，将“气”视为万有之本源。其二，二者都将气化流行视为天道之展现，乃是周行不殆、循环往复之活动历程。其三，二者都以阴阳二气之交通激荡说明气之生化活动。其四，二者均为将气视为构成宇宙万有的最小物质单位，而是由气之动用流行而言气化。[①]

第二，《老子》天道自然观与张载天论。

张载在解释《系辞》“鼓万物而不与圣人同忧”一句时，对《老子》“天地不仁，以万物为刍狗”表示了认可，张载说：

> 老子言“天地不仁，以万物为刍狗”，此是也。……天地则何意于人？鼓万物而已。（《易说·系辞》）
>
> 鼓万物而不与圣人同忧，天道也。（《易说·系辞》）

《易说》中还提道：

> 天惟运动一气，鼓万物而生，无心以恤物。（《易说·系辞》）

其解释《复·彖》“天地之心”：

① 陈政扬：《张载思想的哲学诠释》，台北：文史哲出版社2007年版，第85页。

> 天则无心无为，无所主宰，恒然如此，有何休歇？（《易说·复》）

《老子》主天道自然，无思无为；张载认为天没有感情思虑，没有主宰作用，是自然之天、物质之天，这与《老子》有相通之处。

此外，《老子》思想中固有的阴阳理论与张载论阴阳二气也有相同之处，这也大大影响了张载对老子的批评。《老子》第四十二章：

> 道生一，一生二，二生三，三生万物，万物负阴而抱阳，冲气以为和。

概括而言，《老子》本身具有的“自然主义天道观”和“推天道以明人事”的思想对《易传》就有很大的影响，“《易传》用道来贯通天地人，即是从老子的学说演绎而来”①。正是因为有这样一个先天因素，所以张载在建立自己的易学思想体系的时候，对老子的批评仅限于“有无论”和价值观的领域。

孔令宏先生就道家、道教思想对张载之学的影响进行了全面考察，认为张载气论的核心概念“太虚”源于道家、道教，气化思想与老庄一致，“一物两体”的观点“从根本上说与老子并无不同”；张载人性论形式上具道家、道教“虚、静”特点；“天地之性”与“气质之性”的区分源于张伯端；《西铭》万物一体的思想和生死态度受老庄影响。而这一纳道入儒的中介即是《周易》。② 兹备一说。

总的来说，张载建立气论其目的还在于人文精神的开创与道德义理的担当，这是与道家的根本不同，他借鉴了道家气论及其思维方式，对道家理论批评有所保留。

五　对玄学易的批判和与程氏易学的对立

就易学史而言，张载易学的气本论既是对魏晋时期王弼派玄学易的批

---

① 杨庆中：《周易经传研究》，商务印书馆2005年版，第209页。

② 参见孔令宏《张载与道家、道教的关系及其史料分析》，载《宋代理学与道家、道教》上册，中华书局2006年版，第167—191页。

判，同时又是与同时期程颐易学理本论相对立。

（一）对王弼派玄学易的批判

1. 否定“忘象说”

《系辞》云：

子曰：“书不尽言，言不尽意。”然则圣人之意，其不可见乎？子曰：“圣人立象以尽意，设卦以尽情伪，系辞焉以尽其言，变而通之以尽利，鼓之舞之以尽神。”

这里探讨了言、象、意三者的关系。就筮法说，言指卦爻辞，象指卦爻象，意指卦爻象和卦爻辞所涵蕴的意义或义理。意有两层含义：一是指心意即观念，即《系辞》所说的“圣人之意”；二是引申为卦象所蕴藏着的义理，即卦义和爻义。[①]

王弼在其《周易略例·明象》中就这段话解释道：

夫象者出意者也。言者明象者也。尽意莫若象，尽象莫若言。言生于象，故可寻言以观象。象生于意，故可寻象以观意。意以象尽，象以言著。[②]

就筮法来说，这段话的意思是，卦象是表现圣人之意的，而卦爻辞是用来说明卦象的；欲了解圣人之意，莫若通过卦象；欲穷尽卦象内容，莫若通过卦爻辞。这是随《系辞》之义的发挥。由此得出的结论便是：

故言者所以明象，得象而忘言。象者所以存意，得意而忘象。犹蹄者所以在兔，得兔所以忘蹄；筌者所以在鱼，得鱼而忘筌也。然则言者象之蹄也，象者意之筌也。是故存言者，非得象者也。存象者，非得意者也。[③]

① 朱伯崑：《易学哲学史》第一卷，昆仑出版社2005年版，第322页。

② 楼宇烈：《王弼集校注》（下），中华书局1980年版，第609页。

③ 同上书，第609页。

这就是王弼著名的“忘象说”。在他看来，卦爻辞和卦爻象都是一种认识工具，既然是一种工具，就不应该停留在卦爻辞和卦爻象上，所以在得到义后，言和象都可以忽略不计了。王弼此说的错误之处在于把现象和本质相割裂，导致了在物象之外把握本质的结论。对此，张载则提出：

> 形而上者，得辞几得象矣。(《易说·系辞》)
>
> 形而上者，得意斯得名，得名斯得象。不得名，非得象也。故语道至于不能象，则名言亡矣。(《正蒙·天道》)

这是说，形上之道，既是得其意义，便可以用名言表达它；既然可以用名言表达，便是得到它的象。既然我们能对道用语言加以表达，那么道便是有象的。在张载看来，“辞、象、意三者是统一的，不容分割，即使是形而上的道，既然可以用言辞来表达，则表明其无形而有象。‘得辞斯得象’这一命题，显然，是对王弼‘得意在忘象，得象在忘言’的否定。”①

2. 批判“太极虚无论”

王弼派玄学易的特点之一就是“贵无贱有”“贵道贱器”，《周易正义》载韩康伯解释《系辞》“一阴一阳之谓道”云：

> 道者何？无之称也，无不通也，无不由也。况之曰道，寂然无体，不可为象。必有之用极，而无之功显，故至乎神无方而易无体，而道可见矣，故穷变以尽神，因神以明道。阴阳虽殊，无一以待之。在阴为无阴，阴以之生；在阳为无阳，阳以之成，故曰一阴一阳也。

这里的“道者无之称”还可以和他所注“易有太极，是生两仪”相参照：

> 夫有必始于无，故太极生两仪也。太极者，无之称，不可得而名，取有之所极，况之太极者也。

---

① 朱伯崑：《易学哲学史》第二卷，昆仑出版社2005年版，第312页。

韩康伯以“无”解释道，在易学上也就是以“无”为太极，而“两仪”即天地或阴阳二气则属于有形世界，是依赖无形无象的“太极”而产生，阴阳二气的功用根源于无阴无阳之道。朱伯崑先生指出，“就其理论思维说，不外两点：其一，其所谓‘无’，并非数学上的零，乃虚无实体。所谓‘寂然无体’，是说，无固定的体制，超越万有之上，为万有之始，此是取王弼义。其二，此虚无实体，虽无形象，却是一切有形有象之物的根本。”①

玄学易偏重道体虚无，这一观点至孔颖达时略有纠偏，孔氏在《正义》中说道：“道虽无于阴阳，然亦不离于阴阳，阴阳虽有道成，即阴阳亦非道，故曰：‘一阴一阳’也。”孔颖达注意到了玄学易过于重道之无，所以在此强调“有”，即“阴阳”的功用，指出道与阴阳不离不弃，道虽为虚无实体，然其功用必须借助阴阳以实现。②

而真正彻底对王弼派玄学的太极虚无说加以否定的还是张载，他在解释《系辞》“参天两地而倚数”时说：

> 一物两体者，气也。一故神（自注：两在故不测），两故化（自注：推行于一），此天之所以参也。两不立则一不可见，一不可见则两之用息。两体者，虚实也，动静也，聚散也，清浊也，其究一而已。（《易说·说卦》）

此是以“一物两体”为气，也就是以太极为气，张载也有“一物两体者，其太极之谓欤”之说。而太极之气，兼有诸多对立面，如虚实、动静、聚散、清浊等，即“一阴一阳”。太极其实就是阴阳二气统一体。而阴阳二气运动变化的根源并非来自玄学派所说的虚无实体，而是来自太极之气自身的性能——神。张载也说：

> 惟神为能变化，以其一天下之动也。人能知变化之道，其必知神之所为也。（《易说·系辞》）

---

① 朱伯崑：《易学哲学史》第一卷，昆仑出版社2005年版，第352页。

② 李贵良：《对韩康伯“一阴一阳之谓道”注的理解》，《周易研究》2007年第3期。

这是以神为气所固有的本性，这一本性基于阴阳二气的统一，对立双方互为前提，共同构成一整体；同时又各自保持差别和对立。正因为有这种关系，所以气的运动过程表现为一阴一阳、一屈一伸、一聚一散等相互推移。

张载的这一观点将气论与内因论巧妙地结合起来，以太极为气这一物质实体，对玄学易太极虚无说进行了否定，并且以气自身固有的性能解释了其运动变化。

（二）张载之气与程颐之理的对立

1.“凡象皆气”与“理体象用”的对立

程颐在其《程氏易传·序》中有一句著名的话：“至微者，理也；至著者，象也。体用一源，显微无间。”此是说，理是隐藏在背后、不能直观到的东西，象是显现出来、能够观察到的东西，理是体，象是用，理和象是合一的。这一观点构成了程氏易学的基本原则。

程颐的这一观点，理为体，象为用；理是根本，象是不能脱离理的。他把理放在了第一位，而事物则成了理的表现形式，由此产生了理世界与物世界的对立。《二程遗书》记载：

> 天理云者这一个道理，更有甚穷已，不为尧存，不为桀亡。

又

> 有一物而相离者，如形无影不害其成形，水无波不害其为水。

此是说，理是可以独立存在的，不因事象而转移，理成为象存在的根据——有理方有象，世界统一于理。

而张载的“凡象皆气”论，则是对这一论点的反对。《正蒙·乾称》云：

> 凡可状，皆有也；凡有，皆象也；凡象，皆气也。气之性本虚而神，则神与性乃气所固有，此鬼神所以体物而不可移也。（舍气，有象否？非象，有意否？）

此是说，凡可以形容的，都是存在的东西；凡是存在的东西，都是有象的；

一切物象都是气的表现。气本身没有固定的形态，其变化神秘莫测，没有方所，但却是一切事物的实体根据。这是以气和象说明世界统一于物质性，与程颐的理本论形成了鲜明的对立。朱伯崑对此评价说：

> 这同程颐所说的“有理而后有象”，世界统一于理的唯心主义观点是对立的。……这几句话，就其易学说，是说，没有阴阳二气，便没有卦爻象，抛弃卦爻象，也就没有卦爻的意义。就哲学观点说，是说，没有气，便没有物象；无物象，便无其义理。此说，不仅反对了王弼“得意在忘象”，而且也打击了程颐的理本论，在哲学史上有其重要的意义。①

2. 气有生灭与气之聚散之间的对立

《系辞》云“一阴一阳之谓道”，程颐解释道：

> 一阴一阳之谓道，道非阴阳也，所以一阴一阳，道也。如一阖一辟谓之变。②

此是说阴阳和道是有区别的，阴阳自身不能称之为道，阴阳的根据才是道，如同阖辟自身不是变，一阖一辟的原因根据才是变。《二程遗书》又解释《系辞》“形而上者谓之道，形而下者谓之器”道：

> 离了阴阳更无道，所以阴阳者是道也。阴阳，气也，气是形而下者，道是形而上者。③

这里将阴阳二气明确归为形下领域，气是有形的存在，而阴阳二气存在的根据——阴阳之理则是形上领域。虽然程颐强调理与气的合一，但这

---

① 朱伯崑：《易学哲学史》第二卷，昆仑出版社 2005 年版，第 315 页。

② 见《河南程氏遗书》卷第三，载《二程集》，第 67 页。

③ 见《河南程氏遗书》卷第十五，载《二程集》，第 162 页。

已经和主气一元论的张载产生了根本的分歧。张载认为气是无形的，为形而上，而有形之物为形而下。

程颐所谓"所以阴阳者"之"道"，也就是他所谓的"太极"，是统摄万物的"一理"，为阴阳之根源，程颐将它归之为形而上之道。而张载太极观前文已述，是阴阳二气统一的物质实体，与程颐之太极为"一理"说形成对立。

程颐由阴阳二气为形而下之有形之物，得出了气有生灭的结论：

> 凡物之散，其气遂尽，无复归本原之理。天地间如洪炉，虽生物销铄亦尽，岂有复在，天地造化又焉用此既散之气？其造化者自是生气……此是气之终始。开阖便是易，一阖一辟谓之变。[①]

此是说，具体事物随着自身的消亡，所秉受的气也随之消尽，不复存在。天地生化万物，如同冶金，旧的东西消亡，新的东西产生，旧气消尽，又有新气产生，这就是所谓的"气之终始"。《遗书》中亦有"物生则气聚，死则散而归尽"[②] 之语。

张载的观点与此针锋相对，他认为无形之气为万物的本性，天地万物是气的表现形式，万物的存亡只是气的聚散而已，气本身并不存在存亡，"形聚为物，形溃反原"。《张子语录》载：

> 金铁有时而腐，山岳有时而摧，凡有形之物即易坏，惟太虚无动摇，为至实。

《正蒙·太和》云：

> 气之为物，散入无形，适得吾体；聚为有象，不失吾常。

张载站在气本论的立场上，认为气有聚散而无生灭，与程颐的气有生灭而理无生灭的观点相对立。程颐的理本论主理为形而上，气为形而下，

① 见《河南程氏遗书》卷第十五，载《二程集》，第163页。

② 见《河南程氏遗书》卷第二下，载《二程集》，第56页。

具体事物秉受之气随形体溃散而消尽，而理无成亏。张载则从气一元论出发，以气为形而上，具体事物为形而下，事物之个体生灭仅仅是气之聚散，并未有气之生灭。张载的这一理论，经过后世气学派的发展，成为“气不灭论”，是中国古代唯物论闪光的一页。

第三节 一物两体者，气也

在张载易学哲学中，气构成了宇宙万物的本原，气自身的运动聚散就是天地万物生成变化的全部内容。《易经》本身具有阴阳观念，《易传》又以阴阳变易为其核心内容，气论与易学的水乳交融在张载这里得到了进一步的发展深化。张载在确立气为宇宙万物本原的同时，一直贯穿着这样一个思想——气是阴阳对立的统一。气的运动变化的动力和原因来自气自身，气化过程也是由阴阳对立来推动进行。气本身又体现出动静、虚实、升降、聚散等性质。以阴阳二气解《易》的思想在易学史上可以说源远流长，但在这之前都没有达到张载的广度和深度。

一 气有阴阳

张载对气的描述多用一些两两相对的词语，如浮沉、升降、动静、胜负、屈伸等。可见他在确立气为宇宙万物本原的同时贯穿着这样的观念——气是阴阳对立的统一体，也就是张载说所的“气有阴阳”。《易说》云：

> 气有阴阳，屈伸相感之无穷，故神之应也无穷；其散无数，故神之应也无数。虽无穷，其实湛然；合则混然，人不见其殊也。

这是说，气有阴阳之分，而且阴阳二气的对立是无穷无尽的，具有普遍性；虽然如此，这种对立不是机械的，气并未因阴阳对立而分裂开来，阴阳二气还是浑然一体。阴阳二气的区别，是在统一前提下的区别。《正蒙·神化》也说：

> 气有阴阳，推行有渐为化，合一不测为神。

也是说气包括阴气和阳气，运行时逐渐演变叫“化”，二气统一于一体，微妙不易测度就叫“神”。①

既然作为万物本原的气有阴阳对立，那么表现在具体事物上则无处不体现出这一对立关系：

> 物无孤立之理，非同异、屈伸、终始以发明之，则虽物非物也；事有始卒乃成，非同异、有无相感，则不见其成，不见其成则虽物非物，故一屈伸相感而利生焉。(《正蒙·动物》)

此是说，没有任何事物是脱离阴阳对立而孤立存在的，阴阳对立是事物的根本规定性，没有了这种对立关系，事物也就不成其为事物。这里既说明阴阳对立的普遍性，也强调了阴阳对立作为事物的根本规定性。

二 气化生物

在张载看来，阴阳二气的对立不仅具有本体论意义，还有生成论的意义，天地万物的产生、变化都是来源于阴阳二气的对立运动。《正蒙·太和》云：

> 造化所成，无一物相肖者，以是知万物虽多，其实一物；无无阴阳者，以是知天地变化，二端而已。

万物众多且又各不相同，如此丰富多彩的世界，都统一于气；而气有阴阳二端，天地万物的产生、发展、变化都源于阴阳对待。其解释《系辞》“天地絪缊，万物化醇”道：

> 气块然太虚，升降飞扬，未尝止息，易所谓“絪缊”，庄生所谓“生物以息相吹”、“野马”者与！此虚实、动静之机，阴阳、刚柔之始。浮而上者阳之清，降而下者阴之浊，其感通聚结，为风雨，为雪霜，万品之流形，山川之融结，糟粕煨烬，无非教也。(《易说·系辞》)

---

① 喻博文：《正蒙注译》，兰州大学出版社1990年版，第53页。

这里以气之永无止息的升降飞扬运动解释《系辞》所谓的“絪缊”状态，虚实动静、阴阳刚柔这些对立面就蕴含其中，阳气轻浮上升，阴气重浊下降，二气相感，凝聚而成风雨雪霜，山川草木，万物由此而生。这是以阴阳对立面的运动解释了《系辞》“天地絪缊，万物化醇”，将万物的生成解释成气化过程，而这一过程的动力和根本原因就在于阴阳对立。《正蒙·参两》道：

> 阴性凝聚，阳性发散；阴聚之，阳必散之，其势均散。阳为阴累，则相持为雨而降；阴为阳得，则飘扬为云而升。故云物班布太虚者，阴为风驱，敛聚而未散者也。凡阴气凝聚，阳在内者不得出，则奋击而为雷霆；阳在外者不得入，则周旋不舍而为风。其聚有远近、虚实，故雷风有小大、暴缓。和而散则为霜雪雨露，不和而散则为戾气曀霾；阴常散缓，受交于阳，则风雨调，寒暑正。

这里较为详细地解释了云、雷、风、霜、雪、雨、露等自然现象的发生都是由阴阳二气的对立形成的，阴阳对立在这里表现为聚散升降等不同性能，二者不同的运动形态形成不同的天气变化。王夫之注云：

> 天地之化，人物之生，皆具阴阳二气。其中阳之性散，阴之性聚，阴抱阳而聚，阳不能安于聚必散，其散也阴亦与之均散而返于太虚。①

《正蒙·太和》还说道：

> 游气纷扰，合而成质者，生人物之万殊；其阴阳两端循环不已者，立天地之大义。

王夫之注云：

---

① 王夫之：《张子正蒙》，上海古籍出版社2000年版，第105页。

> 万殊之生，因乎二气，二气之合，行乎万殊，天地生生之神化，圣人应感之大经，概可知矣。[①]

此是说，万物的产生都是源于阴阳二气的对立，万物的存在也源于阴阳二气的对立，天地万物变化发展的生生不息，就是因为阴阳二气相互对立运动的这一性能。

天地万物是由于阴阳对立而产生、发展，所以日月星辰、动物植物、天地人无时无处不体现出阴阳对待的状态。就天地而言，《正蒙·参两》说：

> 地纯阴凝聚于中，天浮阳运旋于外，此天地之常体也。

地属阴，天属阳，天地形成阴阳对待之势。

就日月星辰而言，也是如此：

> 月阴精，反乎阳者也，故其右行最速；日为阳精，然其质本阴，故其右行虽缓，亦不纯系乎天，如恒星不动。……火者亦阴质，为阳萃焉，然其气比日而微，故其迟倍日。（《正蒙·参两》）

月阴日阳，形成对待，也正是由于有这样的阴阳对立，日月得以按一定规律运行不止。"火"指火星，其性质属阴，所以有阳气聚于其体[②]，亦形成对待。

人作为宇宙万物的精华，自然也体现阴阳对立的基本法则：

> 气于人，生而不离、死而游散者谓魂；聚成形质、虽死而不散者谓魄。（《正蒙·动物》）
>
> 人之有息，盖刚柔相摩，乾坤阖辟之象也。（《正蒙·动物》）

此是说，人的生命过程都由气贯穿始终，所谓的魂魄也是气之散聚不

---

① 王夫之：《张子正蒙》，上海古籍出版社 2000 年版，第 96 页。

② 喻博文：《正蒙注译》，兰州大学出版社 1990 年版，第 25 页。

同而形成的不同形态而已。而人有呼吸，也是由于阴阳二气的相互摩荡形成，就和天地之中二气发散、吸收是一样的。人的生命，也时时体现出阴阳对待。

张载认为，动物、植物也是如此：

> 动物本诸天，以呼吸为聚散之渐；植物本诸地，以阴阳升降为聚散之渐。（《正蒙·动物》）

动物原本受气于天，以呼吸与否表现了它的生命从生长到死亡的演进过程；植物原本受气于地，它的生命表现为春夏生长、秋冬收藏的演进过程。[①] 动物本天，植物本地，二者形成对待；动物自身、植物自身的生命现象也表现为阴阳对待。

阴阳对待如此具有普遍性，难能可贵的是，张载注意到了这种普遍性同时存在于双方对立面各自的内部之中，即阴中有阳，阳中有阴。《正蒙·参两》云：

> 天象者，阳中之阴；风霆者，阴中之阳。

这是认为，日月星辰、风雨雷电等自然现象中都存在阴中有阳、阳中有阴的状态。

张载在解释《坤·文言》“坤至柔而动也刚”时说道：

> 屈伸、动静、终始各自别，今以刚柔言之，刚何尝无静，柔何尝无动，“坤至柔而动也刚”，则柔亦有刚，静亦有动，但举一体，则有屈伸、动静、终始，乾行不妄，则坤顺必时也。（《易说·坤》）

这是说，阴阳对待表现在具体的形态上会有屈伸、动静、终始、刚柔等差别，但这些具体的不同的对待形式可以共存于某一事物，若坤，为阴、为柔、为静，与乾之阳、刚、动相对待，但坤自身也存在阳、刚、动的一面。这一解易思想并不是始于张载，西汉京房所著《京氏易传》已

① 喻博文：《正蒙注译》，兰州大学出版社 1990 年版，第 68 页。

有类似说法，京房在解释坤卦初六爻辞“履霜坚冰至”道：

阴虽柔顺，气亦坚刚，为无邪气也。(《京氏易传》)

这与京房提出的“飞伏说”有关，意为坤之初六与乾之初九形成飞伏，坤初六具刚阳之气，以此释“坚冰至”。京房还说：

阴中有阳，气积万象，故曰“阴中阳”。(《京氏易传》)

张载抛弃了京氏服务于占候之术的“飞伏说”，将阴阳对立思想加以深化，使得阴阳对立的普遍性意义得到升华。

三 阴阳相感

阴阳二气成对待之势，双方相互作用通过“感”来实现。感的概念来源于《易传》，《咸·彖传》曰：

咸，感也。柔上而刚下，二气感应以相与，止而说，男下女，是以“亨利贞，取女吉”也。天地感而万物化生，圣人感人心而天下和平。观其所感，而天地万物之情可见矣！

《彖传》所说的“二气”指上下卦所象之山泽二气，这里将山泽二气之感加以发挥，创造出“天地之感”、“圣人与人心之感”，赋予感不同事物之间具有的交互作用的含义。张载在解释《咸·彖》时，就感的类型提出一下几类：

感之道不一：或以同而感，圣人感人心以道，此是以同也；或以异而应，男女是也，二女同居则无感；或以相悦而感，或以相畏而感，如虎先见犬，犬自不能去，犬若见虎则能避之；又如磁石引针，相应而感也。若以爱心而来者自相亲，以害心而来者相见容色自别。“圣人感人心而天下和平”，是风动之也；圣人老吾老以及人之老而人欲老其老，此是以事相感也。感如影响，无复先后，有感必动，咸感而应，故曰咸速也。(《易说·咸》)

张载所说的几类相感类型其划分标准并不一致，或从同异角度，或从相悦相畏角度等，但总的来看，所感双方有自然现象也有人类行为，有无生命之物的相感，也有生物、人类的相感——相感的主体具有普遍性；相感的途径也很多样，有感之以道者，有感之以事者；而且感的发生双方无先后之别，如形与影、声音与回声，是同时发生的；感是相感双方同时发生的共同行为，所以又说有感必应。

张载也说感的前提条件是“有物”，《张子语录·上》载：

> 感亦须待有物，有物则有感，无物则何所感。

根据张载著作中所述感的内容，这里的“物”不仅指具体事物，还包括具体事物的本原——气。所以这句话有可能是针对玄学派的虚无论和程氏易“太极一理说”而发。在张载看来，天地万物虽然多种多样，但就其本质却是气，而气含阴阳二端，这里面又包含不同的“感”：

> 以万物本一，故一能合异；以其能合异，故谓之感；若非有异则无合。天性，乾坤、阴阳也，二端故有感，本一故能合。（《正蒙·乾称》）

这里所说的“合异”，即差别万千的天地万物最终都统于一气，“多”与“一”之间也是一种感，它与后面所说的阴阳相感同属感的形态。[①] 张载还区别了人的感知与阴阳相感：

> 天包载万物于内，所感所性，乾坤、阴阳二端而已，无内外之合，无耳目之引取，与人物蕞然异矣。人能尽心知天，不为蕞然起见则几矣。（《正蒙·乾称》）

“蕞然”，小的样子。[②] 张载认为阴阳相感比起人的感知活动是一种更

---

① 杨立华：《论张载哲学中的感与性》，《中国哲学史》2005年第2期。

② 喻博文：《正蒙注译》，兰州大学出版社1990年版，第296页。

为根本的感的形态。

据此，杨立华认为，张载所谓的“感”有三类：其一，天的乾坤、阴阳二端之“感”，此种“感”是纯然无杂的；其二，人与物之间的“合异”之“感”，此种“感”是“蕞然”的，也即纷杂的；其三，能“尽性知天”的圣人之感，而圣人之“感”即是由人的“蕞然”之“感”向天之“感”的复归。[①] 这三类“感”的形态，都可归于最根本的“阴阳相感”：

> 感者性之神，性者感之体。（自注：在天在人，其究一也。）惟屈伸、动静、终始之能一也，故所以妙万物而谓之神，通万物而谓之道，体万物而谓之性。（《正蒙·乾称》）

这里的“性”指气之本性，“体”是本源的意思[②]，此是说，“感”是气之本性的微妙作用，气的本性才是“感”的本源；张载自注“在天在人，其究一也”，这句话很关键——无论是在自然界的“感”，还是在人的“感”，归根到底，其本质是一样的，就是阴阳相感。因此，上文中三类“感”的形态，以及张载释《咸·彖》时所说的诸多“感”之类型，“其究一也”，都可统摄于最根本的阴阳相感。

相感之物能够有交互作用的这种效应，张载称之为“通”，这一说法源于《系辞》“寂然不动，感而遂通”。张载对此举例解释：

> 譬之人身，四体皆一物，故触之而无不觉，不待心使至此而后觉也，此所谓“感而遂通，不行而至，不疾而速”也。（《易说·系辞》）

张载认为“感而遂通”是一种微妙而又神速的交互过程，好比触碰到身体某一部分，不用去思考就已经在当下知道了被碰触这件事。这显然是直观的理解，《正蒙·太和》云：

---

① 杨立华：《论张载哲学中的感与性》，《中国哲学史》2005 年第 2 期。

② 喻博文：《正蒙注译》，兰州大学出版社 1990 年版，第 298 页。

感而后有通，不有两则无一。故圣人以刚柔立本，乾坤毁则无以见易。

这里对“通”进行了抽象的思考，认为通是感的效应，阴阳相感而通，使得双方结为一个整体，如果不能感通，就构不成对立统一，就好比乾坤两卦毁灭也就没有了易一样。这样通就构成了相感的一个必要条件和纽带——两物相感，就是由于通的关联。

至于感的原因，张载将它归之于“神”，即气本身具有的微妙的机能。《正蒙·动物》道：

凡物能相感者，鬼神施受之性也；不能感者，鬼神亦体之而化矣。

这里的“鬼神”指阴阳二气屈伸的性能。张载认为无之所以能相感，根本原因在于阴阳二气屈伸的功能和施放与吸引的作用。现实中也有两物不相感者，如上文提到的“二女同居”，但是张载认为，他们各自作为个体，身上还是被赋予了阴阳二气的机能，蕴藏在每个个体中，就个体自身内部而言，无时无刻不存在“感”的状况。

由上可见，张载论感，既涉及“天道”，也论及“人事”。就“天道”而言，张载以气之阴阳相感解释了天地万物之间的普遍联系；就“人事”而言，“感”的内容涉及以下几点。

第一，人的感知、认识是通过“感”来实现，如上文所引张载所说人之四体触之而无不觉，这是感通的例证。

第二，圣人对于天下的教化也是通过“感”来实现，或感以道，或感以事，有“感化”之义。

第三，“人事”之感，如感知、认识、感化等，和“天道”之感在根本上是一致的，都是气之阴阳相感。《正蒙·太和》云：

心所以万殊者，感外物为不一也。天大无外，其为感者絪缊二端而已焉。物之所以相感者，利用出入，莫知其乡，一万物之妙者与！

张载也注意到了“人事”之感毕竟不同于“天道”之感。《系辞》中有两句涉及“感”的话，分别是“屈信相感而利生”和“情伪相感而利害生”，张载解释道：

> “屈信相感而利生”，感以诚也；“情伪相感而利害生”，杂以伪也。(《易说·系辞》)

又道：

> 《易》言“情伪相感而利害生”，则是专以人事言，故有情伪利害也。“屈信相感而利生”，此则是理也，惟以利言。(《易说·系辞》)

在张载看来，“屈信相感”是就气而言，气的屈伸往来是真实无妄的，所以说是“感以诚”，故只有“利”而不曰“害”；人则不然，人之相感夹杂了“伪”的成分，所以有时会导致害处。

四　一物两体

张载分气为阴阳，说明阴阳对待的巨大功用的同时，也强调阴阳二气的统一，指出气是阴阳统一的物质实体。这一理论的建立，是通过对《易传》“天参”概念的诠释来实现的。《说卦》云：

> 参天两地而倚数，观变于阴阳而立卦。

张载解释道：

> 一物两体者，气也。一故神（自注：两在故不测），两故化（自注：推行于一），此天之所以参也。两不立则一不可见，一不可见则两之用息。两体者，虚实也，动静也，聚散也，清浊也，其究一而已。有两则有一，是太极也。若一则有两，有两亦一在；无两亦一在，然无两则安用一？《易说·说卦》

《说卦》中所谓的“参”，易学史上众说不一，张载取“参”为“三”说。据朱伯崑考证，这一说法源于南北朝易学家张讥，“参”为奇数之始，此三中含两，表示一以含两；按此说法，一乃整体之义，参中含两，即整体兼有两。① 张载受此启发，以“一物两体”来解释气。气含阴阳对立，阴阳即两体，表现为虚实、动静、聚散、清浊等；但这两体又是不容分割，相互依存，成为一体，即“其究一而已”，所以称之为“一物两体”。对立双方由于相互对立才结为整体，如果没有对立，就不能成为统一体，所以说“两不立则一不可见”；既不存在统一体，对立面双方的功能也就不能得以发挥，所以又是“一不可见则两之用息”。由于对立面相互依存，互为存在前提，整体功用得以发挥，气的运动变化的神妙莫测得以体现，此即“一故神”；而这一又非单一，而是一中含两，所以自注“两在故不测”。由于对立双方的作用，才有气化的发生，所以说“两故化”；但这里的“两”又非绝对分裂，而是相互依存，结为一体，所以自注“推行于一”。《正蒙·神化》所言：“气有阴阳，推行有渐为化，合一不测为神”即此意。

此“一物两体”之气，张载也称之为“太极”：

> 一物两体，其太极之谓欤！（《易说·说卦》）
> 不以太极，空虚而已，非天参也。（《易说·说卦》）

张载认为，太极就是阴阳二气统一体，不是虚无，亦不是“一理”，这是对王弼派玄学易和程颐理本论的否定。据此，张载解释“参天两地”：

> 地所以两，分刚柔男女而效之，法也；天所以参，一太极两仪而象之，性也。（《易说·说卦》）

朱伯崑指出：

> 张载所说的太极，一物两体，其哲学的意义即指阴阳二气统一

① 朱伯崑：《易学哲学史》第二卷，昆仑出版社 2005 年版，第 333 页。

> 体。其所说的一和两，不是数学的概念，而是哲学的范畴，即一指统一，两指对立。张载认为，此阴阳二气统一体，其统一的一面乃气运动变化的根源，所以说“一故神”，“合一不测为神”。……此统一体中包括差别对立，所以气的运动过程，总是表现为一阴一阳，一聚一散，一屈一伸等相互推移，而不偏滞于一方，此即“两故化”。①

需要说明的一点是，虽然张载以太极为阴阳对立的统一体的思想具有较强的思辨性，达到了较高的理论水平，具有朴素辩证法的性质，但是张载并没有将这一思想贯穿始终。就太极而言，张载用来描述太极的“一”并不单纯就是“合一”，而是有“单一”之嫌。《易说·说卦》云：“天所以参，一太极两仪而象之，性也。”朱伯崑认为：

> 此处说的太极，前面冠以“一”字，同两仪的“两”字并列，表示太极是一，两仪是二，合而为三，以此说明取象于天参。这里说的“一”，乃三中之一，很难用“合一”来解释。②

就气而言，张载所言之气有时也非阴阳二气之统一，而是含有阴阳未分之意。如《正蒙·太和》云：“气本之虚则湛一无形，感而生则聚而有象。”这里用“湛一”形容气，已经有阴阳未分的意义，而且“象”用在这里也不是张载所主的气无形而有“象”之“象”③。《太和》篇还说道：

> 太虚无形，气之本体，其聚其散，变化之客形尔。至静无感，性之渊源，有识有知，物交之客感尔。

这是说，无形之太虚，是气的本然状态；气聚散变化，只是暂时形态。气之本然状态是“至静无感”的，也就是没有阴阳相感。如此一来，气之本然状态与阴阳二气就割裂开来，气与阴阳就不再是统一的关系了。在阴阳二气之上，建构了一个阴阳未分之湛然之气作为阴阳二气的根据；

---

① 朱伯崑：《易学哲学史》第二卷，昆仑出版社2005年版，第335页。

② 同上书，第341页。

③ 参见本章第二节“凡象皆气”。

就这一理论架构而言，与玄学易太极为虚无，两仪为阴阳的理论以及程氏易“阴阳非道，所以阴阳者道”的模式是一致的，其错误类似于本体论与辩证法的割裂。这也是程宜山所提出的张载哲学的“一元二重化性质”。程宜山说：

> 从太虚与阴阳二气均出自太和来看，这种学说并不违背气一元论的原则。但张载又认为，太虚是气的本然状态，它清通无碍、至实永不动摇，阴阳二气则屈伸无方、聚散不定，运行不息，与太虚本然之气相比，只是一种变化的“客形”。这样，“天”被二重化了。①

张载未能将气为阴阳对立统一的思想贯穿始终，出现了将气与阴阳对待分裂开来的情况，这也使他“仇必和而解”的见解带有矛盾调和论的色彩。

五 阴阳有主次

张载论阴阳二气，并非认为阴阳始终处在对等均衡的状态上，也就是说，张载并没有机械地将气平均一分为二、分为阴阳，在他看来，阴阳和谐的最佳状态不一定是阴阳均分，而是阴阳有主有次。这一思想源于《易传》尚阳抑阴说，《系辞》云：“阳一君而二民，君子之道也；阴二君而一民，小人之道也。”张载解释道：

> 一其归者，君子之道；多以御者，小人之理。阳遍体众阴，众阴共事一阳，理也。是故，二君共一民，一民事二君，上与下皆小人之道也；一君而体二民，二民而宗一君，上与下皆君子之道也。（《易说·系辞》）

《系辞》本身具有崇阳抑阴的思想，这里是以君臣关系比附一卦之中的阴阳爻关系，张载认为一阳统众阴才是符合“理”的，是阴阳双方各得其所的和谐的最佳状态。这里虽然是说三画卦，但这一思想和王弼的“一爻为主说”有关，王弼《周易略例·明象》道：

---

① 程宜山：《张载哲学的系统分析》，学林出版社1989年版，第49页。

> 夫少者多之所贵也，寡者众之所宗也。一卦五阳而一阴，则一阴为之主矣。五阴而一阳，则一阳为之主矣。夫阴之所求者阳也，阳之所求者，阴也。阳苟一焉，五阴何得不同而归之。阴苟只焉，五阳何得不同而从之。故阴爻虽贱，而为一卦之主者，处其至少之地也。

王弼“一爻为主说”源于对《彖传》的发挥，此处的一卦之主基于多以少主、众以寡为宗的原则。这对张载分析阴阳关系有一定的启发意义。《系辞》以八经卦分阴阳，依据原则为“阳卦多阴，阴卦多阳”，张载解释道：

> 阳卦多阴，则阳为之主；阴卦多阳，则阴为之主；虽小大不齐，而刚柔得位，为一卦之主则均矣。（《易说·系辞》）

此是说，八经卦属阴属阳取决于三爻中占少数的一爻的阴阳属性，将王弼解释六画卦的“一爻为主说”应用到了三画卦，以说明阴阳对立的状态并非都是均衡的；虽然，阴阳对待在具体的方面会有势力的不均衡，有主次之分，但是就总体而言，阴阳两种势力却是对等的，就好比八卦之中，四阴四阳相互对待。张载的这一思想承认阴阳对立的不均衡性，对立双方有主次之分，这是难能可贵的，具有朴素辩证法的因素，但最终却将这种对立从总体上归结为对等和均衡，这是因为从宏观总体上着眼的缘故，具有一定的合理性。

六　仇必和而解

《正蒙·太和》云：

> 气本之虚则湛一无形，感而生则聚而有象。有象斯有对，对必反其为；有反斯有仇，仇必和而解。故爱恶之情同出于太虚，而卒归于物欲，倏而生，忽而成，不容有毫发之间，其神矣夫！

这一段话中，尤其以“有象斯有对，对必反其为；有反斯有仇，仇必和而解”一语最为有名，被屡屡引用，甚为学人所称道。冯友兰说：

“占优势者并不能完全消灭它的对立面，这大概就是张载所说的‘仇必和而解’”。[1] 冯友兰的这一解释基于他对辩证法的见解，在冯友兰看来，对矛盾双方对立统一的认识，可以就对立而言，也可以就统一而言；就对立而言，即所谓的“仇必仇到底”，就统一而言，就是张载所说的“仇必和而解”。

近来，向世陵撰文表达了对这段文字的见解。向世陵认为，不能将“有象斯有对，对必反其为；有反斯有仇，仇必和而解”这几句话从整段文字中抽取出来作孤立的理解，整段文字可以表述为：

> 气的变化始于湛一无形的太虚，因交感而产生聚散变化的万象；现象的世界一经产生，对立和斗争也就不可避免；然对立和斗争必然会走向消解（重新回到太虚之本然，从而开始新一轮的变化）。所以，相交相感的爱与相反相仇的恶双方都源自于太虚，因被外物所感而引发如同追逐物欲般的千象万态的变化。这样的变化倏生忽成，无始无终，以致连毫发的间隔也没有，真是神妙不测啊！

按照这一解释，向世陵认为，“仇必和而解”不能理解为矛盾的最后归结，一是它仅仅是在表述天道变化一个阶段的终结，在逻辑上并不比“有象斯有对”有更高效力，都是永无停息的气化聚散过程的阶段和片面；二是聚散屈伸不息的矛盾过程作为内在性理支持着事物外部形象的稳定。[2]

张载的这段话既是讲气的内在结构和运动机制，也是对辩证思维的一种表述，向世陵的见解兼顾到了这两个方面，否定了“仇必和而解”为矛盾消解的观点，指出了张载辩证思维的深刻之处。

这里有一个问题需要讨论，前文已述，张载把“气是阴阳对立的统一体”这一富有辩证思维的观点并没有贯穿始终，其所谓的“太极之气”并非“合一”，而是有“单一”之嫌；就这段话来说，其中“气本之虚则湛一无形，感而生则聚而有象”一语，也表明太虚作为气的本然状态，是“湛一”、“无感”，阴阳未分——将气与阴阳对待割裂开来。如此说来，即使“仇必和而解”表述的是“永无停息的气化聚散过程的阶段和

① 冯友兰：《中国哲学史新编》下卷，人民出版社 1999 年版，第 152 页。

② 向世陵：《张载的“仇必和而解”与两种辩证法》，《江苏行政学院学报》2009 年第 4 期。

片面”，这也是和无阴阳之分的太虚之气相抵牾的。这样的话，只能作“两步走”表述，在第一阶段，即气还没有阴阳之分的这一阶段，由于不存在对立面，是“湛一”的，无从谈起“仇必和而解”了；第二阶段，也就是有了阴阳对待之后，气化过程永无止息地展开，“仇必和而解”就作为这一过程中的一个片段和环节，随之展开，并且按照张载的原意，“反仇”和“和解”的变化倏生忽成，没有丝毫间隔。所谓“仇必和而解”深刻的辩证思维，也只有在这一阶段才有意义。

这里还需要讨论的一个问题，就是关于张载的这段表述，他的语言运用上有一个很大的特点，就是在讲气的同时，运用了几个一般用于表达个人情感的词语，如“仇”、“爱”、“恶”、“情”、“欲”，这就产生了一个疑问——张载是否在表述“天道”的同时也在表达“人事”？

杨立华认为，这里的“爱恶”就是指人的爱恶之情，张载这里指出了“爱与恶这两种根本情感的来源”——“对立的象之间的冲突与和解”。①

古代学者对此问题也是有不同见解，王夫之就“有象斯有对”四句注云：

> 以气化言之，阴阳各成其象，则相为对，刚柔、寒温、生杀、必相反而相为仇；乃其究也，互以相成，无终相敌之理，而解散仍返于太虚。以在人之性情言之，已成形则与物为对，而利于物者损于己，利于己者损于物，必相反而仇；然终不能不取物以自益也，和而解矣。气化性情，其机一也。②

王夫之认为，这四句话既是就“气化”言之，也是就“人之性情”言之；就人之性情而言这里的“反”、“仇”、“和”是指人与物之间而言，并以人取物以自用而为“和”。

就“故爱恶之情同出于太虚，而卒归于物欲”一句，王注云：

> 相反相仇则恶，和而解则爱。阴阳异用，恶不容已；阴得阳，阳

① 杨立华：《气本与神化》，北京大学出版社 2008 年版，第 116 页。

② 王夫之：《张子正蒙》，上海古籍出版社 2000 年版，第 97—98 页。

得阴，乃遂其化，爱不容已；太虚一实之气所必有之几也，而感于物而发为欲，情之所自生也。[①]

这里还是天、人合论。王夫之认为人之爱恶之情的产生源于人与外物相感而生欲，情由此而生。

他接着注“倏而生，忽而成，不容有毫发之间，其神矣夫”道：

爱恶之情无端而不暂息者，即太虚之气一动一静之几；物无不交，则情无不起，盖亦不疾而速，不行而至也。存神以和湛，则爱恶无非天理也。[②]

“存神”一词源于《系辞》“神而明之，存乎其人”。后为道教理论吸收，多见于道教典籍，成为道教专门术语。张载亦有“存神顺化”之说，论述的是“天人合一”的修养境界，张载的“存神”，意即“不运用思虑，其精神暗中与神化合一”。[③] 此处王夫之也用“存神”一词，向世陵译作“心神安宁”[④]，姑从之。这里王夫之为人之爱恶之情找到了气论依据，认为爱恶之情无端无止，源于太虚之气动静相对待的性能；最后发挥说，如果能保持心神安宁与太虚之湛一相合，那么所发之爱恶之情就是天理流行——达到了天人合一。

总的来看，王夫之的注解虽然加入了他自己的发挥，但他认为这段话张载是天道人事“一滚论之”的。这一观点，清代学者王植在他的《正蒙初义》中提出了不同看法。张岱年指出，“王夫之的注解比较深刻，王植的注解比较完备”。[⑤] 王植认为，张载的这一整段话中，

反仇、和解、爱恶、物欲等字，皆以人事形容天道。爱者相生相合之意，恶者相制相克之意。物欲云者，天道之变化客形，如人之有感而动，随物而迁，千状万态，无复本一之体。即上象对、反仇、和

① 王夫之：《张子正蒙》，上海古籍出版社2000年版，第98页。
② 同上。
③ 郑万耕：《横渠易学的天人观》，《周易研究》1997年第1期。
④ 向世陵：《张载的“仇必和而解”与两种辩证法》，《江苏行政学院学报》2009年第4期。
⑤ 张岱年：《中国哲学史史料学》，生活·读书·新知三联书店1982年版，第158页。

解数句，意非私欲之谓也。倏生忽成，又即气化之生人生物言，生生不息，成成不继，神速不测，何间只有？旧说皆以物欲属人言，故语气不能一贯。[①]

王植认为张载之意是借人事形容天道，所用的具情感意义的词语，如反仇、和解、爱恶、物欲等字，仅是用来形容气的运动和性能而已，并对王夫之的“旧说”提出批评。喻博文从此说。[②]

对此问题，我们从以下两个方面进行讨论。

首先，张载这段话是出现在《正蒙》一书首篇《太和》。《正蒙》各篇是张载弟子苏昞编订，所谓“会归义例，略效《论语》、《孟子》，篇次章句，以类相从，为十七篇”[③]，各篇安排确有从天道到人道之意，《太和》等前五篇主要内容是关于“天道”。《太和》全篇内容主要论及天地万物的本原、本质，气的本然状态，天地万物的产生过程及其相互关系。就本书所讨论的这一段文字而言，也确实是论述气之内在机制，王植排除论人事之嫌，主要是看到了这一点。

其次，我们也应该注意到，即使是“会归义例”、“以类相从”，但既是效《论语》、《孟子》，以各篇首句定篇名，而且一篇之内各条之间也缺乏逻辑性的连接，又非张载亲手所定，所以研读《正蒙》也应该像《论语》、《孟子》一样，视其为由独立的各条组成的著作。《正蒙》一书大量取自《易说》也是这一问题的旁证。[④] 所以，仅就《太和》篇在《正蒙》一书中编排的位置而对其中的具体内容加以判断是不够可靠的。还有，张载之学有一个极其重要的特征，用他自己的话说就是天人“一滚论之”，《易说·系辞》道：

天人不须强分，《易》言天道，则与人事一滚论之，若分别则只是薄乎云尔。自然人谋合，盖一体也，人谋之所经画，亦莫非天理。

导源于《易传》“三才统一”、宇宙与生命统一思想的“天人合一”

① 王植：《正蒙初义》，台北：商务印书馆1986年版，第447—448页。

② 喻博文：《正蒙注译》，兰州大学出版社1990年版，第16—17页。

③ 见《正蒙·苏昞序》，载《张载集》，第3页。

④ 参见本书第一章第二节“张载思想的学术定位”。

观念，是张载思想的核心观念之一，在中国哲学史上也是张载第一次提出的命题。张载论天道神化，其根本目的还在于为其人道思想作铺垫，建立一个形上根据，所以张载在言说方式上，也采用了“一滚论之”的形式。

因此，就本书所讨论的这段文字而言，也应该归于“天人合论”的模式。文中“仇”、“爱”、“恶”、“情”、“欲”等一般用于表达个人情感的词语，既是论“人事”，也是论“天道”。在张载看来，人作为气化生物——“人但物中之一物耳”[①]，与太虚之气在本质上具有一致性，人之攻取爱恶从根本上讲就是气之攻取爱恶。王夫之的注解具有一定的合理性；但并非完全就是张载本意，他释“仇反”为人与物之仇反，释“和解”为人取物为人所用，释“卒归于物欲”为人与物接欲发而情生，以及“存神以和湛”之论，多是他自己的发挥了。

王植称“《正蒙》难读”，由此可见一斑。

第四节　太虚、太极、太和辨

前文论述中，已涉及张载易学中的“太虚”、“太极”及“太和”三概念。这三个概念都是以“太”表示“极至”的意思，在张载易学体系中具有非常重要的地位。就太虚而言，“太虚以及虚气关系就是整个张载哲学的生长点”。[②] 而太极又是易学特色最为突出的核心概念之一，张载以此指代太虚之气。“太和”概念直接取自《易传》，冯友兰先生说：“‘太和’这个范畴，其重要性不亚于‘太虚’”。[③] 这三个概念都由“气”贯穿起来，尤其是其中太虚与气的关系，更是张载研究中的争议最大、探讨最多的问题，到目前为止，学界也未达成一致的看法。

一　关于太虚

（一）学界关于“太虚即气”的不同意见

“太虚即气”是张载提出的著名命题，但后世学者对其理解不一，作出了不同甚至相反的解释。太虚与气的关系问题是张载研究中的焦点。对

---

① 见《张子语录·上》，载《张载集》，第313页。

② 丁为祥：《张载虚气观解读》，《中国哲学史》2001年第2期。

③ 冯友兰：《中国哲学史新编》下卷，人民出版社1999年版，第144页。

这一命题的理解，关键在于对“即”字作何解释，学界或者作“相即不离”之“即”解，或者作“即是”之“即”解，聚讼不已。若作“相即不离”解，太虚与气则为两物，即异质的关系；若作“即是”解，太虚与气则是一物两名，是同质的关系。对于此问题，在当代，有学者总结出三种具有代表性的看法。①

一是太虚与气是同质的，都是物质性的存在，二者的差别仅仅在于存在的状态或形式上的不同。持此说者，通常将“太虚即气”之“即”理解为“就是”；将“太虚无形，气之本体”之“本体”解释为“本来的状态”。这一观点在大陆占主流，以张岱年先生为代表，侯外庐、陈俊民、陈来等人观点均同于或近于此说。

二是两者为异质关系，气是形下的材质或物质，而太虚是形上超越的精神实体或实理。持此说者，将“太虚即气”之“即”解释为“相即不离”之意，以台湾牟宗三为代表，蔡仁厚、朱建民等亦从此说。

三是台湾唐君毅“流行的存在”或“存在的流行”说。唐君毅认为，太虚与气为同质，但不是物质性的材质，而是指实存的宇宙大化之流行。二者的不同仅仅在于存在的状态或形式，是宇宙本体不同面相的表现。

（二）“太虚”进入易学领域

朱伯崑认为，“太虚”一词，本出于道家，《庄子·知北游》：“不过乎昆仑，不游于太虚”，本义是指深远的虚空，后被用于解释太空；而用“太虚”一词解说易学问题，则是到了魏晋时期。②

晋人张湛注《列子·天瑞》“太易者，未见气也”一语云：“易者，不穷滞之称。凝寂于太虚之域，将何所见耶？如《易·系》之‘太极’，老氏之‘浑成’也。”③ 这里的“太虚之域”是未变易的气所存在的场所，有空间的意义。张湛认为这种未见阴阳之象的气“凝寂”于太虚之域的这一状态，就是《易传》所谓的“太极”。由此看来，“太虚”一词

① 据台湾柳秀英女士观点，历来对“太虚即气”的解释可归为五类：理气相杂说；气化唯物说；体用圆融说；体用二分说；儒佛道混一说。见柳秀英《张载“太虚即气”诠释异说研究》，载台湾《美和技术学院学报》2002 年第 21 期。今取台湾陈立骧先生“三类说”，见陈立骧《张载“天道论”性格之衡定》，载《宋明儒学新论》，高雄复文图书出版社 2005 年版，第 350、351 页。陈政扬亦从此说并加细释，见陈政扬《张载“太虚即气”说辨析》，载《张载思想的哲学诠释》，台北：文史哲出版社 2007 年版，第 23—56 页。

② 朱伯崑：《易学哲学史》第二卷，昆仑出版社 2005 年版，第 347 页。

③ 杨伯峻：《列子集释》，中华书局 1979 年版，第 6 页。

从一开始进入易学领域，就和太极有了联系。

《周易正义》载韩康伯注《系辞》“阴阳不测之谓神”云：

> 原夫两仪之运，万物之动，岂有使之然哉！莫不独化于太虚，欻尔而自造矣。造之非我，理自玄应，化之无主，数自冥运，故不知所以然，而况之神。

这里的“太虚”，意思还是天地万物存在、变化的场所。这一含义至唐孔颖达解《易》发生了改变，《周易正义·系辞》云：

> 言象之所以立有象者，岂由象而来，由太虚自然而有象也；数之所以有数者，岂由数而来，由太虚自然而有数也；是太虚之象，太虚之数，是其至精至变也。

这里的太虚已经不是气化的场所，而是摆脱了空间的含义，成为象和数的根源所在。

由以上可以得知，魏晋易学中的太虚仅仅是一个空间概念，是气化的场所；孔疏中太虚已经上升为道体的概念，具有一定的本原意义，但是孔氏并没有明确指出太虚就是气。而到了张载，将这两种含义加以结合，赋予了太虚以新的意义。

（三）张载思想体系中的“太虚”

1. 太虚的空间含义

太虚作为空间含义由来已久，从《庄子·知北游》“不游乎太虚”到《黄帝内经·五运行大论》“地为人之下，太虚之中者也”，以及魏晋易学中的“太虚”，皆有空间之含义，在张载的论述中，这一含义的痕迹还是存在着的，《易说·系辞》云：

> 气之聚散于太虚，犹冰凝释于水，知太虚即气则无有有无。

《正蒙·太和》作“则无无”。

就这句话的前半句而言，“气之聚散于太虚”，此处“于”字吃紧，“于”在古代汉语中一般作介词，后跟动作发生之地点、场所，这句话显然可以理解为“气之聚散运动发生在太虚之中”。这样的话，暂且不论太虚之为物是否就是气，但有一点可以确定——太虚至少有这样一种意义，那就是作为气的聚散变化的场所。丁为祥先生也有类似看法，但他认为，太虚所最具有的空间的指谓源于张载对天的定义：

> 从“天竟不可方体”来看，张载是认为天既包载日月星辰于其中又内在于日月星辰的，这正是空间的涵义。同样的论述也见于太虚，如“云物班布太虚者，阴为风驱，敛聚而未散者也”（《正蒙·参两》）。班布即陈列之意，而太虚作为万物的存在场所，说明其正是包含云物于其中的空间。因此，天、太虚就都有了空间的涵义。①

2. 太虚是连续性存在

对于太虚作为空间的这一方面含义，还需要详加对待。

太虚这里所谓的空间意义，并不是现代科学意义上的空间，它比现代科学意义的空间要直观，仅仅指气聚散运动所在的场所而已。但这一场所也不是绝对的虚空，而是这一场所本身就是气。陈来先生对此有一个形象的说法：

> 虚空并非像普通人所了解的那样，它并不是一个绝对的空间，不是一个中间一无所有的大柜子，而是在它中间充满着一种无法直接感知的极为稀薄的气。②

陈先生通过比喻将太虚是由气构成的空间含义形象明白地展现出来了。宏观而言，《正蒙·太和》说：“天大无外”，所以气也是无限的，能装载气的“大柜子”是不存在的，整个宇宙都是由气构成，气本身就是空间，有形可见的日月星辰、天地万物，都是气化的产物，都是由气聚而产生，随自身内部以及与之产生关系的外部的阴阳之气的对立运动，而发展、变化、死亡；微观而言，太虚本身就是气，这种气也不能说它是类似于分子、原子的“微粒”，如唯识家所说的“极微计”，因

---

① 丁为祥：《张载虚气观解读》，《中国哲学史》2001 年第 2 期。

② 陈来：《宋明理学》，辽宁教育出版社 1991 年版，第 59 页。

为如果说气在微观上是由极小的微粒构成，那么微粒与微粒之间便有了“空隙”，这“空隙”之中是没有气的，是绝对的虚无，这与张载所主的“知太虚即气则无无”是不相容的。因此，说太虚之气“极为稀薄”只是形象地表达了气不为人所感知的特点，事实上，张载所谓的太虚之气无所谓稀薄还是不稀薄，而是一种不可分的整体连续性存在，从这个意义上，也可以说太虚之气是“至小无内”。正是因为太虚之气具有这种连续性存在的特点，有学者将张载之气与现代物理学“场”的概念加以对照。李存山说：

> 气充盈大宇而不窕，虚空即气，离气化则无时空，这是中国气论一贯的思想。这种思想与现代物理学的时空理论——不存在一无所有的空间，真空是场存在的基态，时空性质被物质的分布状况和运动速度所决定等等——确实很相似。①

3. 太虚与气同质

在此理解的基础上我们再来看张载的“冰水之喻”：

> 气之聚散于太虚，犹冰凝释于水，知太虚即气，则无无。（《正蒙·太和》）

冰水同质，只是状态不同而已；由此可知，太虚与气亦是同质，但太虚与气是不是也是因为状态不同才会有不同称谓呢？这一点需要详加说明。太虚本身就是气，天地万物作为气化之生成物，其本原还是气，由此看来，气比太虚更具包容性，因为气含两种形态，一是无形之气——太虚，二是有形之“气”——天地万物。在此意义上，说太虚和气是“一物而两名”的关系是不够精确的，应该说太虚是气的存在形式之一，是气散而未聚、无形可见时的一种状态。张载把这一状态称为“气之本体”——气本然之状况，而把气化所生天地万物等有形的东西称为“气之客形”——暂时的状态：

① 李存山：《中国气论探源与发微》，中国社会科学出版社1990年版，第237页。

太虚无形，气之本体，其聚其散，变化之客形尔。（《正蒙·太和》）

或称为“神化之糟粕”：

凡天地法象，皆神化之糟粕尔。（《正蒙·太和》）

朱伯崑说，这是张载把太虚与有形之物对立起来，走上了贵虚贱形的道路。[①] 张载之所以有这种思想，是因为他看到了有形之物都会有存亡的过程，都受寿命长短的限制，最终都会散归为太虚，而太虚之气才是永恒的存在。他说：

金铁有时而腐，山岳有时而摧，凡有形之物而易坏，惟太虚无动摇，故为至实。（《张子语录·中》）

外形坚固的金铁山岳都会摧腐毁坏，然而无形无影的气却能与世长存，于是张载由太虚这一无具体形体可供把捉的“虚”，得出了太虚是“至实”的结论——因虚得实，走向了反面。这也许是受到老子思想的影响。

4. 太虚是价值的载体

张载同时也给太虚这一“至实”的特征赋予了价值内涵，使得太虚不仅仅是一个自然概念，而是承担着价值的一个概念：

（1）诚则实也，太虚者天之实也。万物取足于太虚，人亦出于太虚，太虚者心之实也。（《张子语录·中》）

（2）天地之道，无非以至虚为实，人须于虚中求出实。圣人虚之至，故择善自精。

天地以虚为德，至善者虚也。（《张子语录·中》）

由太虚之实推出人道之实，天人一性，天人一德，一定程度上反映了

① 朱伯崑：《易学哲学史》第二卷，昆仑出版社 2005 年版，第 344 页。

张载的天人观。

这里需要对张载赋予太虚价值含义的“方式”进行检讨。

张载由太虚之“虚”得出“至实”的结论，源于对太虚的直观认识，属于一种自然哲学。引文（1）中，人作为气化生物之一，也具备太虚的性质，太虚“至实”的特征表现在人身上，就是人心之“实”。张载说过，“天之不御莫大于太虚”（《正蒙·大心》），又说“大其心则能体天下之物”（《正蒙·大心》），张载所谓的“人心之实”可能是指人认识能力的广阔性、无限性，而这一特征则是来源于太虚无形之气的永恒性，如此一来，为原本是自然之气的太虚赋予了人文含义。

引文（2）中为自然之太虚赋予人文价值的特征更为明显，太虚之气具有“虚”的性质，这一“虚”本指太虚之气所具有的可入性、不可感知性等“自然特征”，但张载认为是这天地之“德”，是“至善”，太虚的自然特征到了人身上就体现为“虚怀若谷”的优秀品德，自然之“虚”与价值之“虚”在张载这里合二为一。

以上，张载这一“赋值”方式的生硬和附会特征也是比较明显的，这也是后世学者批评张载“事实与价值相矛盾”的原因之一。

事实上，张载从一开始就站在“天人合一”的立场上论述太虚，太虚的价值含义并非是“后来”才附加上去的，上面所言“虚实之辩”仅仅是在具体的一个价值标准方面而言的。而太虚如何承载价值，通贯天人是张载思想体系中极其重要的一个问题，它既是张载之学聚讼不已的关节点，也涉及整个宋明理学要解决的重大命题——如何贯通天道性命的问题。

（四）太虚如何承载价值

太虚与气的关系问题是历来张载研究的焦点，学界关注的重点在于“太虚”究竟是物质性的“气”，还是超越物质之上的气之“本体”，而之所以作出不同的回答，其中的一个具有决定性的因素就是太虚如何安顿价值的问题，正是这一问题影响了对“太虚即气”这一命题的诠释。太虚如何承载价值，这是理解对“太虚即气”作出不同解释的钥匙。

唐宋以来，佛教盛行，佛学形上学与心性论之精微，为儒学所不及。儒学要在学术领域牢固维护自己的统治地位，就必须建立起属于自己的、能够与佛教相抗衡的形上学与心性论。这也是宋代儒者面临的共同问题。而儒家要想建立自己的形上学，为儒家的价值理想构建一个形上根据以对抗佛老，核心问题就是如何将天道、人事相贯通。儒家经典中较多涉及天道人事关系的，当属《周易》，《易传》中太极、阴阳、道、器、象、数等概念，最适宜作为建立本体论的依据。张载“勇于造道”，与老子、浮屠“较是非曲直”，自觉地担当了这一历史任务。张载之前儒家的天人学说，基本上是汉唐以来的天人感应模式，这一理论的缺点在于迷信、附会色彩过重，粗疏而生硬，如董仲舒所谓的天乃“人之曾祖父”之说。这一理论从它诞生时就一直伴有唯物论和无神论的批评和冲击，再加上佛学的兴盛，其精致的思辨更是对天人感应理论巨大的打击。张载所谓的“造道”，其实就是要重铸天人关系，要为儒家的人道观建立一个足以对抗佛老的本体依据。

首先，张载将气论引入易学当中，将天地万物的本原归于一气，以气之聚散释有无，在天道观上给予佛老以有力的回击；接下来的问题就是，如何将气与人文价值相贯通。这不仅仅是张载，也是历史上诸多唯物论思想家共同面临的一大难题。而张载对这一问题的解决也是后世学者对其思想争议不断的症结所在。

主太虚非气说的学者看到了物质性的气与精神性的价值之间存在的某种紧张，认为气作为“冷冰冰”的物质实存与人文价值无法有机的融汇；如此一来，张载思想体系中的天道、人事还是截然两分，并没有完成“性与天道”相贯通的历史使命。出于这一“担心”，该派学者便将“太虚”单独提取出来大做文章，在气之上，再建一个“本体”——太虚，认为太虚是形上本体，气是形下的材质或物质，而太虚是具有绝对性的形上超越的精神实体或实理，既是宇宙本体，也是价值本体，以此来安顿价值。

这一学说的提出并非是学者们主观的一厢情愿，考察张载的学说，本身就蕴含着这一问题的端倪，张载思想体系中“太虚”一词的双重意味可以说是这一学说的源头所在。

前文已述，张载学说中，太虚有时指阴阳二气的统一体，有时指阴阳未分的“湛一”、“至静无感”的气。之所以出现这一双重意味，一方面，张载以气本论回答了“有无之辩”，给予了佛老学说有力的回击，确实取得了相当大的理论成就，这是张载气论的成功之处；但是另一方面，当面对气与价值相贯通的问题时，物质性的气要承载精神性的价值的确具有很大的难度，气本身的物质性就成为最大的障碍，所以程氏批评张载道：

> 立清虚一大为万物之源，恐未安，须兼清浊虚实乃可言神。道体物不遗，不应有方所。[①]

此处的“有方所”即是针对气的物质性而言。张载也意识到太虚之气的物质属性对于其超越意义的掣肘，于是不得不提出一个“至静无感，性之渊源”的湛然之气，作为阴阳二气的形上根据，并试图通过强调太虚之气的“清通无碍”来提升它的超物质性：

> 太虚为清，清则无碍，无碍故神。(《正蒙·太和》)
> 凡气清则通，昏极则壅，清极则神。(《正蒙·太和》)

这里强调太虚之气的清通，引出了“神”的概念，神指气通行无阻的性能[②]。张载又说：

> 散殊而可象为气，清通而不可象为神。(《正蒙·太和》)

张载原本通过明分形象来界定气之无形而有象的特征，在这里却又单独列出一个无形无象的“神”与气相对立，通过强调气之神妙机能，以将气与一般“冷冰冰”的无生命、无活力的具体物质相区别。牟宗三正是看到了这一点，所以才大加强调“太虚神体”说，对此有学者指出：

> “神”不能理解为气的现实活动能力，而是与气之大化流行之用对言的“寂感一如”的超越性本体，与“太虚”所指相同。牟宗三强调神为本体是为说明本体不但是“存有”的，而且是“活动”的，这便是牟氏所说的“即活动即存有”。也正因为如此，牟宗三才创造

① 见《河南程氏遗书》第二卷上，载《二程集》，第21页。
② 朱伯崑：《易学哲学史》第二卷，昆仑出版社2005年版，第344页。

了“太虚神体”一词来形容道体。[①]

丁为祥也认为“太虚是一种超越于气的存在”[②]，“与气对立而又超越于气”[③]，但他并不同意牟宗三所言的“太虚神体”，而是认为张载提出太虚本体是以一种“本体论与宇宙论并建”的进路，以本体意识消解汉代以来建立在天人感应基础之上的宇宙论的神学意识。[④] 宇宙生化模式其本身确实与道德理性、价值等精神因素无涉，而站在人道立场上赋予自然天道以道德秩序的神学目的论的天人感应模式本身具有牵强的弱点，再加上来自无神论以及佛老的冲击，儒学的天人观的确需要进一步的提升。在丁文看来，张载就是通过建立太虚本体，赋予太虚以超生化、超流变的本体义，创造性地运用了《易传》之“乾坤并建”的原则，将其发展为本体论与宇宙论的并建，因而也同时将《易传》所代表的宇宙论提升到了本体论的层面，实现了对汉代宇宙论的超越与发展。[⑤]

综合言之，该派学者之所以主张太虚非气，并以太虚为气之根据，就是出于这样一种考虑，物质性的气无法承担价值，从而使儒家的人文理想失去根源，导致“性与天道合一”的失败。

笔者以为，出于这一考虑的学者可能是受西方哲学思维模式的影响，严格区分本体论与宇宙论，严格区分事实与价值，严格区分宇宙本体与价值本体，所以才会对太虚即气的命题作出如上解释。事实上，张载之学的基本立场即是天人合一，张载始终坚持“天人一滚论之”的原则，在阐述太虚之气的同时也就是在阐述人道理论，在张载话语系统中，从没有“事实与价值相分”这一念头，宇宙本体与价值本体的合一在张载思想体系中具有先天性和当然性。

首先，人作为气化生物中的一物，亦是由太虚之气而来，“人亦出于太虚”（《张子语录·中》），这是打通太虚之气与人之间关系的前提所在，人作为太虚气化所生中的万物之一，生，源于气；死，复归于气，人的生

---

① 邸利平：《牟宗三对张载“太虚即气”的诠释》，《陕西师范大学学报》（哲学社会科学版）2009 年第 3 期。

② 丁为祥：《虚气相即——张载哲学体系及其定位》，人民出版社 2000 年版，第 56 页。

③ 同上书，第 53 页。

④ 同上书，第 50 页。

⑤ 同上书，第 57 页。

命过程本身也是气化流行。这是太虚之气与人最基本的关系，也是天人一体的前提所在。

其次，张载强调了“性”的概念，将太虚之气与人贯通在了一起。太虚之气“至静无感，性之渊源”（《正蒙·太和》）——在湛一无感的太虚之气中蕴含“性”的渊源，从气化生物的过程来看，这里的性首先是气之性，气自身的运动变化产生包括人类在内的天地万物，气之性也随即赋予了万物与人类。所以说，这里的“性之渊源”既是气的“性之渊源”，也是人的“性之渊源”，所以张载也说：“性者万物之一源，非有我之得私也。”（《正蒙·诚明》）如此一来，“性”成为连接气与人的纽带，气之性即是人之性——“湛一，气之本；攻取，气之欲。口腹于饮食，鼻舌于臭味，皆攻取之性也。”（《正蒙·诚明》）张载还说：“天性在人，犹水性之在冰，凝释虽异，为理一也”（《正蒙·诚明》），气与人在形态上虽是两物，但本质之性却是一致的。为了贯通天人，“性”的概念在张载思想体系中确实具有比较突出的地位，牟宗三说：

> 盖天道性命相贯通，是以凡言天、言道、言虚、言神，乃至言太极，目的皆在建立性体，亦可言皆结穴于性也。[①]

性既为天人所共有，又不因气之聚散或曰物之个体之消亡而消失，张载所言：

> 海水凝则冰，浮则沤，然冰之才，沤之性，其存其亡，海不得而与焉。（《正蒙·动物》）

因此，性似乎有了独立性和超越性的意味，在此意义上，牟宗三称其为“性体”，张载正是借助这一“性体”，将宇宙论与道德价值联系起来，贯通天道性命：

> 此性体是涵盖乾坤而为言，是绝对地普遍的。虽具于个体，亦是绝对地普遍的，“非有我之得私也”。此性是我之性，亦是天地万物

① 牟宗三：《心体与性体》上册，上海古籍出版社1999年版，第416、417页。

之性。言道言虚，其总结穴在性。言性，即为的建立道德创在之源，非是徒然泛然之宇宙论也。气化之道亦必由道德的创造来贞定，来证实。故性字必偏就虚体言，所以立本也。①

以上两点是从气化生物的角度而言，如果说气化而生的人的生命过程和自然属性中价值意味还不够明显的话，那么从体用不二的角度出发，太虚之气自身的存在和运动本身就体现着价值：

游气纷扰，合而成质者，生人物之万殊；其阴阳两端，循环不已者，立天地之大义。(《正蒙·太和》)

“天地之大义”即是根本的价值，而这一根本价值的确立即是来源于阴阳二气的对立和循环——阴阳二气的存在状态本身就体现着价值。同样，气化过程的自然秩序也就是人类社会的需要遵循的道德秩序：

气块然太虚，升降飞扬，未尝止息，易所谓“细缊”，庄生所谓“生物以息相吹”、“野马”者与！此虚实、动静之机，阴阳、刚柔之始。浮而上者阳之清，降而下者阴之浊，其感通聚结，为风雨，为雪霜，万品之流形，山川之融结，糟粕煨烬，无非教也。(《正蒙·太和》)

太虚之气由于自身内部阴阳对立而进行永不停息的运动变化，从而产生天地万物和各种自然现象以及他们自身的变化生灭，这本身就体现着一种价值秩序。从自然秩序说明人的道德价值的说法由来已久，《礼记·孔子闲居》载：

天有四时，春秋冬夏，风雨霜露，无非教也；地载神气，神气风霆，风霆流行，庶物露生，无非教也。

郑玄注云：“无非教者，皆人君所当奉行以为政教。”张载在这一自

---

① 牟宗三：《心体与性体》上册，上海古籍出版社1999年版，第419页。

然秩序中引入了气论的内容，以太虚之气含阴阳刚柔、虚实动静，生天地万物、风雨雪霜，正是因为有了本原意义上的气的统摄，使得这一宇宙生化模式具备了本体意味，以人、物本原的气安顿价值，以此消解自然秩序与道德价值之间关系的附会色彩。张载类似的说法还有：

天道四时行，百物生，无非至教；圣人之动，无非至德，夫何言哉！（《正蒙·天道》）

天体物不遗，犹仁体事无不在也。（《正蒙·天道》）

生有先后，所以为天序；小大、高下相并而形焉，是谓天秩。天之生物也有序，物之既形也有秩。知序然后经正，知秩然后礼行。（《正蒙·动物》）

丁为祥指出：

“四时行，百物生”包括“圣人之动”，一定程度上都可以说是纯粹自然的行为，但张载却从中看到了“至教”与“至德”；对张载来说，所谓“天体物不遗”也就必须要由“仁体事无不在”来说明。至于“生有先后”以及所谓“小大、高下”等等，这本来只是自然事物之纯粹自然的属性，但张载却视之为“天序”、“天秩”，并以此作为“经正”与“礼行”的前提基础。显然，这里的自然秩序都已经被张载道德化了，所谓“天序”、“天秩”的说法，也正是张载将自然世界之自然属性道德化的表现。所以，从一定程度上说，张载的自然观首先也就是他的道德秩序观和道德价值观。①

张载还说：

天地之气，虽聚散、攻取百涂，然其为理也顺而不妄。（《正蒙·太和》）

这句话的重心并不在“理”而在“气”，即不是在定义“理”的概

① 丁为祥：《宋明理学对自然秩序与道德价值的思考》，《文史哲》2009年第2期。

念，而是在谈气的运行变化纷繁复杂，但却是遵循一定的规律的——“顺而不妄”。张载认为气之所以有这一性征，是“不得已而然”（《正蒙·太和》），也就是说气自己使然，并未在气之上建立一个本体依据。这种“不得已而然”但又“顺而不妄”的运行气本身就体现着一种秩序，价值内在于太虚之气的流行发用——体用不二。唐君毅先生也正是注意到了这一点，所以认为张载所谓太虚之气为一流行之存在或存在之流行，“不更问其是吾人所谓物质或精神”。[①]

张载思想体系的基本立场就是“天人合一”，他很强调“天人不可强分”，所以在言说方式上也采取天人“一滚论之”的方式，著作中处处体现出这一特点，一方面他讲太虚即气，同时，另一方面也讲太虚又是价值的根源，这两方面又是合一的，体用不二，是二而一、一而二的关系。从这一点出发，张载提出了“太和”的概念。

二 关于太和

“太和”一词出自《易传》，《乾·彖》有“保合太和，乃利贞”一语，本义指高度的和谐。张载对于“太和”概念的提出有一个发展的过程，在其早年著作《易说》中，“太和”一词尚未上升到“道”的高度。《易说》云：

> 精义时措，故能保合太和，健利且贞，孟子所谓终始条理，集大成于圣智者与！

“精义”意即精研义理，语出《系辞》“精义入神”；“时措”意思是合时宜地采取行动，语出《中庸》“时措之宜”；所引孟子之语出自《孟子·万章下》，孟子以古代奏乐之法有始有终喻孔子能够条理一贯，而不是重于一偏，所以为圣人中的集大成者。张载以此来解释《周易》之言，卦爻六位应时而成，以呼应天道，在此前提下天道变化，各正性命；圣人精研义理，应时而动，终始一贯，不偏于一隅，天道人事达到完满的统

① 参见唐君毅《张横渠之以人道合天道之道》（上、下），载《中国哲学原论·原教篇》，中国社会科学出版社2006年版，第56、59页。

一。不论是在天道还是人事，保合太和成为完整无偏之中道和正道[①]，这是张载对《周易》“太和”含义的深化，为人文意味较为薄弱的“太和”增添了浓重的价值色彩。

到了《正蒙》，太和便上升为一个“道体”概念，在张载哲学体系中具有极其重要的地位。《正蒙》开篇即说：

> 太和所谓道，中涵浮沈、升降、动静、相感之性，是生絪缊、相荡、胜负、屈伸之始。其来也几微易简，其究也广大坚固。起知于易者乾乎！效法于简者坤乎！散殊而可象为气，清通而不可象为神。不如野马、絪缊，不足谓之太和。语道者知此，谓之知道；学易者见此，谓之见易。不如是，虽周公才美，其智不足称也已。（《正蒙·太和》）

喻博文先生译作：

> 太和【之气】，可以称为“道”，它本身蕴涵浮沉、升降、动静、互相感应的性能，这是产生【阴阳二气】协和交融、互相激荡、强弱变化、此起彼伏的始基。太和【之气】初始之时显得弱小细微，平易简约，而其根基是广大无垠，不可穷极。太和【之气】，自然平易地主始万物，展示了天的规律，自然简约地养育万物，显现了地的性能。【太和之气】分散开来各不相同，能够观察到的形象称作“气”，纯净清明不能看见形象的称作“神”。不像《庄子》中形容的“野马”那样，不像《周易》中形容的“絪缊”状态，就不能称之为“太和之气”。研讨“道”的学者认识了太和之气的道理，才可以说是懂得了“道”；学习《周易》的人认识了太和之气的规律，可以说他才明白了《易》【的根本道理】。如果不是这样认识的话，虽然他有周公那样的才德，他的智慧却是没有什么可称道了呵![②]

阴阳二气的对立统一表现为太和之气所具有的浮沉、升降、动静、相

① 参见向世陵《张载、王夫之的“保合太和”说议》，《中国哲学史》2008年第2期。
② 喻博文：《正蒙注译》，兰州大学出版社1990年版，第2页。

感等性能，太和之气的运动变化是宇宙万物发生、发展的根源，而宇宙的生成和发展、变化恰恰就是在展示一种秩序和规律，这秩序和规律便是太和道体。如果仅仅着眼于宇宙自然万物的生化这一“表面”现象，而没认识到这一生化过程本身所蕴含、所体现出的价值意味，这是不够的。显然，张载的“太和”概念重在宇宙现象与价值理想的合一不二，这一概念更能表现张载“天人合一”的基本立场。太和概念在张载著作中出现次数不能算多，但地位却异常重要，最主要的原因就是太和既是“性与天道合一”这一基本原则的凝结，也是这一根本价值理想的最终完成。

牟宗三指出：

> “太和所谓道”一语，是对于道之总持地说，亦是现象学之描述地指点说，中含三义：（一）能创生义；（二）带气化之行程义；（三）至动而不乱之秩序义（理则义）。由此三义皆可说道，有时偏于一面说。三义俱备，方是“道”一词之完整义。①

由此可见，张载论述太和之气，无疑也包括了阴阳二气的对立统一，并由此而进行的宇宙生化，但同时太和之气的存在运动也是价值的根源和体现。从宇宙论而言，太和具有始源义；从本体论而言，太和具有原理义。“在‘太和’这个特征的指涉下，整体存在界显现为一有意义、有目的的存在，它是有动静升降有无的变化，但是整体都是实有，并显现为一有无统一的整体和谐之境。”②

冯友兰说，太和的重要性不亚于太虚，并通过对二者的比较对太和进行了界定：

> “太虚”说的是宇宙的物质结构，“太和”说的是宇宙的精神面貌。这个精神面貌是宇宙发展的规律所决定的，所以说“太和所谓道”，“道”就是规律。这个规律就是客观辩证法，就是矛盾的统一，所谓“相感”、“相荡”、“胜负”、“屈伸”就是矛盾，正是这些矛盾

---

① 牟宗三：《心体与性体》上册，上海古籍出版社 1999 年版，第 377 页。

② 杜保瑞：《张载哲学体系的基本问题诠释进路》，载《哲学论集》，台北：辅仁大学出版社 2004 年版，第 277 页。

构成了宇宙统一体。一个矛盾的宇宙统一体，就是一个“和”。宇宙是最大的统一体，所以这个“和”称为“太和”。①

从冯友兰的观点我们可以看出，太和比起太虚更能体现出价值的意蕴。太虚只是对太和道体的某一方面的特性说明，以太和说道体，则是“总持”地说，统一地说。余敦康认为，在张载看来，

世界是以太和为起源，也是以太和为目标。这个目标就是阴与阳和，气与神和，乾健与坤顺的两性之异的协调配合。目标表示方向，表示理想，表示价值，内在地蕴含于太和道体之中。据此而论，太和道体既是一个无心而自然的气化运行的过程，也与人的价值理想息息相通。故天之性即人之性，生成覆帱之天道即仁义礼智之人道，“天体物而不遗，犹人体事无不在也”，“天人不须强分”，自然主义与人文主义也消除了对立而紧密地结合在一起，构成了太和道体的本质属性的两个方面。②

“性与天道”于“太和”完成了合一和圆融，“天之性即人之性”，气化流行本身即是人道价值的本原依据。就自然天道而言，阴阳对待、万物生化等自然现象及其规律，他们各自的协调配合，即是太和道体的表现；就人道而言，仁义礼智、伦理纲常等价值秩序，也是太和道体的反映。天道与人事、天道自身、人事自身又非各自独立，而是构成一整体和谐之境，都是“太和”这一整体在某一方面的表现。所有的差异、对待，于“太和”实现了统一和谐，太和是“和”，不是“同”。

三 关于太极

张载对太极概念的使用源于对《说卦传》“参天两地”的解释：

天所以参，一太极两仪而象之，性也。（《易说·说卦》）

一物两体者，气也。一故神（两在故不测），两故化（推行于

① 冯友兰：《中国哲学史新编》下卷，人民出版社1999年版，第144页。

② 余敦康：《内圣外王的贯通——北宋易学的现代阐释》，学林出版社1997年版，第306页。

一），此天之所以参也。两不立则一不可见，一不可见则两之用息。两体者，虚实也，动静也，聚散也，清浊也，其究一也。有两则有一，是太极也。若一则有两，有两亦一在，无两亦一在。然无两安用一？不以太极，空虚而已，非天参也。（《易说·说卦》）

“太极”在《易传》中本是一个生成论的概念，既是指筮法中未分的蓍草总数，也是指六十四卦的根源。张载认为六十四卦来源于乾坤两卦，乾坤两卦既对立，又统一，其阴阳爻位相互推移，形成其他六十二卦，每一卦都有阴阳爻组成，这就是“一物两体”。卦象所表现出来的这一特征，张载将其归结为气——阴阳二气的对立统一，所以他用《易传》中的“太极”一词来指代阴阳对立统一的气。

以阴阳二气的统一体定义“太极”，在易学史上具有很重要的意义。它不仅否认了玄学易的“太极虚无说”，也批判了程颐的“太极理一说”，[①] 同时还具有以下意义。

第一，是对汉唐以来太极元气说的新发展。

周敦颐《太极图说》主太极为混沌未分之气，后来才“分阴分阳”，即“太极动而生阳，静而生阴”。张载则直接以阴阳对立统一为太极，是对这一说法的改造。认为太极之气不是居于阴阳二气之上，而是一而二、二而一的并存关系。

孔颖达《周易正义》解释太极道：“太极谓天地未分之前，元气混而为一。”这是继承汉代《易纬》的说法，以太极为先于天地而存在的混沌未分之元气。张载以阴阳二气统一体为太极比这一说法更具本体论的意味，是对它的发展。

第二，将易学哲学史上的内因论提到了一个新的水平。

张载以一物两体解释太极，更重要地说明了世界运动变化的根源问题。汉唐以来的太极元气说都认为物质世界的运动变化受阴阳二气的变异法则支配，但并未指出变化的根源。孔颖达《正义》仅仅说这种变化出于“自然”，周敦颐以无极之静为太极之动的原因，程颐主“屈伸往来只是理”。张载则指出运动变化的根源在于阴阳二气的对立统一，以“感”

① 参见本章第二节“凡象皆气”。

的方式，相互作用，是一切运动变化的源泉。①

我们这里需要讨论的是张载“太极”与“太虚”两概念的区别和联系。

前文已述，张载也以阴阳二气的统一体为太虚，在这一点上，太虚与太极是同义对等的概念。

此外，我们说张载在说太虚时，并未将阴阳对立统一贯穿始终，太虚还有“湛一”、“至静无感”的一种状态，这时的太虚就不再是“一物两体”的太极之气了。事实上，这一点张载在论述太极时也有类似的端倪，朱伯崑先生说张载有时分不清“混一”和“合一”，其描述太极的“一”并不单纯就是“合一”，而是有“单一”之嫌。如上文所引“一太极两仪而象之”，朱伯崑说：

> 此处说的太极，前面冠以“一”字，同两仪的“两”字并列，表示太极是一，两仪是二，合而为三，以此说明取象于天参。这里说的“一”，乃三中之一，很难用“合一”来解释。②

由于在张载的思想体系中，太极、太虚本质上都是指气，而张载并未将气是阴阳对立统一体贯穿始终，所以在论述太极和太虚时出现的也是同样的问题。③

另外，张载以气为包括人在内的天地万物的本原，这一意义在张载的论述中更多的是由太虚来承担的，太极在这一意义上的使用极其少见，也不太明显。其解释《说卦传》“立天之道，曰阴与阳；立地之道，曰柔与刚；立人之道，曰仁与义”道：

> 一物而两体者，其太极之谓欤！阴阳天道，象之成也；刚柔地道，法之效也；仁义人道，性之立也；三才两之，莫不有乾坤之道也。易一物而合三才，天地人一，阴阳其气，刚柔其形，仁义其性。（《易说·说卦》）

---

① 以上两点参见朱伯崑《易学哲学史》第二卷，昆仑出版社 2005 年版，第 336、338 页。

② 朱伯崑：《易学哲学史》第二卷，昆仑出版社 2005 年版，第 341 页。

③ 参见本章第三节“一物两体者，气也”。

在张载看来，这是讲太极之“一物两体”分别在天地人三才的体现，天曰阴阳，地曰刚柔，人曰仁义；“三才两之”的根源，就在于太极之“一物两体”。天地是就自然界而言，还包括人类社会也是如此，从三才统一的角度而言，太极之“一物两体”既是自然秩序的根源，也是道德秩序的根源——“性与天道合一”，这一点和张载论述太虚、太和是一致的。

张载思想体系中较少使用“太极”，对此学界有不同看法。

余敦康认为，张载认识到“太极”是具有整合义的概念，用来合体用、一天人是非常适宜的，但是易学史上如此使用太极的学者已有，但都没有取得成功。周敦颐、邵雍都以太极为宇宙万物的本源，但仅仅是在宇宙生化论的意义上使用，缺乏本体论意义，他们各自具体的诠释方法有别，但就这一点而言，并没有对《易传》“易有太极，是生两仪”的生成论有质的突破，最终还是陷入体用殊绝、天人二本的局面。张载提出太极为阴阳二气统一体，是对《易传》生成论的大胆突破，是他的对易学哲学史的一大贡献。但在他的著作中却较少使用太极一词，可能是有意避免和《易传》生成论相混淆的原因。①

丁为祥说：

> “太极”即指“阴阳未判”的元气，由于它只从“阴阳未判”或阴阳统一的角度立说，而气则既可指阴阳未判的元气，又可指具体的阴阳二气，故张载只在“一物两体”的涵义上使用“太极”概念，更多的情况则直接以气来表达，这可能就是张载少用“太极”概念的主要原因。②

综合来看，前文已经分析，张载以阴阳二气统一体为太极，但有时张载所谓太极又有“单一”之嫌，但这一说法仅一见，且不明显——“一太极两仪而象之”。相比太虚之“湛一”“至静无感”的内涵，太极的阴阳对待含义过强而缺乏太虚的这一理论效力。还有一个重要原因，太虚既

---

① 参见余敦康《内圣外王的贯通——北宋易学的现代阐释》，学林出版社 1997 年版，第 296、297 页。

② 丁为祥：《虚气相即——张载哲学体系及其定位》，人民出版社 2000 年版，第 56 页。

是气化生物的主体，也是气化过程发生、发展的场所——“气之聚散于太虚”，这一内容如果用太极表达是不合适的，因为太极更强调的是气的内在结构而非外在形态。

四 太极、太虚、太和的探索历程

张载对太极、太虚、太和三概念的提出经历了一个探索的过程，从中也可以看出三个概念之间的一些区别和联系。

有一个值得注意的现象，张载对太极“一物两体”的定义并不是在解释《系辞》“易有太极，是生两仪”处，而是在解释《说卦》“参天两地”时明确提出的，而对《系辞》“太极生两仪”之“太极”只字未解。这应该是张载看到“太极生两仪”的宇宙生成论无法安顿价值，无法实现“性与天道合一”的价值理想，所以有意避免这一路线，而着眼于从内部结构定义太极，从“天参”处得到启发，以阴阳对立的统一体来定义太极。

这是从易学的角度着眼，转入到气论领域，太虚的理论效力就比太极要强，所以张载更多的是使用太虚来论述气。太虚固有的从历史上沿袭而来的“空间”的意味，气本身又具有直观的“虚”的物质属性，这些内容都是太极所无法表现的。

但是张载之气既具自然属性，同时又具价值属性，在论述不同属性的时候是迫不得已而“强分”，但在张载的观念中这一“强分”仅仅限于逻辑上，实际上是体用不二的。虽然张载在论述太虚之气时也一再强调它的价值意蕴，但还是遭到“清虚一大”的批评，他自己对太虚之气的定义也出现了双重意味。用一个什么哲学范畴才能更好地通贯天人，避免“强分”呢？

张载对这一问题的探索显得十分艰苦，《行状》说他“终日危坐一室，左右简编，俯而读，仰而思，有得则识之，或中夜起坐，取烛以书，其志道精思，未始须臾息，亦未尝须臾忘也”。[①] 其用功如此。反映在他思想上，张载也是在不断地改进自己的思想，《朱子语类》载“渠初云‘清虚一大’，为伊川诘难，乃云‘清兼浊，虚兼实，一兼二，大兼

① 见吕大临作《横渠先生行状》，载《张载集》，第383页。

小’”。[①] 经过一番“苦心极力”的探索，张载终于提出了“太和”的概念，以太和指称道体，表述天人合一整体的和谐，消除了二者之间的对立使之归于统一，实现了自身哲学历程的突破。

总的来看，太极、太虚和太和三概念虽然都是一气贯之，但各有所重，各有其理论意义。太极是从气之内部结构而言，“一物两体”的太极说是易学史上的一次突破。太虚在气论中理论效力最为强大，它既能包容太极“一物两体”的内容，还能涵盖气的生化机制、自然属性，又能承载价值理想。而太和则是一个整合性的范畴，是“总持”地说，它虽不像太极概念的精准，也不像太虚的丰有，却能将二者包容其中，天道人事于此达到圆融，是最能体现张载哲学基本立场的概念。

① 《朱子语类》卷九十九，第2538页。

第六章

张载易学的神化学说

张岱年先生说，张载以善言神化著称。[①] 张载言神源自《易传》，《易传》论“神”的内容较为丰富，朱伯崑先生把《易传》中的“神”按照其不同含义归为四类。一是指天神、鬼神、神灵。如《观·彖》：“圣人以神道设教”；《系辞》：“天生神物，圣人则之”；《说卦》：“幽赞于神明而生蓍。”二是指变化神速。如《系辞》：“唯神也，故不疾而速，不行而至。”三是指思想上有深刻的领悟，如《系辞》：“神而明之，存乎其人。”四是指事物的变化，神妙莫测，如《系辞》：“阴阳不测之谓神。”[②] 张载基本上继承了《易传》中“神”的诸多含义，并在其基础上加以改造和深化，使得“神化”学说在其易学体系中具有突出的地位。

第一节 神者，太虚妙应之目

张载以太虚之气为核心建立了世界的本原理论，世界统一于气。气既具有自然属性，同时也是价值的载体。太虚之气自身又具有能动性，无时无刻不在变化运动之中，世界万物的变化，其本质上是太虚之气的运动变化。太虚之气的变化具有神妙的特质，是必然性与偶然性的统一，这一性能，张载称为“神”。

一 太虚与神

（一）气之性本虚而神

张载说：

---

① 参见张岱年《张横渠的哲学》，载《张岱年全集》第五卷，河北人民出版社 1996 年版，第 29 页。

② 朱伯崑：《易学哲学史》第一卷，昆仑出版社 2005 年版，第 109 页。

> 气之性本虚而神，则神与性乃气所固有，此鬼神所以体物而不可遗也。(《正蒙·乾称》)

这里是说，“神”是太虚之气具有的性能之一。此处张载提到的气之性有二，一是虚，一是神。虚是指太虚之气视之不见，触之不得，自身虚空但却能容纳天地万物于其中的这一直观性质。神指气自身的运动变化能生化天地万物、没有遗漏的性能。无形至虚之气，却能生天生地，通贯万物，世界的丰富性和多样性都由一气而来，但又统摄于气，这一性征并非出自人为的安排，而是自然而成，不能不说其神妙，故用“神”字来表示。

张载这一思想源于《易传》“神也者，妙万物而为言者也”的学说。《说卦传》云：

> 神也者，妙万物而为言者也。动万物者莫疾乎雷，挠万物者莫疾乎风，躁万物者莫熯乎火，说万物者莫说乎泽，润万物者莫润乎水，终万物始万物者莫盛乎艮。故水火相逮，雷风不相悖，山泽通气，然后能变化，既成万物也。

此段文意，以八卦相错，形成六十四卦，说明风雷水火山泽各以其功能生化万物。“妙万物”，是说其生化万物的功能十分微妙。神是用来形容风雷水火等“能变化”、成万物的功能十分微妙，此即“神也者，妙万物而为言者也”。此处所说的“神”，不是指某种实体，而是指生化万物的性质，其主体是八卦及其所象征的自然现象。①

张载继承了这一“神”的思想，但却将这里的八卦及其所象征的自然现象替换成了“气”，经过这一改造，生化万物便成了“气所固有”的神妙性能。“神”这一概念也因有了具有本原意义的“气”的支撑而具有一定的超越意义，抽象性和思辨性大大加强。

（二）“清则神”与“一故神”

前文已述，张载所言太虚之气有两层含义，一为“湛一”、“无感”

① 朱伯崑：《易学哲学史》第一卷，昆仑出版社 2005 年版，第 111 页。

之气，一为阴阳二气统一体。神作为“气所固有”之性，在这不同的气中，具有不同的来源。

一方面，在“湛一”之气中，神这一性能源于气之“清”：

> 太虚为清，清则无碍，无碍故神；反清为浊，浊则碍，碍则形。（《正蒙·太和》）

此是说太虚之气是清明湛一的，清明湛一所以通畅无阻，气之神妙性能即源于气之清明通畅。同样的说法还有：

> 凡气清则通，昏极则壅，清极则神。故聚而有间则风行，风行则声闻具达，清之验与！不行而至，通之极与！（《正蒙·太和》）

这里仍然是以气之清明通畅为神之缘由，并以风行为例，风吹过产生声响能够听见，风虽然无形可见，但却能听到它运动的声音，说明清明之气是最为通畅的，这也恰好是气之神妙性质的体现。“不行而至”语出《系辞》：“唯神也，故不疾而速，不行而至。”本指变化的神速，张载借此来表达清通之气的神妙性能。

以上两处引文都是张载强调气之清，并以此为神之来源。张载之所以强调气之清，目的在于试图超越气所具有的自然物质属性，从而强化气的形上特征，提升气的本体意义；而这一目标，张载是通过强调“清”这一直观特征而赋予气以“神”的性能来实现的。正是由于气具有的神的性能，气才具有了能动性，才能够生化万物，决定万物的发展变化。张载面对湛一无感之气时，要赋予它神妙之性能，自然无法从其内部结构入手，只能通过强调气之“清”这一直观特征，从气之“清通”上着眼，说明气之“神妙”。这一点遭到程颢的批评，《二程遗书》卷十一载：

> 气外无神，神外无气。或者谓清者神，则浊者非神乎？

张载试图以神来说明气的形上意义，以别于普通物质的自然属性，但他是通过强调气之“清”来说明气之“神”，“清”在经验层面显然有它的对立面——“浊”，由此就有了逻辑上不能克服的矛盾，所以导致了程颢的这一批评。据史料记载，张载为此也曾提出“清兼浊”的说法，试图解决这一矛盾。[①]

另一方面，张载所谓的“太虚之气”还有阴阳二气统一体的含义，抛开从气之清浊的直观意义着眼，从气之内部结构入手解释气之神妙性能，其思辨性和抽象性大大加强，神的超越意义也得以体现。张载在《易说》中解释《说卦传》“天参”道：

> 一物两体者，气也。一故神（自注：两在故不测），两故化（自注：推行于一），此天之所以参也。

张载以“一物两体”来解释气。气含阴阳对立，阴阳即两体，表现为虚实、动静、聚散、清浊等；但这两体又是不容分割，相互依存，成为一体，即“其究一而已”，所以称为“一物两体”。由于对立面相互依存，互为存在前提，整体功用得以发挥，气的运动变化的神妙莫测得以体现，此即“一故神”；而此“一”又非单一，而是一中含两，所以自注“两在故不测”。由于对立双方的作用，才有气化的发生，所以说“两故化”；但这里的“两”又非绝对分裂，而是相互依存，结为一体，所以自注“推行于一”。《正蒙·神化》所言：“气有阴阳，推行有渐为化，合一不测为神”即此意。[②]

张载这里以“神”形容阴阳二气的变化莫测，这一思想直接继承了《系辞》“阴阳不测之谓神”的说法。《系辞》“阴阳不测”：一方面从筮法而言，指奇偶之数和刚柔爻象，其变化非人为能定，难以推测。以蓍草求卦，事先也不能预定求得某卦，其后果不能先定，此即“阴阳不测”；所求之卦，也不能事先断定某爻为老阴或老阳，即变爻，这也是“阴阳不测”。另一方面从易学哲学的角度而言，这也说明了事物变化的偶然性。这一变化的方向非人为能够预订的性质，被易学家称作“神”。[③]

张载所说的“合一不测为神”偏重于分析变化的偶然性的内在原因。在他看来，阴阳变化的方向确实如《易传》所言非人为事先能确定，但

---

① 《朱子语类》载“渠初云‘清虚一大’，为伊川诘难，乃云‘清兼浊，虚兼实，一兼二，大兼小’”。见《朱子语类》卷九十九，第2538页。

② 参见本书第五章第三节“一物两体者，气也”。

③ 参见朱伯崑：《易学哲学史》第一卷，昆仑出版社2005年版，第108—109页。

《易传》仅仅将这一变化的偶然性归结为筮法或易道自身所具有的神妙的性能，并未指出其神妙的根源。张载则从气论的角度出发，以气为阴阳对立统一体，指出阴阳二气变化的偶然性——神，其根源在于气的内部结构——一物两体。正是由于对立面相互依存、互为存在前提，整体功用得以发挥，气的运动变化的神妙莫测才得以体现。

张载的这一见解是较为深刻的，也是对易学哲学的一大贡献。汉唐以来的易学家，都以物质世界的变化来源于阴阳二气的变易，但阴阳二气何以能变易？其根源何在？《系辞》说："知变化之道者，其知神所为乎！"将"变化之道"归结为"神"之所为。孔颖达在《周易正义》中以"不为而自然"解释此"神"，这是受王弼派玄学易的影响，认为变化是自然而然，没有明确指出其根源所在。到周敦颐的《通书》，主张"动而无动，静而无静，神也"，此处"动而无动，静而无静"，也即是《太极图说》所言"太极动而生阳，动极而静；静而生阴，静极复动。一动一静，互为其根"。周敦颐把这种动中有静、静中含动、动静互为原因的情形称为"神"，看来，太极之动源于静。到了程颐，以"屈伸往来只是理"，并不承认气自身具有的运动变化的本性。张载针对以上种种说法，提出"一故神，两故化"，以对立统一的观点，说明气自身的运动变化，以运动变化的神妙源于阴阳二气的相互作用，既指出了变化的神妙来自物质性的实体——气，也以内因论的观点解释了神是气的内在性能，"将易学哲学史上的内因论提到了一个新的水平"①。物质世界运动变化的偶然性在张载这里被剔除了其神秘性，所谓的变化的神妙仅仅源自气自身的内部结构——阴阳二气的相互作用，这就是张载所说的"一故神"或"合一不测为神"。

二 "天下之动，神鼓之也"

张载认为，物质世界的一切运动变化源于气之变化，而气变化的根源来自气自身的内部结构——阴阳二气的相互作用；物质世界的变化丰富多彩、神妙莫测，都是阴阳二气相互作用的结果。张载以气之运动变化回答了物质世界运动变化的原因，以气之内部结构回答了气运动变化的原因。在谈到太虚之气与万物的关系时说道：

① 朱伯崑：《易学哲学史》第二卷，昆仑出版社2005年版，第338—339页。

太虚不能无气，气不能不聚为万物，万物不能不散而为太虚。循是出入，是皆不得已而然也。(《正蒙·太和》)

太虚之气聚为万物，万物散而复归为气，这一运动变化张载称为“不得已而然”。其实，按照张载的逻辑，这一运动的“不得已”来自阴阳二气的相互作用；所以，与其说气与万物之间的运动转化是“不得已而然”，毋宁说阴阳二气间的相互作用是“不得已而然”。这种阴阳统一体的结构莫知所从来，但却是一切运动变化的根源，这一奇妙的性能，张载也称为“神”。《易说》解释《系辞》“鼓之舞之以尽神”云：

故天下之动者存乎神。(神一作辞)

天下之动，神鼓之也，神则主乎动，故天下之动，皆神之为也。

这是说，凡天下一切事物的运动变化都是由“神”来推动，神是一切运动变化的推动力。这也是对《易传》“神也者，妙万物而为言者也”思想的继承改造。前文已述，《易传》所谓“妙万物而为言”之“神”指八卦及其所象征的自然现象生化万物的性质，这一性质非人为所成，而是造化所成，所以显得神妙，故字之曰“神”。张载在此基础上前进了一步，将包括宇宙生化在内的一切运动变化都归结为“神”。这是因为在他看来宇宙生化和天地万物的变化的实质都是气的运动变化，而气的运动变化则来源于气自身的阴阳对待，所以推动天下之动的神，其实就是阴阳二气的相互作用，这才是一切运动变化的根源所在。

张载在解释《系辞》“知变化之道者，其知神之所为乎”一语时道：

惟神为能变化，以其一天下之动也。人能知变化之道，其必知神之为也。(《易说·系辞》)

《系辞》这里的“神”指事物变化的神妙或偶然性，指出懂得事物变化的神妙或偶然性，就是懂得了事物变化的规律——“神之所为”即是“变化之道”。张载则更进一步指出，神之所以为变化之道，是因为天下一切运动变化都可归结为神，这里的神不仅具有神妙的含义，还是一切变化的动力和根源。张载还说：

> 显，其聚也；隐，其散也。显且隐，幽明所以存乎象；聚且散，推荡所以妙乎神。（《正蒙·大易》）

前文已述，张载以气之聚散释有无，气聚而成物，物消散复归于气，这一聚一散根源于阴阳二气的推荡运动，而这一推荡运动也是源于气之神妙性能。神既然能“一天下之动”，“天下之动”皆由“神鼓之”，气之聚散作为“天下之动”中的一种，自然也是由神所推动了。总之，张载将一切运动变化的根源和动力归结为神。

三 神与天

张载论神，还常和天联系在一起，这首先是源于天与太虚之气的同义关系。《正蒙·太和》说：“由太虚，有天之名。”“天”之指称，就是源于太虚之气的存在。张载还说“太虚者，天之实也”（《张子语录·中》），“实”对“虚”而言，天不是一无所有的虚空，其本身就是太虚之气。前文已述，张载所谓的太虚有空间含义，天也是如此，《易说》云：“天竟不可方体，姑指日月星辰处，视以为天。”这里的天是指日月星辰存在的场所。就其本质而言，天同太虚之气一样，都是阴阳二气统一体——“阴阳气也，而谓之天”。（《正蒙·大易》）因此，神作为太虚之气所具有的性能，在天这里同样得到体现。张载说：

> 天之不测谓神，神而有常谓天。（《正蒙·天道》）

天之运行变化有它的不可预测性，这一性能称为神；但这一运行变化又有规律可循，即“天行有常”（《荀子·天论》），并非不可认识，这就叫作天。这里以“天之不测”为神，与说明气时“合一不测为神”意思是一样的，这里的天就是指气，所以神也就是天的性能，张载称为“天德”：

> 神，天德；化，天道。德，其体；道，其用，一气而已。（《正蒙·神化》）

“天德”指天之性质；“化”指变化运行。整句话的意思是，神妙不测，这是天的本性；变化运行，这是天的功能；神妙莫测的本性是天之体，变化运行是天之用，二者都统一于气。这里更明确地说明了神、天、气三者的统一关系。先秦儒家学说中的“天”除了自然之天的意义之外，还具有主宰之天的意义，如《论语·雍也》：“予所否者，天厌之！”《孟子·公孙丑下》：“夫天未欲平治天下也”等，这应该是源于三代宗教观念，以天为至高无上之神灵，自然也成为价值的本原。《易传》也是十分注重天，万物的生化起源于天，《乾·彖》云：“大哉乾元，万物资始，乃统天。”地虽然与天相对，但地位并不对等，对天是“顺承”的关系——《坤·彖》：“至哉坤元，万物资生，乃顺承天。”这里的天虽然是自然之天，但由于其在生化运动中处于最高地位，还是具有一定的超越性。张载所说的天抛弃了其中的宗教色彩，天仅仅是物质性的太虚之气，不再具有主宰意义，但同时又继承《易传》的思想，认为天在宇宙万物中处在最高的地位，具有一定的超越性和很浓重的价值本体的意味。在此基础上，张载大谈天之“神”，凸显了天的价值本体意义，使“性与天道合一”的路途更显通常无碍，这也是天虽然与气同义，但不能用气来替换的原因之一。张载说：

> 天不言而信，神不怒而威，诚故信，无私故威。（《正蒙·天道》）

“天不言而信，神不怒而威”出自《礼记·乐记》：“天则不言而信，神则不怒而威。”《礼记》这里所说的“天”、“神”都具有人格神的含义，《礼记》原文赋予他们的“信”、“威”品格因而也带有浓厚的宗教色彩。按照张载一贯的立场，从自然义出发定义“天”、“神”，他将“信”的原因归为“诚”，将“威”的原因归为“无私”，也应该从自然意义上来理解。张载说：

> 天道四时行，百物生，无非至教；圣人之动，无非至德，夫何言哉！（《正蒙·天道》）

天道自然运行，春秋代序，四季分明，万物生息，真实无妄，虽然没有言语以告人，但这一自然秩序本身就体现着价值——天道的运行不妄即是对诚信这一道德价值的呈现，同时也是诚信这一道德价值的形上依据和根源所在，这就是张载所谓的“不言而信”。

就“神”之“无私故威”，与《易传》所言“神无方而易无体”有关，张载解释这句话道：

> 体不偏滞，乃可谓无方无体。偏滞于昼夜阴阳者物也，若道则兼体而无累也。以其兼体，故曰“一阴一阳”，又曰“阴阳不测”，又曰“一阖一辟”，又曰“通乎昼夜”。语其推行故曰“道”，语其不测故曰“神”，语其生生故曰“易”，其实一物，指事而异名尔。（《正蒙·乾称》）

整段文意为，“道”不是偏向或滞留在某物某处，才能说没有一定方向、方位，没有一定的形体、形态。偏向和滞留在阴阳、昼夜某一方面的是具体的事物，像“道”是包容各方面而没有局限的。因为它包容各个方面，所以《系辞》中说“一阴一阳的对立变化叫做道”，又说“阴阳对立变化不可预知叫做神”，又说“阴阳一闭一开叫做变化”，还说“贯通阴阳变化的道理而无所不知”。讲阴阳的运动过程叫作“道”，讲它的作用微妙不可预知叫作“神”，讲它的生化作用持续不断叫作“易”，实际上是同一个东西——道，而以上说法则是从不同的角度揭示“道”的内容，因此名称有别。[①] 在张载看来，“道”、“神”、“易”三者“其实一物”，阴阳二气相互作用的神妙也是从一个角度对“道”的揭示，而道又是遍体万物，无所偏滞，有所偏滞的只能是具体的物，所以张载也说：

> 地，物也；天，神也。物无逾神之理，顾有地斯有天，若其配然尔。（《正蒙·参两》）

地是由太虚之气凝结而成的具体有形之物，天则是无形之太虚之气，能够直接体现神妙的性能，具体有形之物既是神化产物，不会脱离“神”

① 参见喻博文《正蒙注译》，兰州大学出版社1990年版，第305—306页。

而存在，在张载看来能够脱离“神”而独立存在的具体之物是不存在的，这也就是为什么地要匹配天的原因——这即是张载借助于对《易传》“天尊地卑”思想的继承和改造，对“物无逾神之理”的论证。

以上就是张载解释的《易传》所讲的“神无方而易无体”。另外，从气论的角度而言，“天大无外”（《正蒙·太和》），太虚之气是无限的，作为太虚之气所具有的神妙性能，自然也是无限的：

> 气有阴阳，屈伸相感之无穷，故神之应也无穷；其散无数，故神之应也无数。（《正蒙·乾称》）

太虚之气是无限的，所以阴阳二气的屈伸相感也是没有穷尽的，因此神妙作用的感应也没有穷尽。浑然一体的太虚之气散开聚为无数的品类，这无数的品类中也包含了气的神妙作用，所以神妙作用的感应也随无数的品类而不可计数。这也就是张载所说的“鬼神体物而不遗”（《正蒙·乾称》）。将“物无逾神”与“体物不遗”结合起来，就是张载所说的神的“无私”，他给自然意义的神的普遍性这一特征，赋予了人文意义的道德含义，凸显了神的价值意味。

四　“圣不可知谓神”

张载在大谈神作为气化的神妙性能的同时，也讨论了神与人之间的关系。“天人合一”是张载一贯的立场，也是他整个思想体系的出发点。按照这一原则，神作为天的性能，自然也是人所具有的性能，这一点应该是毫无疑问的。但是就神这一概念而言，张载主张的天人一体并不是一种单调的、直线式的“天人合一”模式，而是注意到了“天人之分”的方面，先指出二者的差异，在此差异基础之上形成天人之间的一种对待、一种张力，由这种对待、张力来实现天人合一，这种“合一”其实是一种对立统一，它既扬弃了汉唐以来天人感应模式的生硬和牵强以及神学目的论，又保持了天人之间互动的生命力，为人的道德修养功夫提供了坚实的理论依据。张载说：

> 神化者，天之良能，非人能；故大而位天德，然后能穷神知化。（《正蒙·神化》）

“良能”一词，出自《孟子·尽心上》：“人之所不学而能者，其良能也。”“位天德”出自《易传》，《乾·文言》“飞龙在天，乃位乎天德”，本指乾卦九五爻。“大”取《孟子·尽心下》：“充实而有光辉之谓大，大而化之之谓圣。”“穷神知化”出自《系辞》，意为穷究事物的神妙，认识事物的变化。整段话的意思是说，阴阳二气神化的功能，是出于自然的本能，不是人为的功能；所以，精神充实光辉而具有最高德行的圣人，才能穷究事物的神妙，认识事物的变化。[①] 这里张载首先强调了神作为天的自然性能，不是人为造成的，明确了天与人之间在神这一性能上的区分；但这一区分并非是在天与人之间画了一道不可逾越的鸿沟，而是在为人的修养功夫奠定理论前提——人通过自身不断的修养功夫，达到圣人的境界，就可以“穷神知化”。显然，神本来作为太虚之气具有的性能，从人的方面来讲，张载用来指称人的精神境界，其实是指“圣人”的精神境界。张载论神，总是和圣人相联系。《观·彖》云：“观天之神道而四时不忒，圣人以神道设教而天下服矣。”张载解释道：

> 天不言而四时行，圣人神道设教而天下服。诚于此，动于彼，神之道与！成变化，行鬼神，成行阴阳之气而已矣。（《易说·观》）

“神道”，《易说》云：“神道，‘盥而不荐’之类。”“盥”、“荐”是指两种不同的祭祀仪式，按此解释，张载认为神道就是祭祀时的仪式之类。整段文意为，天不言语，而四季准确地交替运行；圣人设立祭祀之类的仪式以教化天下百姓，天下百姓便顺从服从。这里有真实诚信，别的地方就会有相应的反应，这就是神妙之道啊！促成变化，神妙的性能也随之推行，都是阴阳二气的作用罢了。这里的“天不言而四时行”与“圣人神道设教而天下服”虽然说的是天人两事，但内在却是一致的——二者主体的行为以及产生的效应都体现了“神之道”，也说明了天人的一致性。当然，这里的天人一致性主要是通过圣人来体现。张载也一再强调了圣人之所以能体现天道之神，与一般人是有区别的，他多次谈到“圣不可知”：

---

① 喻博文：《正蒙注译》，兰州大学出版社1990年版，第55页。

圣不可知者，乃天德良能，立心求之，则不可得而知之。（《正蒙·神化》）

无我而后大，大成性而后圣，圣位天德不可致知谓神。故神也者，圣而不可知。（《正蒙·神化》）

圣不可知谓神，庄生缪妄，又谓有神人焉。（《正蒙·神化》）

心存，无尽性之理，故圣不可知谓神。（《正蒙·大心》）

“圣不可知”出自《孟子·尽心下》：“可欲之谓善，有诸己之谓信，充实之谓美，充实而有光辉之谓大，大而化之之谓圣，圣而不可知之之谓神。”“神”指圣德达到了神妙而不可测度的境界——用来说明圣人的精神境界。张载将《孟子》这一含义之“神”与《易传》“阴阳不测之谓神”之“神”联系起来诠释，从气论角度而言，神是指阴阳二气运动变化的性能不可预知；从人道角度而言，神又是指最高的精神境界。所以张载将《孟子》之“神”用《易传》之“神”加以改造，云：

可欲之谓善，志仁则无恶也。诚善于心之谓信，充内形外之谓美，塞乎天地之谓大，大能成性之谓圣，天地同流、阴阳不测之谓神。（《正蒙·中正》）

又

大而化之，能不勉而大也，不已而天，则不测而神矣。（《正蒙·神化》）

阴阳二气的变化运行神妙而不可测度，圣人的精神境界也是高深莫测，故都可称为“神”；也正是有“神”的联结，天和人之间相贯通，对于一般人来说就要不断通过自身的修养功夫，经过“善”、“信”、“美”、“大”的阶段而成为“圣人”，达到“神”的最高境界，与天为一。神只是对圣人精神境界的描述，神、圣是一体的，所以张载不同意《庄子·逍遥游》所说的“神人无功，圣人无名”——把神、圣截然分开的说法。正是有了“神”的联结，天和圣人才得以贯通，所以张载称神妙莫测的

“神”是“天德良能”，是一般人不能认识了解的，要用心探索掌握它，也是不够的——“立心求之，则不可得而知之”。张载也谈到几点“成圣”的修养方法，如“无我”——排除主观成见，“尽性”——去除私心，充分发挥天赋之性等，但还是一再强调“圣不可知”。张载之所以反复强调不可用认知的方式求为圣人，是因为他主张圣人是要在道德修养上砥砺磨炼，达到“德盛仁熟”之后自然而然就可以达到，不是带有功利目的地去刻意求得。

张载还以周文王为圣人的典型代表，表述了天之神在圣人身上的体现：

> “神而明之，存乎其人”，不知上天之载，当存文王。(《正蒙·天道》)

“神而明之，存乎其人”，语出《系辞》，意为对易道阴阳变化的神妙能有明白的认识，在于认识的个人。张载借用这些思想，表达了自己的看法——对于“神”的明确认识，在于个人的学养和道德水平，如果不明白上天的行事，应当从文王这样的已经达到圣人境界的人的品德和行为中去考察和认识，因为上天之神就是圣人之神。张载接着说：

> 存文王，则知天载之神；存众人，则知物性之神。(《正蒙·天道》)

从文王这样的圣人的德行中考察，就能够认识上天行事的神妙；从众人的行动中考察，就只能够知道具体事物性质的神妙。这里不仅论述了圣人之德与天之神的一致性，还透露了如何认识具体的一般事物所具有的神妙性能。张载认为具体事物都是由气化而来，自然也具备气之神妙性能，张载称之为“物性之神”，而太虚之气之神妙性能则为“天载之神”。上文已述，气之神无方无体，遍体众物，而具体之物则是有偏滞的。张载说：

> 圣人有感无隐，正犹天道之神。(《正蒙·天道》)

圣人与事物发生感应，没有任何隐蔽的地方，不会有遗漏，正像天具有的神妙性能一样无处不在。这就是圣人之神与天之神的一致性在遍体众物这一方面的体现。这一点也体现在圣人的认知能力的普遍性上，张载举例道：

> 谷之神也有限，故不能通天下之声；圣人之神惟天，故能周万物而知。（《正蒙·天道》）

“谷之神”语出《老子》“谷神不死，是谓玄牝”，张载这里将其和“通天下之声”相联系，是将其理解为空谷回声这一奇妙现象。在张载看来，空谷回声是具体事物的神妙性能的体现，但它是有偏滞的，不能够通感天下所有的声音；但圣人的神妙境界就不同了，他与天之神妙是一致的，天的神妙在于生化万物，体物不遗，表现在圣人身上就是能够知晓万事万物的道理——“周万物而知”。

五　“感者性之神”

前文我们谈到张载讲气，重阴阳相感，认为阴阳二气之间的相互作用是通过“感”来实现的。感的类型和方式各有不同，但本质上都是阴阳二气的相感。[①] 至于“感”的原因，张载也将它归结为“神”：

> 感者性之神，性者感之体。（自注：在天在人，其究一也。）惟屈伸、动静、终始之能一也，故所以妙万物而谓之神，通万物而谓之道，体万物而谓之性。（《正蒙·乾称》）

张载认为，感应是气的本性所具有的神妙作用，气的本性是感应的本源。自然界的感应现象和人类的感应现象，其本质上都是一致的。万物的屈伸、动静、始终都能统一于气的本性，所以，把能使万物发生感应变化的神妙作用称为“神”，贯穿在万物感应变化的过程中的叫作“道”，万物能够感应变化的共同本质叫作“性”。张载所说的感是多种多样的，所感双方有自然现象也有人类行为，有无生命之物的相感，也有生物、人类

① 参见本书第五章第三节“一物两体者，气也”。

的相感——相感的主体具有普遍性；相感的途径也很多样，有感之以道者，有感之以事者。[①] 通过感，事物与事物之间发生作用，建立联系，联系的普遍性是通过感来实现的。事物与事物之间之所以能有这种交互作用和普遍联系，则是源于气之神妙作用——神。上文所引《易说·观》云：

天不言而四时行，圣人神道设教而天下服。诚于此，动于彼，神之道与！

天不言语，而四季准确地交替运行；圣人设立祭祀仪式以教化天下百姓，天下百姓便顺从服从。“天不言”与“四时行”，“圣人神道设教”与“天下服”，本为不同的事物，但却能产生必然联系——此处有一事，别处就会有相应的反应，这就是一种感应，这是因为气的神妙机能在起作用。上文也分析已过，这一神妙作用来源于太虚之气的内部结构——阴阳二气的对立统一，所以张载也说：“二端故有感。”（《正蒙·乾称》）所谓“感者性之神”，气的本性的神妙作用归根结底还是阴阳二端的相互作用。所以任何具体事物的感应，要揭示它的来源，就是神的作用。张载举例说：

雷霆感动虽速，然其所由来亦渐尔。能穷神化所从来，德之盛者与！（《正蒙·参两》）

作为自然现象的雷霆也是阳气和阴气互相感应而出现的，虽然来的速度迅猛，但是它的产生形成也是有一个逐渐变化的过程。能够对这样的神妙变化考察其来源，这就是很高的德行。可见，张载讲具体事物之感虽各有不同，但他重视探究不同的感背后的共同根源——气之神。在他看来，物之所以能相感，就是源于阴阳二气的相互作用，所以他说：

凡物能相感者，鬼神施受之性也。（《正蒙·动物》）

“鬼神”，张载解释为“往来屈伸之义”（《正蒙·神化》），又说“鬼

① 参见本书第五章第三节“一物两体者，气也”。

神，二气之良能也”。（《正蒙·太和》）张载认为，所有能够互相发生感应的物类，都具有阴阳二气屈伸功能和施放与吸引的作用。那么对于不能相感的物类，是否具有神的作用呢？如《革·象》所言“二女同居，其志不相得”，张载也承认“二女同居则无感也”（《易说·咸》），但他又认为：

不能感者，鬼神亦体之而化矣。（《正蒙·动物》）

意思是说，不能互相发生感应的物类，并不是不具有阴阳二气屈伸往来的神妙机能，而是这一机能蕴藏在每个物的自身，融化在个体之中。[①]一方面，气之神妙机能不会因为某些物类、某些情况下不能相感而说这些物类不具备神妙机能，而是潜在于这些物类身上；另一方面，作为具体物的个体，自身内部无时无刻不存在着阴阳二气的屈伸往来运动，以促成个体自身的生成、发展、变化。张载在解释《系辞》“显道神德行”一语时云：

神德行者，寂然不动，冥会于万化之感而莫知为之者也。（《易说·系辞》）

“寂然不动”语出《系辞》：“寂然不动，感而遂通天下之故”，原指“易”本身没有思虑和动作，处在寂静状态。张载用在这里表示气之作用和性能的神妙，在于它看上去没有动作，寂静不动，但却能默默地会通所有的感应情况，由于这是出于事物自身的内因在起作用，所以就好像没有外在的推动者——“莫知为之者”。找不到外在的推动者，这是感应之所以神妙的原因之一；此外，发生感应的方向和结果也有它的偶然性，也是不可预知的，这也就是张载为什么要用“神”来解释感应。《正蒙·乾称》道：

大率天之为德，虚而善应，其应非思虑聪明可求，故谓之神，老氏况诸谷以此。

---

① 参见喻博文《正蒙注译》，兰州大学出版社1990年版，第71页。

善于感应，这是太虚之气——天所具有的本性，这种能够感应的性能不是通过思虑、聪明就能够求得的，是自然如此，它的神妙之处也就体现在这里，所以称为神。张载认为，《老子》所谓的“谷神”，也就是从空谷能够感应到声音而发出回声——“虚而善应”而言的，所以叫作“谷神”。

综上所述，张载言神主要包括两方面的基本内容。其一，“神”指气所具有的神妙性能和作用，是气化运行、万物变化的根源和动力，也是“感应”现象的根本原因。其二，“神”又是圣人的精神境界。圣人与天为一，自然具备了天之良能，“神”即是天道在圣人身上的体现，“神”还具有联结天人的意义。张载之“神”，其实是对《周易》“神无方而易无体”、“阴阳不测之谓神”以及《孟子》“圣不可知为神”等，这几个“神”的含义的融合与改造。

第二节 张载的鬼神观

一 《易传》论鬼神

上文论述中我们已看到，在张载的论著中，论“神”经常是和“鬼”合论。“鬼神”合论，在易学史上从《易传》就已经开始了。《乾·文言》论“大人”的德行，云“与鬼神合其吉凶”，是说大人“赏善罚恶与鬼神福善祸恶一致”。[1] 这里的鬼神是人格义的鬼神。《象传》中也有鬼神之说，《谦·象》云：“鬼神害盈而福谦”，《丰·象》：“日中则昃，月盈则食，天地盈虚，与时消息，而况于人乎？况于鬼神乎？”这里的鬼神还是人格义的鬼神。到了《系辞》论鬼神，则发生了质的变化：

> 精气为物，游魂为变，是故知鬼神之情状。

李存山指出：

> 《易传》认为，阴阳精灵之气聚而为物，是生命的开始；散而为

① 高亨：《周易大传今注》，齐鲁书社 1998 年版，第 56 页。

气，是生命的终结；余下的就是游气在变化，此即鬼神。①

《系辞》的鬼神精气说以物质性的“精气”解释鬼神，消解了原有的神性，鬼神不再是赏善罚恶的神灵，而是变化的游气而已。这一思想被张载继承，并以“气”代替了《系辞》所说的“精气”，将鬼神解释为气之往来屈伸。《系辞》在论“大衍之数”时，还说道：

凡天地之数，五十有五，此所以成变化而行鬼神也。

《系辞》认为，蓍草的变化象征了世界一切变化，就筮法而言，所分得的蓍草数以及由此而成的是哪一卦，是不可预知的；所求之卦哪几爻或哪一爻为变爻也不是人能事先知道的，这一神妙特征称为“鬼神”。就这一点而言，这里的“鬼神”和“阴阳不测之谓神”的“神”是同一种意义，就是指变化的神妙。张载的鬼神观也是继承了这一思想。

二 “鬼神，往来屈伸之义”

张载继承了《系辞》中“鬼神”及“神”的非神灵义，将其形容变化莫测的含义引入到气论当中，提出：

鬼神，往来屈伸之义，故天曰神，地曰示，人曰鬼。（《正蒙·神化》）

意思是说，鬼神是指阴阳二气的往来、屈伸；阴阳二气在天宇间的运行变化称为“神”，在地上的运行变化称为“示”，在人身上的运行变化称为“鬼”。“往来屈伸”的说法也是源于《系辞》：

日往则月来，月往则日来，日月相推而明生焉。寒往则暑来，暑往则寒来，寒暑相推而岁成焉。往者屈也，来者信也，屈信相感而利生焉。

① 李存山：《中国气论探源与发微》，中国社会科学出版社1990年版，第103页。

"信"即"伸"。《系辞》这里以"屈伸"释"往来"，描述了自然规律——日月的一往一来、一屈一伸，相互替换，才有了光明的照耀；寒暑的一往一来、一屈一伸，相互替换，年岁因此而成。正是这种屈伸往来的对待运行，成就了万物，世界因此得以发展。《系辞》这一思想带有朴素、直观的特征，来源于对自然界的直接观察，重点在于它注意到了自然界存在的这一带有规律性的现象——日与月、寒与暑的相互对待以及由这一对待而产生的效应，这就不仅仅是对自然现象的直观描述，而是带有思辨色彩的抽象的哲学思维了。另外，《系辞》这里讲日月、寒暑往来、屈伸的对立关系，是对《易经》本身具有的阴阳思想的继承和阐发。[①]

张载将易学这种往来屈伸说引入气论当中，以往来屈伸解释阴阳二气的对立运行，阐发自己易学中的气哲学思想，张载多次用"屈伸往来"论阴阳二气的变化运行。《正蒙·太和》云：

> 太和所谓道，中涵浮沉、升降、动静、相感之性，是生絪缊、相汤、胜负、屈伸之始。

这是说，阴阳二气的屈伸运动的始基，本身就包含在太和之气自身的性能中，这些性能包括浮沉、升降、动静互相感应。张载将气之屈伸运动归因为气自身的内部，这是对《系辞》"刚柔相推而生变化"内因论的继承和发展，同时，张载还进一步指出阴阳二气的一屈一伸运动也构成了事物的规定性。《易说》解释《系辞》"屈信相感而利生"云：

> 物无孤立之理，非同异、屈伸、终始以发明之，则虽物非物也；事有始卒乃成，非同异、有无相感，则不见其成，不见其成则虽物非物，故一屈伸相感而利生焉。

张载主张"一物两体"，"有象斯有对"，事物没有孤立存在的道理，如果事物没有同异、屈伸、终始的对立，就构不成该事物；阴阳二气的一屈一伸构成了事物的规定性，成就了事物自身。正如张岱年所说：

① 参见本书第五章第一节"对易学史上气论的批判继承"。

同异、始卒、有无，言一物与其先后左右众物之对待关系。而屈伸终始，为一物内含之对待。物事都不是孤立的，皆在对待联系中。必有对待，物方成其为物，事方成其为事。[①]

张载进一步指出：

若阴阳之气，则循环迭至，聚散相汤，升降相求，缊缊相揉，盖相兼相制，欲一之而不能，此其所以屈伸无方，运行不息，莫或使之。(《正蒙·参两》)

这是说，阴阳二气在宇宙中循环往来，时聚时散，互相激荡，升降交替，互相吸收，交融会合，互相摩揉，阴中有阳，阳中有阴，互相交流，互相制约，向成为单纯的一的方向运动但却不能实现，正是在这样一种状态下形成了对立统一。这就是阴阳二气屈伸变化没有确定方向，运行不息，并且不靠外力推动的原因。张载把阴阳二气相互作用而形成的屈伸往来定义鬼神，这是对《系辞》"精气鬼神说"和气论的整合。正因为鬼神是气的屈伸往来，张载也说：

鬼神者，二气之良能也。(《正蒙·太和》)

前文已述，"良能"语出《孟子》，指天生具有的能力，张载用来指阴阳二气本身具有的屈伸往来的性能，并以此为鬼神。

三 "鬼神之实，不越二端"

张载以阴阳二气"相兼相制，欲一之而不能"解释了其屈伸无方、运行不息的原因，所以说，鬼神作为阴阳二气的屈伸往来，本质上还是由于气的内部结构——阴阳二端的对立统一。张载说：

游气纷扰，合而成质者，生人物之万殊；其阴阳两端循环不已

---

① 张岱年：《中国哲学大纲》，载《张岱年全集》第二卷，河北人民出版社1996年版，第152页。

者，立天地之大义。（《正蒙·太和》）

又说

造化所成，无一物相肖者，以是知万物虽多，其实一物，无无阴阳者。以是知天地变化，二端而已。（《正蒙·太和》）

这是说，太虚之气生化万物，万物丰富多样，无一相同，但本质上确实由气之阴阳对立运动生化而来，本身又蕴含着阴阳对待，世界上没有超出阴阳对待的存在物。阴阳对待也就是张载重视的“二端”。所以，张载也将鬼神与“二端”相联系起来加以论述：

天道不穷，寒暑也；众动不穷，屈伸也；鬼神之实，不越二端而已矣。（《正蒙·太和》）

万事万物都是阴阳二端的对立统一，鬼神作为阴阳二气屈伸往来运行不止的性能，其实质也是阴阳对待，不会超越这一根本法则而存在。张载以这种阴阳对待而来的鬼神解释具体之物的性能。首先，鬼神既然是阴阳二气本身先天具有的性能，万物又是由气化而来，那么鬼神也就普遍存在于万物之中：

气之性本虚而神，则神与性乃气所固有，此鬼神所以体物而不可遗也。（《正蒙·乾称》）

“体物不遗”语出《中庸》，张载在此用以说明鬼神蕴含于万物的普遍性特征。张载还说道：

凡物能相感者，鬼神施受之性也；不能感者，鬼神亦体之而化矣。（《正蒙·动物》）

物类之间的相互感应是源于阴阳二气的屈伸施受，不能相感的情况下，阴阳二气的屈伸运行性能也是蕴含于事物之中。这既是万物能感应的根源所在，也体现了鬼神存在的普遍性。

根据张载的太虚之气的聚散理论，万物散而复归太虚，但鬼神不会因具体之物的消失而消失，仍就存在于太虚之中，所以张载也说：

> 鬼神常不死，故诚不可掩；人有是心在隐微，必乘间而见，故君子虽处幽独，防亦不懈。（《正蒙·神化》）

此是说，鬼神是常存不灭的，真实存在的，这也体现了天之“诚”是掩藏不住的。值得一提的是，张载这里谈鬼神之常存不灭结合了《中庸》“慎独”思想，赋予了鬼神这一“二气之良能”以价值意味，成为人的道德修养——“诚”的根据。人有“诚”的心在隐秘和微小的时候，一定会伺隙显现出来，所以，君子虽然独处在幽僻的地方，防止邪念仍然是毫不懈怠——鬼神成了人道德修养的天道依据。

四 鬼、神分论

张载所言鬼神虽然是一体，总是并列出现，在此暂且抛开张载单独所论之“神”不言，就与“鬼”相并列之“神”而言，“鬼”、“神”又是一种什么关系呢？

《正蒙·动物》道：

> 物之初生，气日至而滋息，物生既盈，气日反而游散。至之谓神，以其伸也；反之谓鬼，以其归也。

张载认为，物之生灭源于气之聚散，当物刚刚生成的时候，气不断地在它身上集聚，形成了物的滋长，这一情形称为“神”，因为使得物有伸展、长大的效应；当物生长，发展壮大到鼎盛阶段，盛极而衰，气开始从它身上游散，到该物死亡、消失，气也就从它身上游散殆尽，这一情形称为“鬼”。张载以“伸”释“神”，以“归”释“鬼”，这是沿袭汉代经学家训诂的一种方法——声训，《说文》中的确是以“归”训“鬼”——“人所归为鬼”。抛开这一训诂方法不说，就张载以阴阳二气屈伸往来释鬼神而言，这里的“伸”和“归”与屈伸往来的意思基本上是一致的，“伸”和“归”是张载就具体之物的生成、发展和死亡而言，是屈伸往来在具体情形下的表达。

此外，张载还说：

> 鬼神，往来屈伸之义，故天曰神，地曰示，人曰鬼。（自注：神示者归之始，归往者来之终。）（《正蒙·神化》）

这里又以天、人区分神、鬼，中间又加了一个“地曰示”。后世朱熹对此有所解释：

> 问：“横渠谓‘鬼神者，往来屈伸之意，故天曰神，地曰示，人曰鬼。’‘示’字之义如何？”曰：“《说文》‘示’字，以有所示为义，故‘视’字从‘示’。天之气生而不息，故曰神；地之气显然示人，故曰示。”又曰：“‘天曰神，地曰示’者，盖其气未尝或息也。人鬼则其气有所归矣。”①

朱熹结合《说文》，以“地之气显然示人”释“地曰示”。张丽华先生说：“鬼为归，神为伸，有字源学上的根据，但这与示字并无明显的联系。”② 据喻博文先生考证：

> 示：《正韵》：“音歧，同祇。”《周礼·春官》：“大宗伯之职掌天神人鬼地示之礼。”《释文》：“示，或作祇。”祇，地神。③

由此看来，“地曰示”的说法古已有之，地示即地祇，是地神，地与天相配，故亦为神。张载认为，阴阳二气在天宇的屈伸运行称作“神”，在地或者说地自身蕴含的阴阳二气的运行称作“示”或“祇”，和“神”属于同一序列，阴阳二气在人身上的屈伸运行就叫作“鬼”。天，万物资始；地，万物滋生，天地如万物之父母，万物生化都是由天地而来，人也包括其中，所以说天地的阴阳二气之屈伸运行能生化万物人类，万物人类

---

① 《朱子语类》卷九十九，第2535页。

② 张丽华：《张载的鬼神观》，《中国哲学史》2006年第2期。

③ 喻博文：《正蒙注译》，兰州大学出版社1990年版，第51页。

消散后复归于天地之气，故张载自注说，神、祇这类现象是阴阳二气回归的开始，万物人类消散后向天地之气的回归是阴阳二气向万物人类身上到来的终结。这里所说的神、鬼的区别在于他们各自的载体和气运动的方向不同。神和祇的载体是天、地，其运行的方向是向人、物的方向运动，生化万物，并接受人、物消散后气的回归；鬼的载体是人，其运行的方向是接受天地之气以生成，并在一定的时候终结接受天地之气，死亡时向天地之气复归。

在《横渠易说》中，张载解释《系辞》“精气为物，游魂为变，是故知鬼神之情状”一语时，也对“鬼”“神”进行了分别讨论。张载说：

> “精气为物，游魂为变”，精气者，自无而有；游魂者，自有而无。自无而有，神之情也；自有而无，鬼之情也。自无而有，故显而为物；自有而无，故隐而为变。显而为物者，神之状也；隐而为变者，鬼之状也。大意不越有无而已。物虽是实，本自虚来，故谓之神；变是用虚，本缘实得，故谓之鬼。此与上所谓神无形而有用，鬼有形而无用，亦相会合。所见如此，后来颇极推阐，亦不出此。（《易说·系辞》）

张载不主有无，而是以气之聚散解释有无，气聚成物为有，物散归气为无，这里的有无是针对具体物而言。具体之物从无到有，是气聚的过程，即“精气者，自无而有”；从有到无，物体消失，是气之游散，即“游魂者，自无而有”。张载称这种气聚显而为物的情形为神的状态，物散而隐而为气的情形为鬼的状态。物是实，但却是由虚之气集聚而成，所以叫神；鬼是物散后的气，是虚的，但却是有实的物游散而来，故称鬼。这一点与张载在《正蒙·动物》中所言“物之初生，气日至而滋息，物生既盈，气日反而游散。至之谓神，以其伸也；反之谓鬼，以其归也”的思想是一致的。至于张载所说的“神无形而有用，鬼有形而无用”，意思是，神是气向物的转化，气是无形的，但却有生成物的作用，所以叫“无形而有用”；鬼是物向气的回归，物是具体有形的，它向气的回归还是源于气的内在机制，并非物所具有的外在动力，所以叫“有形而无用”。这里的神、鬼指气和物向不同方向转化的过程，并非指一种稳定不变的状态，不是主体性概念。

五　“黜妄怪，辨鬼神”

由上文论述可知，张载的鬼神学说是建立在气论的基础之上，具有唯物论的性质，剔除了鬼神的迷信意义，是对古代所说的鬼神予以自然论的解释。[①] 张载的鬼神学说是对宗教义鬼神思想的批判。

《宋史·张载传》说张载之学是“黜妄怪，辨鬼神”之学，《张载集·拾遗·性理拾遗》记载：

> 张子曰：范巽之尝言神奸物怪，某以言难之，谓“天地之雷霆草木至怪也，以其有定形故不怪，人之陶冶舟车亦至怪也，以其有定理故不怪。今言鬼者不可见其形，或云有见者且不定，一难信；又以无形而移变有形之物，此不可以理推，二难信。又尝推天地之雷霆草木，人莫能为之，人之陶冶舟车，天地亦莫能为之。今之言鬼神，以其无形则如天地，言其动作则不异于人，岂谓人死之鬼反能兼天人之能乎？”

这一段话可以看作张载“黜妄怪”的典型言论。张载从三个方面对有鬼论加以批判：首先，自然现象和人类活动都有其偶然性，但同时也有必然性——“定形”、“定理”，所以并不觉得怪异，而所谓的鬼在“定形”问题上说法不一，有无形说，有见到的，但说法不定，这是鬼不可信的一条理由。其次，如果说鬼是无形的，但能够移动和改变有形之物，这从自然道理上讲是行不通的。最后，自然现象与人类活动是有区别的，有时候自然不能代替人为，人为也不能够取代自然，如天能生雷霆却不能做车舟，而人能做车舟但不能造雷霆；但是传说中的鬼却具备天之无形，能做人之动作，这岂不是说人死了变成鬼就能兼有人和天共同的功能了吗？张载的这一言论完全是站在理性主义的立场上，将有鬼论的神秘色彩和迷信思想进行批驳，是古代无神论思想的延续。

但是儒家经典中的祭祀理论又不乏鬼神思想，张载主张对于这些接受祭祀的“神”，一定要详加辨审，去除疑惑。这可以说是张载“辨鬼神”

---

① 张岱年：《中国哲学大纲》，载《张岱年全集》第二卷，河北人民出版社 1996 年版，第 166 页。

的思想。《易说·系辞》道：

> 所谓山川门霤之神，与郊社天地阴阳之神，有以异乎?《易》谓“天且弗违而况于鬼神乎!”仲尼以何道而异其称耶?又谓“游魂为变”，魂果何物?其游也情状如何?试求之使无疑，然后可以拒神怪之说，知亡者之归。此外学素所援据以质成其论者，不可不察以自祛其疑尔。

儒家祭祀理论中不乏宗教意义的神祇，而且这些神祇根据自己的司职各不相同，如张载提到的山川之神、门霤之神、郊社之神、天地之神等，张载认为对这些所谓的神要详加对待，考察他们是否真有区别，区别在哪里。而且又说到孔子在《易传》中将天与鬼神分别来讲，这样区别的道理在哪里?“游魂为变”，“魂”是什么?“游”又是一种什么运动状态?这在认为只有对这些问题详细地加以考察和回答，才能拒斥怪妄邪说，懂得生命消失后的归宿。之所以要如此细致、审慎，就是因为当时的外学——佛教吸收儒家的鬼神学说，结合佛教自身的宗教理论，如生死轮回、阿鼻地狱等理论，对当时社会造成极大影响，对儒学的冲击很大，也就是张载所言“外学素所援据以质成其论者”，所以要重视上述问题，黜妄怪，辨鬼神，“拒神怪之说，知亡者之归”。张载批评佛教说：

> 浮屠明鬼，谓有识之死受生循环，遂厌苦求免，可谓知鬼乎?以人生为妄见，可谓知人乎?天人一物，辄生取舍，可谓知天乎?孔孟所谓天，彼所谓道。惑者指游魂为变为轮回，未之思也。(《正蒙·乾称》)

在张载看来，佛教宣扬有鬼论，说有情识的众生死后要轮回转生受苦受罪，因此而厌恶生的痛苦，去寻求得道成佛免除痛苦，这是根本就不懂得鬼只是人死向气的复归这一道理。还有受到蛊惑的人以《系辞》“游魂为变”中人死后游散之气为魂的变化讲佛教的轮回之道，这也是未加深思的说法。张载还批评道：

> 彼欲直语太虚，不以昼夜、阴阳累其心，则是未始见易，未始见易，则虽欲免阴阳、昼夜之累，末由也已。易且不见，又乌能更语真际！舍真际而谈鬼神，妄也。(《正蒙·乾称》)

佛家虽然想解释明白关于太虚的问题，但不用心去研究关于昼夜、阴阳交接感应的普遍规律，这说明他们并没有懂得“易道”；不懂的“易道”而想去免除研究昼夜、阴阳的道理而直悟宇宙之道，这是行不通的。对“易道”都没有明白，怎么能谈论真理呢！不了解真理来谈鬼神问题，只能是虚妄了。可见，张载的鬼神观念始终是和阴阳二气之道紧密相连的，对鬼神的认识，也就是要对天道性命的探究：

> 大率知昼夜阴阳则能知性命，能知性命则能知圣人，知鬼神。(《正蒙·乾称》)

懂得昼夜、阴阳的普遍规律就能够了解关于性命的本义，能够认识性命的本义就能够了解圣人，明白鬼神的意义。又如：

> 大学当先知天德，知天德则知圣人，知鬼神。(《正蒙·乾称》)

正确的做法应该是认识天本身具有的性能和所体现的价值，这样也就能认识圣人，懂得鬼神的真正意义。

事实上，张载自己也是这样去做的，他以气论的方式对上述问题一一进行了解答，以鬼神为气运动变化之性能，人、物之死亡消失不过是气自身的运动转化而已，以高度理性的方式为传统的鬼神学说“祛魅”。

六　二程与张载鬼神学说的异同

与张载同时的程颐关于鬼神的观点也是理性主义的，但与张载的气论思想又有不同。《乾·文言》云：

> 夫大人者，与天地合其德，与日月合其明，与四时合其序，与鬼神合其吉凶，先天而天弗违，后天而奉天时。天且弗违，而况于人乎？况于鬼神乎？

《程氏易传·乾》解释道：

> 大人与天地日月四时鬼神合者，合乎道也。天地者道也，鬼神者造化之迹也。圣人先于天而天同之，后于天而能顺天者，合于道而已。合于道，则人与鬼神岂能违也？

这里的“道”也就是程颐鼓吹的“理”，“合于道”也就是“合于理”。在程颐看来，天地日月四时的运行都有一个“理”在其中，大人之所以能不违天、不违人，就在于他能与理相合。体现了易学理本论的特点。程颐将“鬼神”解释为“造化之迹”，也就是说，鬼神是宇宙按照“理”而生化运行时所表现出来的迹象，按此解释，鬼神也是理的表现，蕴含了理在其中。《程氏易传》在解释《丰·象》“鬼神”二字也说：“鬼神造化之迹”，朱伯崑先生说，程颐这里是“以鬼神为造化之形迹，不以其为神灵”[①]。

《程氏易传·乾》解释乾卦说：

> 夫天，专言之则道也，天且弗违是也；分而言之，则以形体谓之天，以主宰谓之帝，以功用谓之鬼神，以妙用谓之神，以性情谓之乾。

程颐还说道：

> 鬼神，造化之功也。以幽明之故，死生之理，鬼神之情状观之，则可以见“天地之道”。[②]

这里还是将鬼神与造化联系起来解释，功，即活动、功能，鬼神是自然造化自身的活动、功能，表现在外在的形态就是前文所说的“造化之迹”，由此活动、功能就可以考察到“天地之道”——理。此处以造化之

① 朱伯崑：《易学哲学史》第二卷，昆仑出版社2005年版，第256页。

② 见《河南程氏经说》卷第一《易说·系辞》，载《二程集》，第1028页。

活动、功能解释鬼神，和张载所说的“鬼神者，二气之良能”有一致的地方，那就是二人都以鬼神为某种活动、性能；但区别也是显而易见，张载明确指出，鬼神是气运动变化的性能，是气的“屈伸往来”，而程颐更注重“造化”，重视“理”，鬼神是造化之理的表现，这也体现了宋代易学中气学派和理学派的对立。

此外，程颐和张载就《观·象》所言“神道设教”之“神”的理解也是不同的。《横渠易说》解释“神道”：“如‘盥而不荐’之类”，张载认为《观·象》所谓的“神道”就是指“盥”、“荐”之类的祭祀仪式，以祭祀的形式“诚于此，动于彼”，使百姓有所敬畏，达到教化的目的。而程颐则是以“神妙”释之：

> 天道至神，故曰神道。观天地运行，四时无有差忒，则见其神妙。圣人见天道之神，体神道以设教，故天下莫不服也。……至神之道，莫可名言，惟圣人默契，体其妙用，设为政教，故天下之人涵泳其德而不知其功，鼓舞其化而莫测其用，自然仰观而戴服，故曰：“以神道设教而天下服矣。”（《程氏易传·观》）

“神道设教”是《易传》提出来的著名命题，它包括两层含义：一是尊崇神道，祭天地、祀鬼神；二是推行教化，明礼义、善风俗。[①] 张载以祭祀仪式释神道，是看到了第一层含义，但他也注意到祭祀仪式的教化效应，他认为能够把两层含义联系到一起，由祭祀到教化，“诚于此，动于彼”，体现了一种感应的力量，所以又说是“神之道”。这里的“神”就不再是接受祭祀的神，而是指感应的神妙，也就是他所说的“神者，太虚妙应之目”。而程颐的解释刻意避免祭祀之神的意义，而注重以“神妙”释“神”，从天道之神妙到圣人教化天下人之神妙——“涵泳其德而不知其功，鼓舞其化而莫测其用”。二人都是站在理性主义的立场上来解释“神道设教”，但张载相对来说较为注意其包含的两层含义，程颐则未就其祭祀本义加以解释，而仅仅以神妙释之，诠释色彩较重。

此外，张载讲，“鬼神，往来屈伸之义”（《正蒙·神化》），“往来屈

---

① 郑万耕：《“神道设教”说考释》，《周易研究》2006年第2期。

伸”源于《易传》，张载以气之往来屈伸定义鬼神。程颐也讲气之“往来屈伸”，但他并没有将此称作鬼神，而是说“往来屈伸皆是理”[①]。这和程颐的理气观是分不开的，他主张有理而后有气，气之屈伸往来是因为有往来屈伸之理的缘故；理是形而上的，气是形而下的，和张载的气本论形成对立。

张载批评世俗所谓的有鬼论，《二程遗书》卷第二下记载“二先生语”，也体现了程氏对世俗所谓鬼神意义的保留态度：

> 古之言鬼神，不过著于祭祀，亦只是言如闻叹息之声，亦不曾闻道如何言语，亦不曾道见如何行状。……尝闻好谈鬼神者，皆所未曾闻见，皆是见说，烛理不明，便传以为信也。假使实所闻见，亦未足信，或是心病，或是目病。
>
> 今日杂信鬼怪异说者，只是不先烛理。

程氏认为，祭祀鬼神是古代的遗留，但鬼神只是具有祭祀意义，并不是因为他作为人格义的鬼神真实存在而祭祀他。谈鬼神的人、信鬼神的人，都是不明理。不相信世俗意义的鬼神存在，这一点和张载的态度是一致的。《二程遗书》卷第二下记载说：

> 生气尽则死，死则谓之鬼可也。但不知世俗所谓鬼神何也？

程氏同意人死为鬼是因为生气尽，是一种状态转化为另一种状态，这是本于以“归”释“鬼”的旧说，与张载的人死而气复归于太虚有一致的地方。另外，和张载的态度一样，对世俗所谓的鬼神意义并不认同，体现了理学家的理性主义立场。

七　朱熹对张载鬼神思想的继承

朱熹论鬼神，有一个突出的特点，就是继承张载的鬼神观，以气释鬼神。李申说：“在鬼神观上，朱熹却和程氏并不完全一致。其根本区别在

① 见《河南程氏遗书》卷第十五，载《二程集》，第148页。

于，朱熹不把鬼神作为理，而认为鬼神是气”。①

朱熹《周易本义》在解释《系辞》“此所以成变化而行鬼神也”一语道：“鬼神，谓凡奇偶生成之屈伸往来者。”这里用“屈伸往来”释鬼神，显然是沿用了张载“鬼神，往来屈伸之义”。(《正蒙·神化》) 张载还说过：“至之谓神，以其伸也；反之谓鬼，以其归也。”(《正蒙·动物》) 朱熹也有这一说法。张载解释《系辞》“精气为物，游魂为变，是故知鬼神之情状”道：

> “精气为物，游魂为变”，精气者，自无而有；游魂者，自有而无。自无而有，神之情也；自有而无，鬼之情也。自无而有，故显而为物；自有而无，故隐而为变。显而为物者，神之状也；隐而为变者，鬼之状也。(《横渠易说·系辞》)

朱熹《周易本义》的解释为：

> 阴精阳气，聚而成物，神之伸也；魂游魄降，散而为变，鬼之归也。②

张载认为，具体之物从无到有，是气聚的过程，即“精气者，自无而有”；从有到无，物体消失，是气之游散，即“游魂者，自无而有”。张载称这种气聚显而为物的情形为神的状态，物散而隐而为气的情形为鬼的状态。物是实，但却是由虚之气集聚而成，所以叫神；鬼是物散后的气，是虚的，但却是有实的物游散而来，故称鬼。这一点与张载在《正蒙·动物》中所言“物之初生，气日至而滋息，物生既盈，气日反而游散。至之谓神，以其伸也；反之谓鬼，以其归也”的思想是一致的。朱熹的说法基本上取自张载，也是以气聚成物为神，散而为变为鬼，可以说是张载思想凝练的说法。

值得注意的是，朱熹对张载的鬼神学说有综合和推进的方面。

就张载鬼神思想而言，张载虽然提出“鬼神，二气之良能”的著名

---

① 李申：《中国儒教史》下卷，上海人民出版社 2000 年版，第 423 页。

② 朱熹撰，廖名春点校，《周易本义》，中华书局 2009 年版，第 226、227 页。

命题，但并未明确以鬼神分属阴阳二气[①]；而且说“至之谓神，反之谓鬼”时也是就气的运动方向言，并未涉及“二气”问题。朱熹就此问题进行了综合：

> 以二气言，则鬼者阴之灵也；神者，阳之灵也。以一气言，则至而伸者为神，反而归者为鬼。一气即阴阳运行之气，至则皆至，去则皆去之谓也。二气谓阴阳对峙，各有所属。[②]

张载所说的“二气”并非是说有两种气，而是指气所包含的阴阳两种性质，是气的两个方面，但是张载并没有明确说明鬼神分别属于这两方面，朱熹则明确提出鬼属阴、神属阳，这是对张载鬼神说的细化。其次，朱熹将张载“一气”意义上的鬼神和“二气”意义上的鬼神进行了进一步的明确并加以统一。从气具有的阴阳两方面的性质而言，鬼属阴，神属阳；从气运动的过程和方向言，气至而伸为神，气反而归为鬼；至和反的方向虽然不同，但阴阳二气至则皆至，反则同反，并非说有阴阳两种气，阴气至而阳气反之类。朱熹通过这一辨析，指出了张载的鬼神义是对气不同角度的描述，使张载的原有理论更显明晰。

朱熹更进一步提出：

> “阳魂为神，阴魄为鬼。”“鬼，阴之灵；神，阳之灵。”此以二气言也。然二气之分，实一气之运。故凡气之来而方伸者为神，气之往而既屈者为鬼；阳主伸，阴主屈，此以一气言也。故以二气言，则阴为鬼，阳为神；以一气言，则方伸之气，亦有伸有屈。其方伸者，神之神；其既屈者，神之鬼。既屈之气，亦有屈有伸。其既屈者，鬼之鬼；其来格者，鬼之神。天地人物皆然，不离此气之往来屈伸合散而已，此所谓“可错综言”者也。[③]

朱熹的这段话，主要涉及以下四点：

---

① 张丽华：《张载的鬼神观》，《中国哲学史》2006年第2期。

② 《朱子语类》卷六十三，第1548页。

③ 同上书，第1549页。

第一，明确阴阳二气只是气的两个方面，是气所包含的阴阳两种性质——“二气之分，实一气之运”。

第二，以鬼为阴，以神为阳；以屈为阴，以伸为阳——对鬼神、屈伸的阴阳属性加以明确。

第三，阴中有阳，阳中有阴；屈中有伸，伸中有屈——这是对张载鬼神说中阴阳对立思想的深化。

第四，指出气之屈伸往来具有普遍性——“天地人物皆然，不离此气之往来屈伸合散”，这是对张载“气之性本虚而神，则神与性乃气所固有，此鬼神所以体物而不可遗也”（《正蒙·乾称》）这一说法的“接着讲”，以张载所持的气论，对《中庸》“体物不遗”所作的解释。

经过朱熹的这番诠释，张载的鬼神学说趋于严密和精巧。不仅如此，朱熹还将程氏论鬼神和张载论鬼神进行了综合。

上文谈到程氏主“屈伸往来皆是理”而以鬼神为“造化之迹”“造化之功”，朱熹将程氏的鬼神说和张载加以综合，提出了自己的看法，也可以说是借助程氏的理论将张载的鬼神说加以推进——

> “鬼神者，造化之迹也。”神者，伸也，以其伸也；鬼者，归也，以其归也。人自方生，而天地之气直观增添在身上，渐渐大，渐渐长成。极至了，便渐渐衰耗，渐渐散。言鬼神，自有迹者而言之；言神，只言其妙而不可测识。①

程颐仅仅说鬼神是“造化之迹”，张载则提出“物之初生，气日至而滋息，物生既盈，气日反而游散。至之谓神，以其伸也；反之谓鬼，以其归也”（《正蒙·动物》），在朱熹看来，张载的这一说法恰好就对“造化之迹”进行了描述，如此一来，就将程颐之说和张载建立在气论基础上的“至之谓神，反之为鬼”巧妙地联系起来了，所谓“造化之迹”就是气的生化运行，将程颐的“鬼神，造化之迹”之论纳入张载的气论鬼神说中来。《朱子语类》载：

> 萧增光问“鬼神造化之迹”。曰：“如日月星辰风雷，皆造化之

① 《朱子语类》卷六十三，第1548页。

迹。天地之间，只是此一气耳。来者为神，往者为鬼。譬如一身，生者为神，死者为鬼，皆一气耳。"

"鬼神者，造化之迹。"造化之妙不可得而见，于其气之往来屈伸者足以见之。微鬼神，则造化无迹矣。横渠"物之始生"一章尤说得分晓。①

朱熹以张载之气释程颐鬼神说，同时，也用程颐"屈伸往来皆是理"来说明张载的鬼神说：

"鬼神者，二气之良能"，是说往来屈伸乃理之自然，非有安排布置，故曰"良能"也。②

……

问"'鬼神者，造化之迹也。'此莫是造化不可见，唯于其气之屈伸往来而见之，故曰迹？'鬼神者，二气之良能。'此莫是言理之自然，不待安排？"曰："只是如此。"③

这里朱熹为程颐的鬼神说和张载的鬼神说建立起逻辑联系，在他看来，鬼神是无形之造化在经验层面上的表现，造化作用通过气之屈伸往来表现出来，这就是"造化之迹"与气之"屈伸往来"之间的逻辑联系；同时，屈伸往来是气先天具有的性能，是自然而然，不待人为，体现了"自然之理"，"理"构成了气屈伸往来的原因。《朱子语类》载：

问："鬼神是'功用'、'良能'？"曰："但以一屈一伸看，一伸去便生出许多物事，一屈来更无一物了，便是'良能'、'功用'。"问："便是阴阳去来？"曰："固是。"问："在天地为鬼神，在人为魂魄否？"曰："死则谓之'魂魄'，生则谓之'精气'，天地公共底谓之'鬼神'，是恁地模样。"又问："体物而不可遗。"曰："只是这一个气。入毫厘丝忽里去，也是这阴阳；包罗天地，也是这阴阳。"

① 《朱子语类》卷六十三，第1547页。

② 同上。

③ 同上书，第1548页。

> 问："是在虚实之间否？"曰："都是实，无个虚底。有是理，便有是气；有是气，便有是形，无非实者。"①

朱熹认为，万物的生成、变化、发展和死亡都是源于阴阳二气的一屈一伸，这就是鬼神的"功用"和"良能"。这是对张载气论鬼神说的沿袭。并同意这一屈一伸是阴阳对待，这和张载"鬼神之实，不越二端"的思想是一致的。对于鬼神体物不遗，朱熹亦是以气论的方式加以回答，小至毫厘，大至天地，"都是这一个气"。朱熹这里论鬼神，是把气之生化意义、气之运动性能、气之内部结构、气之普遍存在加以综合。"功用"一词虽出自程颐，所谓"以功用谓之鬼神"，但朱熹也以功用解之。但是，朱熹在最后提出，本质上是气的鬼神确实源于鬼神之气——"有是理，便有是气"，将理置于气之上，以此来解决程颐理本论与张载气本论的对立。

朱熹也对程颐和张载的鬼神说进行了评价，他更赞成张载的观点：

> "伊川谓'鬼神者，造化之迹'，却不如横渠所谓'二气之良能'。"直卿问："如何？"曰："程子之说固好，但浑沦在这里。张子之说分明，便见有个阴阳在。"②

朱熹推崇张载鬼神说的形上意味。在朱熹看来，程颐以"造化之迹"解释鬼神，是"浑沦"之说，意即程颐停留在外在的表现形式上，仅仅看到鬼神作为自然造化的表面现象，没有指出其本质；而张载以阴阳二气本然性能解鬼神，是透过了外在的现象，揭示了鬼神的本质，所以比程颐的鬼神说"分明"。

第三节　论"化"

张载论"神"，还常常和"化"相联系，杨立华先生说："神和化是

---

① 《朱子语类》卷六十三，第1546—1547页。

② 同上书，第1548页。

张载哲学话语中的一对核心概念，也是理解张载哲学建构的关键所在。”[1]神在张载的思想体系中既是气的神妙性能，也是圣人的境界；与神相联系，化在张载的话语中，既是指气的变化，也是指人的修养。这是张载对《易传》“穷神知化”、《中庸》“至诚能化”及《孟子》“大而化之”等思想的融汇和改造。

一 神与化

前文屡次提及张载很重要的一段话：

> 一物两体者，气也。一故神（自注：两在故不测），两故化（自注：推行于一），此天之所以参也。《易说·说卦》

整段文意前文已述，此处不再重复。这里的“化”，指气的变化，即阴阳二气相互推移的过程，这种运动变化源自气自身的内部结构——阴阳对待。对立面的相互作用、相互依存导致了气的运动变化，这叫作化；这种变化神妙莫测，这叫作神。神和化都源自气自身的内部结构，是对阴阳二气对立统一不同角度的描述。因此，张载也用体用关系来说明神、化之间的联系：

> 神，天德；化，天道。德，其体；道，其用，一气而已。（《正蒙·神化》）

神妙不测，这是天固有的本性；变化运行，这是天运动的过程。神妙不测的性能是天的本体，变化运行的过程是天的作用，这些都统一于太和之气。这里的天指阴阳对立统一的太虚之气。神是根本，是运动变化的根源。杨立华说：“在体用关系中，神和化被分置于不同的层面。神是本体层面的，而化则是神的作用。……化是对宇宙间氤氲不息的生灭过程的实然把握，而神则是其内在根据。”[2] 按照这一观点，化似乎与经验层面联系紧密，而神则更偏向于原理，靠逻辑思辨去把握。

---

① 杨立华：《气本与神化》，北京大学出版社2008年版，第59—60页。

② 同上书，第61页。

太虚之气的运行变化构成了宇宙间万事万物的变化生灭，宇宙间的变化，类型、内容极其丰富，张载所说的“化”有时专指细微、缓慢地变化，所以他又是用“缓”、“渐”等字来形容“化”。

二　“推行有渐为化”

张载说：“气有阴阳，推行有渐为化，合一不测为神。”（《正蒙·神化》）阴阳二气逐渐的相互推移演变叫作化。化具有缓慢、细微的特征。朱熹解释说：

> “神化”二字，虽程子说得亦不甚分明，惟是横渠推出来。推行有渐为化，合一不测为神。……化是逐一挨将去底，一日复一日，一月复一月，节节挨将去，便成一年，这是化。[1]

朱熹十分推崇张载的“神化”说，他认为张载所说的“化”是指一种缓慢、细微的变化，而且这种变化具有连续性。他以时间的推移为例，说明化的状态。张载自己也说“缓则化”：

> 神为不测，故缓辞不足以尽神，【缓则化矣；】化为难知，故急辞不足以体化，【急则反神。】（《正蒙·神化》）

“缓辞”是指详细具体的说明，“急辞”是指言简意赅的辞语。张载认为“神”是很难测度的，详细具体的说明也不能充分表达“神”的奥妙意义，因为，那样详细具体的解说只能用来描述“化”。“化”的根据和原因是难于通晓的，用简要的语言说明就不能完全显现“化”的形象，因为，那样简要的语言说明“神”是较为合适的。张载认为，对“神”而言，语言摹写是不易的，更不用说详细、形象的描写和论证了，只能用直觉和体悟把握它，用最概括、最抽象的范畴描述它，这就是所谓的“急辞”。“神”虽无形无象，但气化是有形象有过程的，人能够观察、感觉到，如四时运行、百物生灭等都是它的作用的表现，所以，人能够举例列事、生动描绘、详细说明，这样的说明所用的语言概念就是所谓的

① 《朱子语类》卷九十八，第2512页。

"缓辞"。[①] 张载这里说道："化为难知"。《横渠易说》道：

化不可言难知，可以言难见，如日景之行则可知之，其所以行则难见也。

这两处说法似乎互相抵牾。喻博文先生的意见是："作'难知'亦通，指'化'的根原是不容易为人认识和掌握的。"[②]《易说》以"日景之行"为例证说明"化"，这是从外在的现象着眼，通过观察太阳影子的变化可以知道它的运行，这是可以观察到的，但这一现象背后的本质则是观察不到的。这里的"其所以行"也就是喻先生所谓的"'化'的根原"，而"化"的根源其实是"神"，"神"是难以测度的，也就是难知。

三 "变言其著，化言其渐"

《系辞》云："变化者，进退之象也。"孔颖达《周易正义》云：

万物之象，皆有阴阳之爻，或从始而上进，或居终而倒退，以其往复相推，或渐变而顿化，故云"进退之象"也。

这是以阴阳二爻的升降推移解释变化的原因。其中说到"渐变"和"顿化"，这是以变为不明显的变化，以化为显著的变化，朱伯崑认为，这一说法"大概本于道家，如《庄子》所说的'物化'，即以一物变为另一物为化，从而以变为渐"[③]。而张载对变与化的定义恰好和孔颖达相反，张载说："变言其著，化言其渐。"（《易说·系辞》）这是以变为显著的变化，而以化为不明显的变化。并且，张载通过阐释《系辞》"化而裁之谓之变"及"化而裁之存乎变"说明了变与化二者的关系：

"变则化"，由粗入精也，"化而裁之谓之变"，以著显微也。"化而裁之存乎变"，存四时之变，则周岁之化可裁；存昼夜之变，则百

① 喻博文：《正蒙注译》，兰州大学出版社1990年版，第52页。

② 同上。

③ 朱伯崑：《易学哲学史》第二卷，昆仑出版社2005年版，第332页。

刻之化可裁。(《易说·系辞》)

朱伯崑说：

此是以显著的变化为变，以精微的变化为化，变而化之，即“由粗而入精”；使精微成为显著，此即“化而裁之谓之变”。把握着显著的变化，如存四时之变，细微的变化便可划分其阶段，如一年的变化可区分为四季，此即“化而裁之存乎变”。①

按照朱伯崑的解说，“化”是一种细微、不易察觉的变化，这种变化具有连续性，连续性的细微变化逐渐积累就构成显著的变化，对这一连续性细微变化加以人为的划分，就是若干个阶段的显著变化，这些不同的阶段显著变化就是“变”。“裁”是指人为的划分，时间的运行就是“化”，具有连续性，人为地加以划分就有了四季、年岁。张载还说：

圣人因天地之化裁节而立法，使民知寒暑之变，故为之春夏秋冬，亦化而裁之之一端耳。(《易说·系辞》)

此处还是以时间为例，时间运行是“天地之化”，圣人加以划分，以四季区别时间运行的阶段变化，是人们对寒暑有了更为明确的认识。这里张载注重强调这一人为的划分和时间本身的运行是相契合的，突出圣人在沟通天人方面的重要作用，但从另一方面也说明了变和化的关系——变和化是指同一件事，变是对化不同阶段的描述。张载也用卦爻的变化来论述：

乾坤交通，因约裁其化而指别之，则名体各殊，故谓之变。(《易说·系辞》)

这是用乾坤卦变说来说明变化的产生。“化”指爻位的推移，爻位的

① 朱伯崑：《易学哲学史》第二卷，昆仑出版社2005年版，第331页。

推移导致卦象整体的变化即是“变”。[1] 这和“化而裁之谓之变”的说法是一致的——乾坤两卦的各爻互相推移，对这一推移过程加以划分、区别，就产生了其他六十二卦。

从以上论述中可以看出，在张载看来，化比变更为根本，变只是对化的人为性的划分，亦是由化而来。张载以雷霆为例，说：

> 雷霆感动虽速，然其所由来，亦渐尔。（《易说·系辞》）

这是说，雷霆的发生这一变化的速度是极其快速的，但是对其加以深究的话，也是由逐渐、缓慢的变化而来——变和化并非截然两分，急速的变源于逐渐的化。这里有突变是渐变发展、积累的结果的意思。张载还说：

> 《易》言“感而遂通”者，盖语神也。虽指暴者谓之神，然暴亦固有渐，是亦化也。（《易说·系辞》）

这里的“神”是神速的意思，“暴”是急迫的意思，急迫的变化肃然神速，但急迫的变化包含有渐变的内容[2]，如果加以深究，急迫的变化也是一种“化”——“是亦化也”。在张载看来，显著、急速的变化都是由逐渐、缓慢的变化而来，渐变比突变更为根本，严格说来，所谓的“变”都可归结为“化”。

朱伯崑指出，张载所说的“变言其著，化言其渐”，不能归结为质变和量变。在易学哲学中很难形成质量的概念，就筮法而言，阴阳相推引起变化，主要是讲爻位的推移而非量的积累；就气论而言，气从微小到显著，是从表面形态的直观中获得的结果，张载并没有提出质、量的范畴。[3]

这里有一个问题需要讨论，与张载的变化学说相关，其气论中存在一个逻辑难题，那就是在气化过程中，无形之气聚而生物的“最初瞬间”

---

① 朱伯崑：《易学哲学史》第二卷，昆仑出版社 2005 年版，第 331 页。

② 同上。

③ 同上书，第 332 页。

是如何发生的？也就是说气聚而“生”物的过程中，“生”是怎样的一个过程？无形之气和有形之物是如何连接的？这里涉及无形与有形之间的“界点”问题，是气化过程中非常重要的逻辑转捩点，不仅仅是张载的气化学说，也是历史上诸多生成论共同面临的一个重要问题。如玄学派主张“有生于无”，仅仅指出了“有”来源于“无”，“无”是“有”的根源，但“无”是如何“生”出“有”的，其逻辑过程如何，“有”“无”的连接点是什么，这些问题并没有作出回答；程氏说“冲漠无朕，万象森然已具，未应不是先，已应不是后”[①]，意思是说从无迹可循到万象已具之间是没有时间上的先后次序，但对二者之间的逻辑关系并未有明确的说明，或者以“造化”加以解释，显得语焉不详。张载自已也意识到了这一问题，而且也注意到要解决这一问题面临的难度：

> 凡不形以上者，皆谓之道，惟是有无相接与形不形处知之为难。（《易说·系辞》）

张载以气的聚散回答了“有无之辩”，以气自身阴阳对待的内部结构回答了气变化运行的原因，但是就在有形之物与无形之气的“相接处”出现了难题——无形之气是如何“变”为有形之物的？

张载是通过区分气的“清浊”来解决这一难题的。《正蒙·太和》云：

> 太虚为清，清则无碍，无碍故神；反清为浊，浊则碍，碍则形。凡气清则通，昏则壅，清极则神。

如此一来，将无形之气分清浊，以“浊”为无形与有形之间的逻辑连接点，打通气与物之间的通道。张载的这一区分并不显得圆融，无形之气如何分清浊？清气如何变为浊气？“反清为浊”是个什么样的过程？这样的太虚之气自身又面临着逻辑难题。清浊本身就是一对经验性很强的语词，以此来描述形上之气，自然会导致逻辑困难。前文已述，程颢曾就此问题诘难张载，《二程遗书》卷十一载：

---

① 见《河南程氏遗书》卷第十五，载《二程集》，第153页。

> 气外无神，神外无气。或者谓清者神，则浊者非神乎？

面对这一诘难，据史料记载，张载为此也曾提出“清兼浊”的说法，试图解决这一矛盾：

> 渠初云“清虚一大”，为伊川诘难，乃云“清兼浊，虚兼实，一兼二，大兼小”。①

太虚之气中既然有清浊相对，“清兼浊”的理论是不够通畅的，并没有解决先前的逻辑难题，张载对这一问题的努力并没有取得成功。“有形之物最初如何产生”的问题类似于宇宙的起源问题，是宇宙论的核心问题，一直到现在也是困扰人类的重大问题之一，张载的可贵之处在于认识到了这一问题的重要性，也意识到了这一问题的难度——“有无相接与形不形处知之为难”，“浊则形”的解释来源于经验层面，于逻辑上是讲不通的。

四　人道之“化”

（一）天之化与人之化

张载的哲学话语是天道人事“一滚论之”，论述天道的同时，也是在论述人事。前文已述，张载以“神”为太虚之气具有的神妙性能，同时又是圣人具备的一种神妙的精神境界；同样，张载在以“化”为气化的涵义，同时“化”也是人生修养、道德进阶的一个环节和一种境界。

张载的“天人合一”思想是在天人之间保持一定张力的合一，表现在对“化”的论述上，张载说：

> 神化者，天之良能，非人能；故大而位天德，然后能穷神知化。（《正蒙·神化》）

“大而位天德”化自《乾·文言》“飞龙在天，乃位乎天德”；“穷神

① 《朱子语类》卷九十九，第2538页。

知化”出自《系辞》，意思是穷究神妙的机能，认识事物的变化，《系辞》认为这是一种极高的德行，张载也认为这是圣人所具有的精神境界。张载认为，神化是天所具有的自然功能，而非人为的功能，作为人来说，就是要不断提高自己的修养，能达到“天德”的境界，就能充分认识天之神妙变化。天之良能是神化，而人不具有这一良能，人的任务就是通过修养功夫达到“穷神知化”，成为圣人，这样才能与天为一。

《易传》论“化”主要是指天道之“化”，人道是要通过修养功夫达到“知化”；张载通过将《中庸》“至诚为化”、“大德敦化”以及《孟子》“大而化之”等论“化”的内容和《易传》相结合，将天道之“化”与人道之“化”融为一体。张载说：

> 气有阴阳，推行有渐为化，合一不测为神。其在人也，智义利用，则神化之事备矣。德盛者穷神则智不足道，知化则义不足云。天之化也运诸气，人之化也顺夫时；非气非时，则化之名何有？化之实何施？《中庸》曰“至诚为能化”，孟子曰“大而化之”，皆以其德合阴阳，与天地同流而无不通也。（《正蒙·神化》）

在张载看来，天之化就是阴阳二气的运行变化，而人之化则是运用自己的理性和道德修养采取行动去顺应气之运行的时机。在儒家思想中，智，多指道德理性；义，指道德原则。张载认为，所谓化，在天指气之运行变化，在人指道德行为，这一行为要“顺时”——顺应气之变化运行的时机，运用自己的道德理性和道德原则，达到与阴阳合德、天地合流的境界。

张载十分重视《易传》“穷神知化”说，这和他的学术立场是分不开的，他在《易说》中说：“圣人之意莫先乎先识造化，既识造化然后其理可穷。”在张载看来，《易传》所说的“穷神知化”恰好就是要人认识“造化”。

（二）“化不可助长”

“化”不是靠勉强达到的。张载说：

> 穷神化知，与天为一，岂有我所能勉哉？乃德盛自致尔。（《正蒙·神化》）

又

> 神不可致思，存焉可也；化不可助长，顺焉可也。（《正蒙·神化》）

张载极力反对抱有功利心去追求“化”的境界，“化”是与天为一的圣人境界，圣人应该是超越了功利目的的；另外，“化”境更多的是一种道德境界，对道德境界的追求是通过自身的践履而非苦心极力的强求，只有道德修为达到一定程度，自然而然就会进入“化”境。因此，张载又说：

> “穷神知化”，乃养盛自致，非思勉之能强，故崇德而外，君子未或致知也。（《正蒙·神化》）

又

> 大可为也，大而化不可为也，在熟而已。易谓“穷神知化”，乃德盛仁熟之致，非智力能强也。（《正蒙·神化》）

这里还是强调“化”境不能刻意追求，只能通过道德修为达到，其他途径是不能达到“知化”的境界的。《易说》也说道：

> 大可为也，大而化不可为也，在熟而已。盖大人之事，修而可至，化则不可加功，加功则是助长也，要在乎仁熟而已。

张载强调“化”境的不可强求，是站在儒家一贯的价值立场，极度重视人的道德属性，作为实践理性的道德修养，其精神生命在于人的自觉自愿的践履，而非将其外在化、对象化和目的化。这一点可以看出《孟子》的道德学说在张载思想中的延续。《孟子·告子》云：“仁义礼智，非由外铄我也，我固有之也，弗思耳矣。”道德修养不是外在的东西，不能把它当作功利性的目标去刻意地强求，只能反求诸身，亲自践履，进德修业，所以张载一再强调“化不可求”。李景林师指出：

> 儒家的文化意义是“教化”，其在哲学思想上亦特别注重一个“化”字，这个“化”的哲学意义，就是要在人的实存之内在转变、变化的前提下实现存在的“真实”，由此达到德化天下，以至参赞天地之“化”育的天人合一。[①]

张载一再说明的“德盛自致”、“非思勉之能强”就是在强调“内在转变”，其依据就是孟子所谓的“仁义礼智固有”说，其目标则是《易传》所谓的“穷神知化”。

（三）“存神过化”

张载还主张在保持自身主体性的前提下，促使外物之“化”——“存神过化”。张载说：

> 徇物丧心，人化物而灭天理者乎！存神过化，忘物累而顺性命者乎！（《正蒙·神化》）

“徇物”即以身从物；“人化物而灭天理”出自《礼记·乐记》：“夫物之感人无穷，而人之好恶无节，则是物至而人化物也。人化物也者，灭天理而穷人欲者也。”“人化物”指人随外物变化。“存神过化”语出《孟子》：“夫君子所过者化，所存者神。”整段文意为，屈从外物的诱惑，丧失理智，那就是自己随着外物变化，从而毁灭了天性。人能存养精神，接触外物促使其发生变化，那就摒除了外物的诱惑，按照人的性命行动。[②] 此处是发挥《孟子》的“过化”学说，强调不能被物所化，而是促使外物的变化发展，这是借助《孟子》将《易传》之“穷神知化”向前推进了一步，从对“化”的深入认识上升到了发挥主体作用促进外物的变化发展。张载还说：

---

① 李景林：《教化的哲学——儒家思想的一种新诠释》，黑龙江人民出版社 2006 年版，第 5 页。

② 喻博文：《正蒙注译》，兰州大学出版社 1990 年版，第 63 页。

> 敦厚而不化，有体而无用也；化而自失焉，徇物而丧己也。大德敦化，然后仁智一而圣人之事备。性性为能存神，物物为能过化。（《正蒙·神化》）

此处又是以《中庸》和《易传》交互诠释，《中庸》云：“小德川流，大德敦化”，这里的“化”指天地的化育功能，张载讲其理解为气化。整段话是说，个人有敦厚的德行，但不知道促使客观事物的发展变化，这是不够的，是仅仅有主体而没有发挥作用；但是，仅仅随着外物的变化而不顾及自己德行的亏损，就会丧失人的本性。圣人促使客观事物充实盛大的生成变化，做到仁德和智慧统一于一身，这样，圣人的事业就完备了。保养本性，使本性能够按照本性自己本来的规律发展，这就是做到了存养精神；以物为物，促使物按照自己本来的规律去发展变化，这就是做到了促进物化。

（四）“人之化也顺乎时”

“时观”是《周易》中非常重要的一个理论体系，“时”有“时机”、“时势”、“时运”、“时宜”等含义。[①] 程颐就将《周易》的基本性质及其原则概括为“随时变易以从道”。张载论人道之“化”，也强调了“顺时”或“顺至理”、“达时中”的观点。张载说：

> 天之化也运诸气，人之化也顺夫时；非气非时，则化之名何有？化之实何施？（《正蒙·神化》）

天之“化”是阴阳二气的运动变化，人之“化”就是顺应时势而行动；没有阴阳二气的运动变化和由此而来的时势，“化”就无从说起，“化”的实际功用也是无从发挥。以《彖传》为代表，《易传》重“时”，认为六爻的吉凶因所处的条件而不同，因时而变，所以把因时而行视为美德。《易传》三言“与时偕行”就是强调人应该依据时机、时势而采取相应的行动。张载这里将《易传》的这一思想和气化理论相结合，提出人顺应时势而采取行动即是“化”。顺应时势，也就是顺应规律：

① 郑万耕：《〈易传〉时观溯源》，《周易研究》2008 年第 5 期。

先后天而不违，顺至理以推行，知无不合也。虽然，得圣人之任者皆可勉而至，犹不害于未化尔。大几圣矣，化则位乎天德矣。（《正蒙·神化》）

“先后天而不违”出自《乾·文言》：“夫大人者，与天地合其德，与日月合其明，与四时合其序，与鬼神合其吉凶。先天而天弗违，后天而奉天时，天且弗违，而况于人乎？况于鬼神乎？”郑万耕指出：

这是从天人合一的角度，对“与时偕行”加以论述，以凸显其形上学的价值。……所谓“先天”，即为天之前导，在天时变化尚未发生之前而行事，对自然加以引导、开发。所谓“后天”，即从天而动，在天时变化既已发生之后而行事，又注意适应。为天之先导，而天也从之；从天而动，则遵循天时，即能够顺应天时而行动。这便是“与天地合其德”。也就是说，圣人掌握了《周易》的法则，其德行则与天地日月四时的变化相一致。①

这里所谓“《周易》的法则”也就是张载所说的“至理”，“顺时”在这里被解释为“顺至理”，看清时势，把握时机其实就是对规律的认识和应用，就是对《周易》的法则的研究和运用。认识规律、顺应规律，达到智慧没有不符合天时，这就是“大而化之之谓圣”。张载这里是将孟子“大而化之”的观点和《易传》“与时偕行”的思想加以融会贯通，提出了“顺至理”而“化”的见解。

关于“化”的精神修养与“时”的联系，张载还强调了“达时中”：

神不可致思，存焉可也；化不可助长，顺焉可也。存虚明，久至德，顺变化，达时中，仁之至，义之尽也。（《正蒙·神化》）

“时中”观念是《周易》“时观”的重要内容，“与时偕行”必须以“时中”为准则。《彖传》认为，中同时是相联系的，从而把“时中”即因时而行中道作为人的行为准则。张载这里把依据时势而行中道作为达

① 郑万耕：《〈易传〉时观溯源》，《周易研究》2008 年第 5 期。

到“化”的精神境界的修养功夫，在他看来，“神”的精神境界不能通过努力思虑获得，而在善于存养；“化”的精神境界也不能通过拔苗助长的方式达到，顺应自然发展的秩序而逐渐达到。保持内心的虚静清明，恒久地修养崇高的道德，顺应自然的变化行动，依据时势而行中道，这就是“仁”的最高水平和“义”的终极之处。[①]

至此，张载以他天道神化与人道性命相贯通的理论体系为基础，对佛家和持“性恶论”者所谓的“化”的学说进行了批评：

> 世人取释氏销碍入空，学者舍恶趋善以为化，此直可为始学遣累者，薄乎云尔，岂天道神化所同语也哉！（《正蒙·神化》）

佛教学说认为世界的本性是空，只有在思维中排除一切存在现象的障碍，才能认识佛所谓的真如，佛家认为这就是“化”。持性恶论的荀子以人性为恶，主张“化性起伪”，以弃恶从善为“化”。在张载看来，这两种学说都是非常浅薄的说法，仅仅对初学者有排遣内心被物欲拖累的作用，与神化性命相贯通的理论是不能相提并论的。

① 喻博文：《正蒙注译》，兰州大学出版社1990年版，第59—60页。

结　语

张载易学可以分为两个方面的内容，其一是张载对《周易》文句含义所作的解释，其二是由此而阐发出的哲学思想。前一方面的内容姑且称作“狭义的易学”或“学”，后一方面的内容可以称作“易学哲学”或“道”。二者既有联系又有区别。“道”蕴含于“学”之中，“道”由“学”而来。“易学哲学”是通过对《周易》文句的疏解而生发和体现；但“道”又对“学”有所超越，“易学哲学”以《周易》原有思想为理论基础，融汇其他思想资源而构建起来。

张载易学的价值更多的在于他的哲学思想。张载对《周易》文句的疏解、对字句的解释包括对解易体例的引用，虽有一定的发挥，但创见不算多。但是他的易学哲学却取得了相当大的理论成就，在中国哲学史上产生了巨大影响。

一“纳气入易”的理论创见

张载易学最突出的成就就是他“纳气入易”的理论创见，这不仅在中国古代气论方面，而且在易学史上，都具有里程碑式的意义。

张载之前的气论，有两方面的倾向。

一方面，气或元气只具备宇宙论的意义，是指在宇宙诞生之前的状态，如说“溟涬濛鸿，如鸡子状，名曰混沌”（《云笈七籤》），“天地絪缊，万物化醇”（《易传》），还有《庄子》所谓的“通天下一气”。这一方面的气论偏重气在生成论方面的本原意义。宇宙万物由混沌之气产生，产生之后这一“本原之气”似乎完成了自己的“使命”而随之“隐退”；生成之后的大千世界便是具体生成物发展变化、生生不息的乐园，而宇宙本原之气则退居幕后，仅存在于循环论的观念，有生命的万物在其生命终结之时才能“回忆”起宇宙本原之气而“复归于气”。这种意义上的气是静态的、缺乏有机性，而生命力则被赋予了由气生成的具体之物。

另一方面，在易学史上，由于《周易》本身具有的阴阳思想，古代易学家以气解易时强调气的阴阳属性。如汉易以阴阳二气之循环往来解释阴阳爻的升降变化。到孔疏、李觏解易，都重视气的阴阳属性。这种意义的气具有动态性，但由于强调阴阳二气的变化属性，对其本原意义又有所忽略。尤其是玄学鼓吹的“虚无”思想，更是本原之气不敢触及的理论禁区。

以上两个方面的偏向在张载这里得以统一与和解。关于本原之气，张载提出“凡象皆气”，这一理论的意义在于他揭示了具体的万物其直观的经验现象背后的本质，形上意义十分明显，而不是停留在宇宙生成论和循环论的窠臼之中。更具理论价值的是，张载指出无形之物不能归之为绝对的虚无——“大《易》不言有无”，“知太虚即气则无无”，这是张载论气的本原意义最为闪光的内容之一。如此一来，宇宙间不存在绝对的虚无，人们所说的“虚空”，其本身就是无形之气。这一思想对主“无”的玄学和主“空”的佛学都是有力的回击。同时，也和程颐的理本论形成对立，鲜明地体现出张载易学哲学的特征。

整个宇宙都是气的存在，作为本原的无形之气与有形之物之间如何转化？张载以气之聚散回答了这个问题。从聚散理论也可以看到张载思想中循环论的痕迹。如果再追问，气何以能聚散？这一问题背后的实质是——气何以能生化万物？这一问题已经超越了宇宙生成论，其形上意义和思辨性更为强烈。

对这一问题的回答，张载是通过对气的阴阳属性问题的总结来实现的。也就是对以往气论的第二种偏向的超越。这一超越同样是借助《周易》来完成，张载“一物两体者，气也”的著名命题即是对《周易》“太极”概念的阐发。气自身的内部结构——阴阳对待，是气运行变化、生化万物的根源所在；而且阴阳对待贯穿了气和万物的始终——“无一物无阴阳者”。宇宙万物的生成、发展、变化都由阴阳对待而来，阴阳对待成为现象界丰富多彩的终极原因。这一理论将中国古代哲学的内因论提升到了一个新的水平。

如果说张载“凡象皆气”的命题类似于现代哲学所说的“本体论”，那么“一物两体”的思想也类似于所谓的“辩证法”。在张载的思想体系中二者也有不统一的嫌疑，但总的来说这两个命题的不容分割还是居主流地位。

二 “理气对立”的重新审视

学界论张载哲学多定之以“气本论”，并认为与程颐“理本论”相对立。这一说法在一定程度上点明了张载哲学的突出特征以及与程颐之学的不同之处，但还需要进一步详加省察。如果仅仅以“气本论”定位张载之学，对于作为宋明理学开拓者和奠基者的张载的学术地位未免有所降低。宋明理学的核心就在于“理”，或曰“道”，张载如果仅仅言气，或者说为言气而言气，他何以能成为理学巨擘？

首先来厘清一下“气”和“理”。通常意义上的气仅仅是一个物质概念，属于一种“冷冰冰”的、无生命的物质实存，和理性、道德、价值等人文概念无涉；而理则是与“人”相联系，尤其是在程颐的思想体系中，也是价值的本原。而通常意义上的气，仅仅作为宇宙本原，由于气自身的自然物质属性，无法承载人文价值。从这个意义上讲，如果张载言气不言理，那么他的哲学仅仅局限于自然哲学，人文价值并未得到彰显，这和宋明理学，甚至整个儒学的根本旨趣和精神生命是完全背离的。

事实上，张载言气并未和儒学的价值理想相龃龉，反而在一定程度上巩固了儒学的地位，赋予了儒学新的生命力。这也就是《宋元学案》赞扬张载“勇于造道”的原因。

由唐至宋，佛教盛行。佛学形上学与心性论之精微，为儒学所不及。儒学要在学术领域牢固地维护自己的统治地位，就必须建立起属于自己的能够与佛教相抗衡的形上学和心性论。作为具有学术使命感的“为往圣继绝学”的儒者，张载自觉地担当了这一历史任务。而儒家经典中较多涉及天道、自然及其与人事关系的，当属《周易》，这就注定了易学在宋代的兴盛以及易学与理学的不解之缘。张载“纳气入易”，以气统有无，给予佛老的形上理论以有力的回击，这是张载对儒学的贡献之一。

但是接下来的问题是，作为宇宙本原的气如何承载儒家的价值理想，也就是天道性命如何相贯通的问题。程颐也看到了物质性的气无法成为价值的载体，而批评张载立“清虚一大”为万物本原，认为形上本体应该超越经验而存在，“不应有方所”。张载对此问题的解决经历了一个探索的过程。起初，张载想通过强调气之“清”来超越其物质性，“清则神”，但是以失败告终。“清浊”概念经验性太强，无法使气得到形上提升。程氏的诘问一语中的——“清者神，浊者非神乎?”最后，张载终于通过“太和”概念的提出，解决了这一难题。“太和”是自然宇宙与人文价值完全合一的概念。就气而言，气自身的存在状态、运行变化本身就是价值的存在。太和之气自身的阴阳对立就是天地万物之性，包括人之性的渊源所在；阴阳二气的相互排斥和吸引，就是人的爱恶之情的根源；太和之气运行不止，生化万物，万物生生不息，这既是宇宙秩序，也是价值准则——“立天地之大义”。这是张载哲学体系走向成熟的标志。

张载的“太和”理论源于“体用不二”的传统观念。太和作为道，既是规律的总结，也是规律的展开。从这个意义上讲，作为宋明理学的宗师，张载和程颐达成了默契。程颐所说的“体用一源，显微无间”和张载的“太和所谓道”，就贯通天道性命而言，具有同等价值，这是二人思想体系的前提。在这一前提下，张载重气，以气论的形式辟佛排老，沟通天人，但其根本的理论目标仍然指向价值理想——道，或曰理。而程颐重理，也是在“体用一源，显微无间”的前提下进行，他更偏重直指价值本原——理，而不是像张载那样借助某种具有物质性的实体来表现理。总之，如果我们说理为体，气为用的话，张载的路线是“即用显体”，而程颐的路线是“就体言用”。所谓的“气本”与“理本”的“对立”，仅仅是说二者各自的偏重。这一偏重是有前提的，这一前提就是二人都认为“理气”之间是圆融无碍的，在程颐就是“体用一源”，在张载就是“太和即道”。所谓“重气”、“重理”，是在这一共同前提下进行的。这样，才能对所谓的“理气对立”有一个较为合理的理解。

“易即天道而归于人事”，张载之学，其指归还是儒家的价值理想。需要指出的是，如果详加审视张载借以承载价值理念的经验实存，和与之所承载的价值理念——道或理的关系，两者之间还是存在某种紧张的迹象。张载强调气之“清”、气之“神”，即是对这一紧张的补救。王夫之在《张子正蒙注》批评张载“在天者即为理，不可执理以限天”，也正是注意到了张载精心构建的经验实存与价值理念之间关系存在的紧张。这一问题的解决，是后来张载的继承者——“希张横渠之正学”的王夫之的任务了。

参考文献

一　古籍类

1. 董仲舒：《春秋繁露》，中华书局 1975 年版。
2. 脱脱等：《宋史》，中华书局 1977 年版。
3. 张载：《张载集》，中华书局 1978 年版。
4. 杨伯峻：《列子集释》，中华书局 1979 年版。
5. 孔颖达：《周易正义》，中华书局 1980，十三经注疏本。
6. 楼宇烈：《王弼集校释》，中华书局 1980 年版。
7. 黄宗羲原著，全祖望补修：《宋元学案》，中华书局 1982 年版。
8. 朱熹：《四书章句集注》，中华书局 1983 年版。
9. 朱熹：《伊洛渊源录》，中华书局 1985 年版。
10. 郭庆藩：《庄子集释》，中华书局 1985 年版。
11. 黎靖德编：《朱子语类》，中华书局 1986 年版。
12. 孙星衍：《尚书今古文注疏》，中华书局 1986 年版。
13. 王植：《正蒙初义》，台北：商务印书馆 1986 年版。
14. 郑万耕：《太玄校释》，北京师范大学出版社 1989 年版。
15. 喻博文：《正蒙注译》，兰州大学出版社 1990 年版。
16. 杨伯峻：《春秋左传注》，中华书局 1990 年版。
17. 焦循：《孟子正义》，中华书局 1987 年版。
18. 王先谦：《荀子集解》，中华书局 1988 年版。
19. 程树德：《论语集释》，中华书局 1990 年版。
20. 程俊英等：《诗经注析》，中华书局 1991 年版。
21. 邵雍：《观物篇》，上海古籍出版社 1992 年版。
22. 朱彬：《礼记训纂》，中华书局 1995 年版。
23. 朱谦之：《老子校释》，中华书局 2000 年版。

24. 周敦颐：《周子通书》，上海古籍出版社 2000 年版。
25. 王夫之：《张子正蒙》，上海古籍出版社 2000 年版。
26. 程颢、程颐：《二程集》，中华书局 2004 年版。
27. 李道平：《周易集解纂疏》，中华书局 2004 年版。
28. 马国翰：《玉函山房辑佚书》，广陵书社 2005 年版。
29. 朱熹：《周易本义》，中华书局 2009 年版。
30. 毛奇龄：《毛奇龄易著四种》，中华书局 2010 年版。
31. 王守仁撰，吴光等编校：《王阳明全集》，上海古籍出版社 2011 年版。
32. 林乐昌：《正蒙合校集释》，中华书局 2012 年版。

二 著作类

1. 汤用彤：《魏晋玄学论稿》，人民出版社 1957 年版。
2. 侯外庐主编：《中国思想通史》，人民出版社 1980 年版。
3. 姜国柱：《张载的哲学思想》，辽宁人民出版社 1982 年版。
4. 陈俊民：《张载哲学思想及关学学派》，人民出版社 1986 年版。
5. 程宜山：《中国古代元气学说》，湖北人民出版社 1986 年版。
6. 黄秀玑：《张载》，台北：东大图书公司 1987 年版。
7. 程宜山：《张载哲学的系统分析》，学林出版社 1989 年版。
8. 朱建民：《张载思想研究》，台北：文津出版社 1989 年版。
9. 蒙培元：《理学范畴系统》，人民出版社 1989 年版。
10. 李存山：《中国气论探源与发微》，中国社会科学出版社 1990 年版。
11. 李志林：《气论与传统思维方式》，学林出版社 1990 年版。
12. 张岱年：《张岱年全集》，河北人民出版社 1996 年版。
13. 侯外庐主编：《宋明理学史》，人民出版社 1997 年版。
14. 徐志锐：《宋明易学概论》，辽宁古籍出版社 1997 年版。
15. 余敦康：《内圣外王的贯通——北宋易学的现代阐释》，学林出版社 1997 年版。
16. 高亨：《周易大传今注》，齐鲁书社 1998 年版。
17. 廖名春：《帛书〈易传〉初探》，台北：文史哲出版社 1998 年版。
18. 牟宗三：《心体与性体》，上海古籍出版社 1999 年版。
19. 冯友兰：《三松堂全集》，河南人民出版社 2000 年版。
20. 丁为祥：《虚气相即——张载哲学体系及其定位》，人民出版社 2000

年版。
21. 李申：《中国儒教史》，上海人民出版社 2000 年版。
22. 卢国龙：《宋儒微言》，华夏出版社 2001 年版。
23. 陈少峰：《宋明理学与道家哲学》，上海文化出版社 2001 年版。
24. 徐复观：《中国人性论史》，上海三联书店 2001 年版。
25. 张立文：《宋明理学研究》，人民出版社 2002 年版。
26. 漆侠：《宋学的发展和演变》，河北人民出版社 2002 年版。
27. 胡元玲：《张载的易学与道学》，台北：学生书局 2004 年版。
28. 陈来：《宋明理学》，华东师范大学出版社 2004 年版。
29. 朱伯崑：《易学哲学史》，昆仑出版社 2005 年版。
30. 金景芳：《周易讲座》，广西师范大学出版社 2005 年版。
31. 陈立骧：《宋明儒学新论》，高雄复文图书出版社 2005 年版。
32. 王铁：《宋代易学》，上海古籍出版社 2005 年版。
33. 杨庆中：《周易经传研究》，商务印书馆 2005 年版。
34. 李祥俊：《道通于一——北宋哲学思潮研究》，北京师范大学出版社 2006 年版。
35. 李景林：《教化的哲学——儒学思想的一种新诠释》，黑龙江人民出版社 2006 年版。
36. 孔令宏：《宋代理学与道家、道教》，中华书局 2006 年版。
37. 朱义禄：《儒家理想人格与中国文化》，复旦大学出版社 2006 年版。
38. 唐君毅：《中国哲学原论·原教篇》，中国社会科学出版社 2006 年版。
39. 李学勤：《周易溯源》，巴蜀书社 2006 年版。
40. 陈政扬：《张载思想的哲学诠释》，台北：文史哲出版社 2007 年版。
41. 小野泽精一等著：《气的思想》，李庆译，上海人民出版社 2007 年版。
42. 杨立华：《气本与神化：张载哲学述论》，北京大学出版社 2008 年版。
43. 廖名春：《帛书〈周易〉论集》，上海古籍出版社 2008 年版。
44. 李存山：《气论与仁学》，中州古籍出版社 2009 年版。
45. 郑万耕：《扬雄及其〈太玄〉》，北京师范大学出版社 2009 年版。
46. ［美］葛艾儒：《张载的思想》，罗立刚译，上海古籍出版社 2010 年版。
47. 李蕉：《张载政治思想述论》，中华书局 2011 年版。
48. 向世陵：《理学与易学》，长春出版社 2011 年版。

49. 李晓春：《张载哲学与中国古代思维方式研究》，中华书局 2012 年版。

三 论文集

1. 陕西省哲学学会编：《气化之道——张载哲学新论》，陕西人民教育出版社 1992 年版。
2. 葛荣晋、赵馥洁、赵吉惠主编：《张载关学与实学》，西安地图出版社 2000 年版。
3. 赵吉惠、刘学智主编：《张载关学与南冥学研究》，社会科学文献出版社 2004 年版。
4.《哲学论集》，台北：辅仁大学出版社 2004 年版。
5. 刘学智、（韩）高康玉主编：《关学、南冥学与东亚文明》，社会科学文献出版社 2007 年版。

四 期刊论文

1. 菰口治：《〈正蒙〉的构成与〈易说〉研究——其文献学的考察》，（日本）《集刊东洋学》1964 年第 12 期。
2. 姜国柱：《王船山对张横渠哲学思想的发展》，《中国社会科学院研究生院学报》1983 年第 2 期。
3. 陈俊民：《张载〈西铭〉理想论》，《陕西师范大学学报》（哲学社会科学版），1983 年第 4 期。
4. 陈俊民：《张载哲学逻辑范畴体系论》，《哲学研究》1983 年第 12 期。
5. 刘荣庆：《张载卒时、卒因辨》，《人文杂志》1984 年第 1 期。
6. 陈俊民：《张载〈正蒙〉逻辑范畴结构论》，《陕西师范大学学报》（哲学社会科学版）1984 年第 3 期。
7. 武伯纶：《〈横渠族谱〉序》，《文博》1987 年第 4 期。
8. 高景明：《新发现的〈横渠族谱〉》，《文博》1987 年第 4 期。
9. 徐志锐：《张载〈易〉学研究》，《周易研究》1988 年第 1 期。
10. 施炎平：《张载“性”、“气”范畴刍议》，《学术月刊》1988 年第 9 期。
11. 李存山：《“先识造化”与“先识仁”——从关学与洛学的异同看中国传统哲学的特质及其转型》，《人文杂志》1989 年第 5 期。
12. 陈俊民：《论吕大临易学思想及关学与洛学之关系（上）》，《浙江学刊》1991 年第 2 期。
13. 陈俊民：《论吕大临易学思想及关学与洛学之关系（下）》，《浙江学刊》1991 年第 3 期。
14. 刘学智：《〈横渠易说〉与张载的天人合一思想》，《陕西师范大学学报》（哲学社会科学版），1992 年第 2 期。
15. 戢斗勇：《船山横渠辨异》，《船山学刊》1993 年第 2 期。
16. 李裕民：《张载诗文的新发现》，《晋阳学刊》1994 年第 3 期。
17. 施炎平：《论宋代理学理性精神的承继》，《东方论坛》1994 年第 4 期。
18. 施炎平：《朱熹对〈周易〉理性精神的阐发与创化》，《学术月刊》1995 年第 7 期。
19. 张牛：《从〈乾称〉篇看张载的哲学思想》，《四川大学学报》（哲学社会科学版）1995 年第 1 期。
20. 余敦康：《张载哲学探索的主题及其出入佛老的原因》，《中国哲学史》1996 年第 1 期。
21. 郑万耕：《横渠易学的天人观》，《周易研究》1997 年第 1 期。
22. 张岱年：《试谈“横渠四句”》，《中国文化研究》，1997 年春之卷（总第 15 期）。
23. 李之鉴：《论张载“阴阳反交为大义”的〈易〉学思想》，《平原大学学报》1999 年第 1 期。
24. 王兴国：《“希张横渠之正学”——王夫之是如何推崇张载的》，《船山学刊》1999 年第 2 期。
25. 孙兴彻：《从“理一分殊”到“气一分殊”的逻辑管窥》，《南京师范大学学报》（社会科学版）1999 年第 5 期。
26. 苟志效：《论张载的易学符号学思想》，《岭南学刊》1999 年第 5 期。
27. 陈学凯，曹秀君：《〈正蒙〉对〈易〉〈庸〉的继承和发扬》，“张载关学与实学”国际研讨会论文集，1999 年。
28. 金益洙：《张载之易哲学》，“张载关学与实学”国际研讨会论文集，1999 年。
29. 谢阳举：《张载与道家关系概说》，“张载关学与实学”国际研讨会论文集，1999 年。
30. 王葆玹：《试论张载的易学体系及其与礼学的关系》，“张载关学与实学”国际研讨会论文集，1999 年。
31. 徐仪明：《张载与古代天文学》，《河南大学学报》（社会科学版）2000 年第 1 期。
32. 高建力、李之鉴：《张载〈易说〉简论》，《齐鲁学刊》2000 年第 1 期。
33. 王利民：《论张载之学是易学——与龚杰先生商榷》，《周易研究》2000 年第 1 期。
34. 丁为祥：《张载研究的视角与方法》，《陕西师范大学学报》（哲学社会科学版）2000 年第 2 期。
35. 汤勤福：《太虚非气：张载“太虚”与“气”之关系新说》，《南开学报》2000 年第 3 期。
36. 曾振宇：《张载气论哲学论纲》，《山东大学学报》（哲学社会科学版）2001 年第 2 期。
37. 孙剑秋：《宋儒张载“以易为宗”思想探析》，《周易研究》2001 年第 2 期。
38. 丁为祥：《张载虚气观解读》，《中国哲学史》2001 年第 2 期。
39. 林乐昌：《张载答范育书三通与关学学风之特质》，《中国哲学史》2002 年第 1 期。
40. 林乐昌：《张载关学学风特质论——兼论张载关学学风的现代意义》，《陕西师范大学学报》（哲学社会科学版）2002 年第 3 期。
41. 丁为祥：《张载太虚三解》，《孔子研究》2002 年第 6 期。
42. 柳秀英：《张载“太虚即气”诠释异说研究》，《美和技术学院学报》（台湾）2002 年第 21 期。
43. 东方朔：《“视天下无一物非我”：论张横渠的生态伦理观》，《现代哲学》2003 年第 4 期。
44. 林乐昌：《张载佚书〈孟子说〉辑考》，《中国哲学史》2003 年第 4 期。
45. 白欲晓：《从〈横渠易说〉到〈正蒙〉——张载哲学本体理论的建构与发展》，《陕西师范大学学报》（哲学社会科学版）2004 年第 4 期。
46. 林乐昌：《20 世纪张载哲学研究的主要趋向反思》，《哲学研究》2004 年第 12 期。
47. 杜保瑞：《张载哲学体系的基本问题诠释进路》，《哲学论集》，台北：辅仁大学出版社 2004 年版。
48. 朱承：《中国哲学学科化以来张载研究述评》，《许昌学院学报》2005

年第 1 期。
49. 向世陵：《张载“合两”成性义释》，《哲学研究》2005 年第 2 期。
50. 叶文英，杨柱才：《张载“性”概念之内涵探微》，《南昌大学学报》（人文社会科学版），2005 年第 2 期。
51. 杨立华：《论张载哲学中的感与性》，《中国哲学史》2005 年第 2 期。
52. 徐洪兴：《“太虚无形，气之本体”——略论张载的宇宙本体论及其成因和意义》，《复旦学报》（社会科学版）2005 年第 3 期。
53. 赵馥洁：《论关学的基本精神》，《西北大学学报》（哲学社会科学版）2005 年第 6 期。
54. 林乐昌：《张载理观探微——兼论朱熹理气观与张载虚气观的关系问题》，《哲学研究》2005 年第 8 期。
55. 张丽华：《张载的鬼神观》，《中国哲学史》2006 年第 2 期。
56. 李晓春：《“糟粕”概念在张载哲学中的重要意义——兼论张载的“理一分殊”是负的“理一分殊”》，《兰州大学学报》（社会科学版）2006 年第 3 期。
57. 王利民：《张载诗真伪考辨》，《中国典籍与文化》2006 年第 3 期。
58. 丁为祥：《张载为什么著〈正蒙〉——〈正蒙〉一书之主体发生学考察》，《哲学研究》2007 年第 4 期。
59. 丁为祥：《命与天命：儒家天人关系的双重视角》，《中国哲学史》2007 年第 4 期。
60. 柳东华：《张载的变化观研究》，《湖北广播电视大学学报》2007 年第 6 期。
61. 陈战峰：《张载〈诗经〉学与关学》，《中国宝鸡张载关学与东亚文明学术研讨会论文集》，2007 年。
62. 吴静：《张载“气以载性”思想探析》，《齐鲁学刊》2008 年第 1 期。
63. 向世陵：《张载、王夫之的“保合太和”说议》，《中国哲学史》2008 年第 2 期。
64. 乔捷：《张载的圣人观》，《开封大学学报》2008 年第 3 期。
65. 武宝宁：《张载对道家和道教的批判与汲取》，《作家杂志》2008 年第 5 期。
66. 郑万耕：《〈易传〉时观溯源》，《周易研究》2008 年第 5 期。
67. 丁为祥：《从“我固有之”到“天之所与”——孟子对道德理性之发

生机理、存在依据及存在根源的探讨》,《哲学研究》2008 年第 8 期。
68. 徐强:《今、帛本〈易传〉“刚柔”解〈易〉的诠释学考察》,《周易研究》2009 年第 1 期。
69. 刘建丽、白蒲婴:《张载“取洮西之地”辨析》,《宁夏社会科学》2009 年第 1 期。
70. 王海成:《张载“太虚”意义辨析》,《唐都学刊》2009 年第 2 期。
71. 李存山:《“先识造化”:张载的气本论哲学》,《中国哲学史》2009 年第 2 期。
72. 丁为祥:《宋明理学对自然秩序与道德价值的思考——以张载为中心》,《文史哲》2009 年第 2 期。
73. 邸利平:《牟宗三对张载“太虚即气”的诠释》,《陕西师范大学学报》(哲学社会科学版)2009 年第 3 期。
74. 向世陵:《性两元一元与二性一性——从张岱年先生关于张载性论的分析说起》,《中国哲学史》2009 年第 3 期。
75. 向世陵:《张载的“仇必和而解”与两种辩证法》,《江苏行政学院学报》2009 年第 4 期。
76. 王汐朋:《张载易学的“神化”思想探析》,《江苏行政学院学报》2009 年第 4 期。
77. 张金兰:《虚气关系辩证——以张载哲学“问题意识”为视角》,《船山学刊》2009 年第 4 期。
78. 林乐昌:《“为天地立心”——张载“四为句”新释》,《哲学研究》2009 年第 5 期。
79. 张金兰:《张载与二程的“穷理尽性以至于命”解析》,《中国社会科学院研究生院学报》2009 年第 6 期。
80. 马鑫焱:《论张载神观的哲学结构》,《北京科技大学学报》(社会科版)2010 年第 1 期。
81. 韩星:《张载“和”哲学论纲》,《江苏社会科学》2010 年第 1 期。
82. 王汐朋:《张载思想的“象”概念探析》,《现代哲学》2010 年第 2 期。
83. 董艺:《张载气化哲学视野下的易学“卦变说”理论》,《周易研究》2010 年第 2 期。
84. 林乐昌:《通行本〈正蒙〉校勘辨误》,《中国哲学史》2010 年第

4 期。
85. 王振华:《张载对孟子心性论思想的继承与发展》,《陕西师范大学学报》(社会科学版)2011 年第 5 期。
86. 金银润:《去恶成性及其内在困境——张载的人性论探析》,《河南师范大学学报》(哲学社会科学版)2011 年第 5 期。
87. 李晓春:《试论张载"太虚与气"关系的思想》,《甘肃联合大学学报》(社会科学版)2012 年第 3 期。
88. 向世陵:《张载"易之四象"说探讨》,《周易研究》2012 年第 5 期。
89. 林乐昌:《论张载对道家思想资源的借鉴与融通——以天道论为中心》,《哲学研究》2013 年第 2 期。
90. 林乐昌:《论张载的生态伦理观及其天道论基础——兼论张载生态伦理观的现代意义》,《孔子研究》2013 年第 2 期。
91. 邱忠堂:《论张载"太虚"的四重本体义及诠释意义》,《云南大学学报》(社会科学版)2013 年第 3 期。
92. 李山峰:《张载卒年考》,《唐都学刊》2013 年第 5 期。

五 学位论文

1. 方蕙玲:《张载思想之研究》,东海大学博士学位论文,1994。
2. 杨名:《从〈横渠易说〉看张载哲学体系的形成》,中国人民大学硕士学位论文,2002。
3. 黄棕源:《张载哲学思想研究——以天人关系为中心》,北京大学博士学位论文,2002。
4. 谢荣华:《张载哲学新探》,北京大学博士学位论文,2005。
5. 马鑫焱:《张载〈横渠易说〉研究刍议》,陕西师范大学硕士学位论文,2007。
6. 王帆:《张载哲学体系》,山东大学博士学位论文,2007。
7. 马二杰:《张载"知礼成性"说发微》,北京师范大学硕士学位论文,2008。
8. 董艺:《张载易学思想研究》,山东大学博士学位论文,2010。
9. 王英:《气与感——张载哲学研究》,复旦大学博士学位论文,2010。
10. 王绪琴:《气本与理本——张载与程颐易学哲学比较》,南开大学博士学位论文,2012。

11. 周赟:《张载哲学思想的宗教性研究》,上海师范大学博士学位论文,2013。

六 英文著作

1. Ira E. Kasoff, *The Thought of Chang Tsai* (1020 - 1077), Cambridge University Press (July 25, 2002)

2. Tze-Ki Hon, *The Yijing and Chinese Politics: Classical Commentary and Literati Activism in the Northern Song Period*, 960 - 1127, State University of New York Press (December 6, 2004)

3. Richard J. Smith, *Fathoming the Cosmos and Ordering the World: The Yijing (I Ching, or Classic of Changes) and Its Evolution in China*, University of Virginia Press (August 1, 2008)

4. Wolfgang Ommerborn, *Die Einheit Der Welt: Die Qi-Theorie Des Neo-Konfuzianers Zhang Zai* (1020 - 1077) (*Bochumer Studien Zur Philosophie*, 23), John Benjamins Pub Co (June 1996)

后　记

本书是我的博士论文。

饮水思源，师恩难忘。在此，首先最应感谢我的授业恩师——北京师范大学教授郑万耕先生。

郑万耕先生及师母刘毅峰女士是我最为敬重的老师和长者。三载寒暑，我有幸师从先生，沐浴春风、聆听教诲，是我博士生涯中最为宝贵的财富。先生虽身体欠佳，但仍身体力行，坚持按时与学生交流答疑，风雨无阻，令我无比敬佩。先生于我耳提面命、谆谆教导，我亦追慕先生之为学为人，高山仰止。先生德盛貌严，即之也亲，久而生敬，于学问一丝不苟，犹记批阅论文初稿，句读之误、错词别字，一一用铅笔改过，未尽之处，亦作标记，并以征询口吻问曰："是否作一讨论？"常使我汗颜之余，陡生敬意。先生善《易》，然未尝一字及卜筮，或曰"堪舆术数可生财"，即以"学术良知"之语斥之——其方直谨严如此。更令我感动不已的是，先生知我求学清苦，为让我能安心读书，不为生计所累，遂于每学期解囊资助，每于推辞不得之际，惭然从命，心中感动莫名。答辩前夕，先生又递给我一信封，内储钱币倍于平日，我惶恐之极，拒不肯受，先生正色道："你师母让我转告你，毕业在即，正是用钱之际。"强令收下。当是时，心中五味杂陈，感激涕零。先生、师母于我恩重如山，非片言所能道尽。

周桂钿师为当世大儒，多次问学，如醍醐灌顶。李景林师待人宽和，儒学造诣精深，披阅拙作后，诫之曰："心勿忘，勿助长"，我将终身诵之。张奇伟师公务繁忙，但对拙作从开题到预答辩都提出不少宝贵意见，切中要害，在此一并谢过。李祥俊师治学之勤勉，一直是我效法之楷模。强昱师豪爽、博学，亦师亦友。章伟文师对我关照有加，犹记寒风中骑单车将我所需资料送至公寓楼下，令我万分感动。蒋丽梅师不辞辛劳为我校订英文摘要，搜集英文参考论著，也在此深表谢意。还要感谢在我论文写作中予以帮助的冯前林博士和张世亮博士。

特别感谢清华大学廖名春教授，我在北师大博士毕业后随即跟随廖先生在清华大学历史系从事了两年的博士后研究工作。廖先生系当今易学名家，尤善出土文献，拙作所引帛书《易传》材料，多得益于先生之帮助、教导。跟随廖先生学习期间，先生为我辨疑解惑，循循善诱，耐心细致，令我获益良多，终生难忘。

《易》云："丽泽兑，君子以朋友讲习。"京师求学三载，幸得一班同窗诸好，感谢雷永强博士、何凡博士、闫鑫博士、刘跃博士、赵瑞林博士、景剑峰博士、常红利博士、黄杰博士、潘宜协博士等诸多好友对我的关心和帮助。

感谢中国人民大学杨庆中教授为本书提出了不少宝贵的意见和建议。

感谢我所供职的中国人民大学国学院提供资助，使得本书得以顺利出版。

中国社会科学出版社编辑吴丽平女士为本书的出版付出了辛苦的劳动，在此深表谢意。

本书部分章节曾于单篇论文的形式发表于《中国哲学史》《世界宗教研究》《人大复印资料》《东方论坛》《河南科技大学学报》（人文社科版），在此也向以上刊物致谢。

感谢高卓群女士一家人在我求学路上给予的无私帮助。

最后要感谢我的家人，感谢你们一直以来对我默默的支持，为了我的学业，你们做出了太多牺牲，每念及此，都激励自己当更为努力奋发。

横渠诗云："愿学新心养新德，旋随新叶起新知。"愿以此书为起点，开启我学术之路新的大门。

辛亚民

2016年1月5日